U0453202

北京八家名人故居纪念馆文化读本

时代之音

——读名家名言 听文物故事

北京八家名人故居纪念馆　编著

中国社会科学出版社

图书在版编目（CIP）数据

时代之音：读名家名言　听文物故事/北京八家名人故居纪念馆编著.
—北京：中国社会科学出版社，2016.4
ISBN 978-7-5161-8084-6

Ⅰ.①时…　Ⅱ.①北…　Ⅲ.①格言—汇编—中国—现代②文物—介绍—中国　Ⅳ.①H136.3②K87

中国版本图书馆CIP数据核字（2016）第084271号

出 版 人	赵剑英
责任编辑	郑　彤
责任校对	王　影
责任印制	李寡寡
出　　版	中国社会科学出版社
社　　址	北京鼓楼西大街甲158号
邮　　编	100720
网　　址	http://www.csspw.cn
发 行 部	010-84083685
门 市 部	010-84029450
经　　销	新华书店及其他书店
印　　刷	北京君升印刷有限公司
装　　订	廊坊市广阳区广增装订厂
版　　次	2016年4月第1版
印　　次	2016年4月第1次印刷
开　　本	710×1000　1/16
印　　张	22.75
字　　数	386千字
定　　价	75.00元

凡购买中国社会科学出版社图书，如有质量问题请与本社营销中心联系调换
电话：010-84083683
版权所有　侵权必究

编委会委员（以姓氏笔画为序）

王红英　艾　多　冯　林
刘　祯　何　洪　李燕博
李喜云　赵笑洁　郭丽娜
郭俊英　秦华生

主　　　编　秦华生　赵笑洁
执 行 主 编　刘　祯　张　勇
编辑部主任　刘慧利　郭丽娜
图 文 设 计　王雪卉

宋庆龄故居
李大钊故居
北京鲁迅博物馆（北京新文化运动纪念馆）
郭沫若纪念馆
茅盾故居
老舍纪念馆
徐悲鸿纪念馆
梅兰芳纪念馆

目　录

前言 …………………………………………………………（1）

名家名言

宋庆龄 ………………………………………………………（4）
李大钊 ………………………………………………………（38）
鲁　迅 ………………………………………………………（59）
郭沫若 ………………………………………………………（101）
茅　盾 ………………………………………………………（132）
老　舍 ………………………………………………………（159）
徐悲鸿 ………………………………………………………（194）
梅兰芳 ………………………………………………………（224）

北京八家名人故居纪念馆馆藏文物故事

宋庆龄故居 …………………………………………………（259）
李大钊故居 …………………………………………………（271）
北京鲁迅博物馆（北京新文化运动纪念馆）………………（280）
郭沫若纪念馆 ………………………………………………（291）
茅盾故居 ……………………………………………………（304）
老舍纪念馆 …………………………………………………（311）
徐悲鸿纪念馆 ………………………………………………（321）
梅兰芳纪念馆 ………………………………………………（339）
后记 …………………………………………………………（354）

前　言

刘　祯　张　勇

社会发展进入超速时代，21世纪越来越让人们目不暇接、眼花缭乱。文化多样，思想多潮，观念多元，科技多变，时新与过时日益紧密，"变"的节奏和步伐日益提速，任何一种事物影响的有限性也日益凸显，"三十年一变"的惊讶也日益让位给更短甚至是超短的"流行"，真正进入"昙花一现"之时代。

20世纪已经渐行渐远，但是在20世纪，这风起云涌的一百年，是中国历史发展经历苦难和重要转折的时期，许多仁人志士前赴后继，舍生取义，探求救国救民的真谛。而无疑，中国共产党的建立和新中国的成立是这个世纪、也是中国近现代史最重大的事件，它改变了历史进程，使国家走向统一、团结和富强，一洗百年耻辱，振奋了民族精神，使中国人民真正翻身做了自己的主人。这一百年波澜壮阔，可歌可泣的人和故事，是我们国家和民族宝贵的思想、精神财富，也将永远照耀着我们以及后人。

宋庆龄、李大钊、鲁迅、郭沫若、茅盾、老舍、徐悲鸿、梅兰芳是那个世纪最为响亮的名字，他们身份不同，从业有异，却代表了那个时代先进和积极的力量，以他们的思想，他们的行为，他们的笔，他们的作品，以其文化之力，参与到20世纪社会与文化伟大的变革中，并发挥出各自重要而积极的作用。

他们是文化大家，也是思想大家，著作等身，其作品广泛影响了一代又一代人；他们用文字、用线条、用身体塑造了许多名垂千古的文学艺术形象；他们的思想、信仰、智慧、情感和对民族、对祖国的热爱和关切,是他们留给后人最珍贵的精神财富。

为了能够进一步走近这些思想者、爱国者和文化者,探究其内心和思想,我们撷取他们思想文化论述的精华,编选成名人名言,主要包括思想文化修养、爱国忧民、文化艺术传统、文学理论、表演艺术、青春与教育等几个方面,以简明扼要的方式,介绍、熟悉进而弘扬他们的思想精神。我们相信,这对 21 世纪的人们尤其是年轻一辈,是十分必要和必需的。这八位先贤,长期居住于北京,他们生活过的故居,国家或辟为纪念馆,或保留故居,这种文化空间所蕴含的人文情感和精神,是物质与精神叠加的。他们生前许多奇闻轶事、趣话故事,能够使我们想见这些先贤的生活情态,真实、自然、朴素、生动,更能拉近我们与他们的距离,也更能让我们理解他们的文字,他们的作品,他们的思想和情感。

这是时代之音,让我们一起读名家名言,听文物故事,走近文化名人,走进大家!

名家名言

宋庆龄

宋庆龄

·思想修养·

在我们广大的土地上，到处都需要人们去劳动，去创造；地下矿藏的大门需要我们去把它打开；原始森林的秘密需要我们去揭露；长江大河的水昼夜不停地流掉了，需要我们去利用；海岸和沙漠的边沿上需要我们去营造防风林带；广大的农田需要我们用新的技术和新的组织去进行生产；许多现在看起来还很荒凉的地方，需要我们去建设工厂，甚至建设新的城市；辽阔的边疆和海洋需要我们去保卫。

《什么是幸福》

你不能赤手空拳地开始你的行程，你必须用知识把自己武装起来，你必须锻炼出健壮的身体和足够的勇气。自然界，机器和一切工作，对待没有知识的人，对待怯弱的人是很不客气的，甚至常常是粗暴的、残酷的；但是它们对待具有丰富知识的人，对待健壮的和勇敢的人，则是非常驯顺的，承认你是主人，情愿为你服务。

《什么是幸福》

学习和锻炼自己成为一个有知识的、健壮的和勇敢的人，准备参加劳动，保持祖国的荣誉，这就是你们的幸福。

《什么是幸福》

要使后代人想到我们的工作时感到骄傲；要他们怀着激动的心情

名家名言

提到我们这一代人的许多名字；要他们能够从我们的身上找到为共产主义而牺牲奋斗的精神，找到智慧和经验，找到道德标准，找到吸取力量的源泉，这才是留给我们的光荣后代的真心的财富。

《把最宝贵的东西给予儿童》

希望你们用功读书、努力学习文化和科学知识，注意锻炼身体，养成热爱劳动的习惯、诚实勇敢勤劳朴素的道德品质和敢想敢说敢干的高度的共产主义风格。

《向孩子们祝贺"六一"》

雷锋对幸福是怎样理解的？他把个人比做一滴水，把集体比做大海，只有把一滴水放在大海里，才能永远不干，才能有力量。这些道理告诉你们要从小热爱集体事业，从小学习为集体谋幸福，学习为人民服务，学习用自己的双手为社会主义、共产主义事业添砖添瓦。

《愿革命后代迅速成长》

历史赋予人类以不可推卸的责任，要一代一代地把希望的火炬传下去，以不息的奋斗去创造越来越丰富的物质文明和精神文明，使我们一代比一代生活得更美好。当前我国社会主义现代化建设，也就是为了这个崇高的目的。

《更好地为下一代着想》

要学会在这个纷繁复杂、千变万化的世界上，辨别什么是真的，什么是假的；什么是美好的，什么是丑恶的；什么是正确的，什么是错误的。这样，你们就会象小树苗一样，长成大树，聚成森林，成为祖国需要的有用之材。

《愿小树苗健康成长》

你们要在思想上、精神上作好准备。实现四个现代化，不但要有物质力量，还要有精神力量。什么是精神力量呢？要热爱社会主义祖国，继承光荣的革命传统；要有共产主义的远大理想，高尚的思想品德，助人为乐的精神和文明礼貌的行为。

《愿小树苗健康成长》

还要有健康的文化艺术修养。对文学艺术要有鉴赏力，优美的音乐、美术、文学等对陶冶性情起着重要作用，能够抵制那些不健康的有害的东西，养成优美高尚的情操。

《愿小树苗健康成长》

·爱国忧民·

许多著名的教育家和政治家都认为，二十世纪最伟大的事件之一、滑铁卢战役后最伟大的事件，是中国革命。这一非常光辉的业绩意味着四万万人民从君主专制制度的奴役下解放出来，这一制度已持续四千多年；在它的统治下，人民毫无"生活、自由和对幸福的追求"可言。

《二十世纪最伟大的事件》

革命已给中国带来了自由和平等——每个人的两项不可剥夺的权利，为争取它们，许多高尚英勇之士献出了生命。但是博爱尚有待于争取。……通向博爱之路的任务可能就落在中国这个最古老的国家身上。

《二十世纪最伟大的事件》

我们深信，用不着一个世纪的时间，中国就会成为世界上教育程度最高的国家之一；中国妇女也将成为同男人们地位相等、平起平坐的伙伴。

《现代中国妇女》

吾人所恃之武力何物？全国国民之爱国心与团结力而已。今此爱国之情感日趋热烈，所惜未加组织，尚不能使入正轨耳。苟各界反对英捕房之怨恨，无相当之指导，或且流为暴动，殊非救国之道。今日所急者不在灭此爱国之火焰，而在善用此次火焰，使成积极有益之努力。

《为"五卅"惨案对上海〈民国日报〉记者的谈话》

对内推翻满清帝制，对外反抗一切强权与侵略，皆是实行反对帝国主义。此为一切爱国者应有之主张，不可信外人挑拨之辞，因惧被诬赤化，遂并国亦不爱也。

《为"五卅"惨案对上海〈民国日报〉记者的谈话》

吾国武力、外交，皆不可恃，所可恃者，惟公道与民意耳。故今日最当恐惧预防者，为国人之自相分裂与中道气馁，尤忌违反公理之调和。……盖是非之间，万无调和中立之余地也。吾人今日万不可只顾目前之小利小害，而失远大之目的与彻底之主张。

《为"五卅"惨案对上海〈民国日报〉记者的谈话》

此次奋斗，不可专赖一界或一阶级，如商界政界之类，而当合工商学各界之全力应付之。中国当局之政府，就其历史与近事及能力观之，皆不可靠。寓居租界之富绅巨商，平素居领袖社会之地位者，因有所畏忌，皆不敢多言，亦难望其主张公道。此时，惟有人民团结自救而已。

《为"五卅"惨案对上海〈民国日报〉记者的谈话》

海关收入每年在数千万两以上。以巨额之现款均无息存于英商汇丰银行，为英人操纵我国金融之利器。

孙先生于民国十二年十二月在广州力争两广关余，明知列强必以武力恫吓，而卒毅然行之者，一以公理所在不能屈于威武，一以国人习于帝国主义之侵略久而忘之，欲以独力反抗，唤起民族之自决与世界之公道。

《为力争两广关余向英帝国主义斗争的孙先生》

时代之音

先生在广州一隅，仅凭公理民气与列强之武力相周旋，英美舰队林立，始终不为所屈，卒使美公使亲临调解。列强自知理屈，虽关余问题因中国之不统一卒未解决，然中国人之不可侮，帝国主义者武力之不足畏，先生已以身作则昭示吾人矣。今举国痛公理之不伸，民族之受辱，皆毅然挺身以战强权，志先生之志，行先生之行，先生有知，地下亦当含笑矣。

《为力争两广关余向英帝国主义斗争的孙先生》

在百十年前，我们的国家本来是很富的，人民是家给户足、安居乐业，何等幸福。现在不同了，差不多遍地皆是贫农苦工，终日是手胼足胝，困苦颠连，尚不能求得合家温饱，冻死饿死，啼饥号寒，触目皆是。这是什么原故呢？大家恐怕尚未明白的，这就是我们国家受了帝国主义的经济压迫，使我们工业一天一天的衰败下来。他们压迫我们最利害的就是不平等条约。

《为创办湖北妇女党务训练班敬告全国女界同胞书》

我国空有优美的土地，勤俭的劳工，还是弄得人穷财尽，民不聊生。我们的劳工，替外人当牛马。帝国主义者任意惨杀我们民众……军阀武人吸了人民的脂膏，不能保护人民，反为帝国主义做走狗，甘心做帝国主义压迫人民的工具。所以我们民族要在世界上生存，非一致联合打倒帝国主义不可。如要打倒帝国主义，又非先把帝国主义的工具——军阀打倒不可。

《为创办湖北妇女党务训练班敬告全国女界同胞书》

为了在中国革命中指导我们，孙中山把三民主义和三大政策交给我们。目前存亡攸关的是民生主义，它是解答中国基本社会变革问题的主义。

《为抗议违反孙中山的革命原则和政策的声明》

孙中山认为民生主义在我们的革命中是基本的。从这个主义，我

名家名言

们可以看到他对于社会价值的分析和他对于工农阶级地位的确定。这两个阶级在我们打倒帝国主义、废除奴役我们的不平等条约和有效地统一全国的斗争中，都是我们力量的基础。他们是建设自由新中国的新柱石。

《为抗议违反孙中山的革命原则和政策的声明》

孙中山曾明确地说明，他的三大政策是实行三民主义的唯一方法。……相反的政策，使革命政党丧失了革命性，变为虽然扯起革命旗帜而实际上却是拥护旧社会制度的机关；而本党就是为了改变这种制度才建立起来的。

《为抗议违反孙中山的革命原则和政策的声明》

三大政策使各种力量相互结合，国民党才能结束十年来广东的混乱局面，创建了并供应了革命军队，大举北伐，打到长江这条历史性的防线，更击溃河南奉军主力，推进到黄河岸边。

《赴莫斯科前的声明》

中国国民党左派是一个革命的团体……代表中国的工人阶级，代表千百万人民，他们受尽了压迫，却使封建军阀阶级得以大发横财，外国帝国主义者得以日益强大。这广大的被压迫群众是中国真正革命分子的主力，他们是中国战胜外国剥削和封建压迫的希望。

《对塔斯社发表的声明》

中国的局势是没有丝毫理由可以感到失望的。

我们已经听到在名义上受反动派控制的地方发生暴动的消息……从遥远的华南到长城内外都将沸腾起来。这表示了一个不可征服的民族的高度决心，不论阻碍多么大，压迫多么残酷。这就保证了表面混乱的目前阶段将要过去，中国将要得到自由。

《中国目前的形势》

人类惟有从奋斗中求生存，革命者尤当只问是非，不顾目前利害。十九路军明知众寡悬，器械财力均不如人，而能不顾一切，以血肉为中国争一之生机，使世界知中国尚有不可侮之军队与民气，不特为队之模范，实为革命之武力与反帝国主义之先锋。

《在国民伤兵医院答记者问》

今之自命聪明不顾民意者，每以强弱成败，自文其不抵抗之过。不知惟真绝顶聪明之人，乃能从死中求生，险里求安。

《在国民伤兵医院答记者问》

人皆以中国此次战争为失败，实则中国在精神上完全胜利，日本所得者仅物质之胜利而已。得精神胜利之人民，必日益奋进于伟大光荣之域，得物质胜利者，只日增其侵略与帝国主义之野心，终于自取覆亡而已。

《在国民伤兵医院答记者问》

只有唤起民众，使他们觉悟现在时局的严重与未来工作的重大，可以产生民众的行动。这是一个广义的反帝奋斗，最后形成武装人民抵抗日本及其他帝国主义的民族革命战争。一切民族革命分子都应当担起参加这种奋斗的责任。

《在中国民族武装自卫委员会筹委会上的讲话》

中国民权保障同盟是反抗中国的恐怖、争取中国人民的民权和人权、并与世界进步力量联合在一起的，它对于现在统治着全德国的恐怖和反动，感到非提出强有力的抗议不可。……为了人类、社会和文化的进步，为了努力协助保持人类和各种运动所得到的社会与文化的成果，中国民权保障同盟坚决地抗议上述的事实。

《对德国迫害进步人士与犹太人民的抗议书》

在急剧地把人类推向死亡与毁灭的进程中,疯狂的战争宣传伴随而来,在世界各资本主义国家内传播。统治阶级所掌握的各种工具:广大的新闻网、无线电、电影、学校等等,都全力从事一项工作:企图麻痹和欺骗人民,驱使他们和别国同阶级的工人弟兄以及同命运的受难者互相厮杀。

《反对帝国主义战争——世界反对帝国主义战争委员会中国代表的声明》

必须把世界工人阶级和全体劳苦大众的战斗力量组织起来,惟有他们才能使帝国主义列强的战争计划归于无效。惟有全世界的人民的联合行动,才能制止未来的屠杀……教育受剥削的人们,使他们了解到自己的力量,尽要联合行动起来,他们就可以决定自己的以及将来的人类命运。

《反对帝国主义战争——世界反对帝国主义战争委员会中国代表的声明》

我不想笼统地、全面地讲那日益增长的战争危险。可以说,中国早就在战争中,而且侵略中国的战争发展成为世界大战的烈火,只不过是短暂的时间问题了。

《中国的自由与反战斗争——在上海反战大会上的演词》

侵略并不从日本对中国的强盗战争开始。远在日本夺取台湾以前,其他帝国主义国家早已控制了中国的一切战略要地,强迫中国人民吸食鸦片,支配中国的财政经济政策,阻碍中国的经济发展并利用中国的军队和其他反动分子作他们的爪牙,来达到各帝国主义不同的目标。

《中国的自由与反战斗争——在上海反战大会上的演词》

我们对全体中国人民,对劳苦大众还有一个呼吁,呼吁大家在反对日本和其他帝国主义的斗争中,即在争取中国统一、独立和领土完整的斗争中,团结一致!让我们团结起来,向那些背叛国家、把我们的国土一省一省地出卖给帝国主义者的人们作斗争!让我们团结起来，用我们最大的力量来保卫那已经由帝国主义统治和封建剥削的羁绊中解放出来的中国工人和农民，他们现在正受着国民党军队第五次而且是最大规模的进攻。

《中国的自由与反战斗争——在上海反战大会上的演词》

全体武装总动员——一切海陆空军立刻开赴前线对日作战，立刻停止屠杀中国同胞的战争。

全体人民总动员——各界同胞动员起来去参加抗日救国的神圣抗日战争的前线和后方工作。

《中华人民对日作战基本纲领》

联合日本帝国主义的一切敌人（日本的劳动民众、朝鲜人等等）作友军；同时，与一切对中国人民武装抗日同情援助或守善意中立的国家和民族，建立友谊的关系。

《中华人民对日作战基本纲领》

鲁迅先生的死，是中国一种重大的损失。至于"身后"问题，鲁迅先生生前既然为中国民族求解放而奋斗不懈，死后我们便得拿他这种精神去宣扬给全国的民众。纪念他的办法，则是把他的那种求中国民族解放的斗争精神，扩大宣传到全世界去，而帮助完成他未完成的事迹和伟业。

《为鲁迅逝世答〈立报〉记者问》

鲁迅先生是革命的战士，我们要承继他战士的精神，继续他革命的任务！我们要遵着他的路，继续他打倒帝国主义，消灭一切汉奸，完成民族解放运动！

《在鲁迅追悼会上的讲话》

我们要联合全世界一切爱好和平的国家，参加反侵略的国际阵线……共同打倒日本法西斯军阀。我们要联合国内各党各派及社会

名家名言

各阶层人物，建立民族统一战线，打倒日本帝国主义和汉奸卖国贼。

《孙中山诞辰纪念词》

我们只要不屈不挠，勇往直前，铁和血一定可以铸造出来灿烂辉煌的民族解放功业。

《孙中山诞辰纪念词》

暴日对于中国的侵略是无止境的，他最终的目的是灭亡全中国，由此而征服全亚洲。然而我中国四万万五千万人民对于侵略者的反抗也在再接再厉，我们反抗的目的是在求得中国之自由平等，求得世界大同与和平。

《为救国会七领导人被捕事件宣言》

我们希望全国各界救国联合会数十万会员和全国爱国的同胞，集中一切力量，用宣传、募捐、救护、报效以及其他各种各样的方式，援助和扩大绥远的抗敌军事行动，务使此次抗战成为收复一切失地，恢复一切主权的全民族的抗战，而毋蹈过去淞沪抗战、长城抗战和察北抗战的覆辙。

《为救国会七领导人被捕事件宣言》

我们的立场是要求全国人民，不问党派，不问信仰，不问地位，实行真正的精诚团结，停止一切内争，立即对日抗战，求得中国之自由和平等。

中华民族团结万岁！
中华民族解放万岁！

《为救国会七领导人被捕事件宣言》

总理于民国十三年改组本党，确立联俄联共与扶助农工三大政策后，革命阵容为之一新，革命进展一日千里。不幸十六年以后，内争突起，阵容分崩，三大政策，摧毁无遗。革命旋归失败，外侮接踵而来。尤其最近五年间，失地几及六省，亡国迫于眉睫。凡属血气之伦，莫不椎心泣血。本党同志，负革命成败民族兴亡之大任，将何以对我总理在天之灵？将何以慰诸先烈不死之英魂？更将何以告数万杀身成仁残手断足之革命将士？

《恢复中山先生手订联俄、联共、扶助农工三大政策案》

中国已经被日本的侵略逼到了忍无可忍的境地，最后牺牲已经不可避免。日本的挑衅已使抗日运动达到了高潮，并且在继续发展中。……中国人民已经立下志愿，下定决心，不再向日本帝国主义让步，而准备收复失地，这在我们的民族生活上有着极重大的政治意义。

《实行孙中山的遗嘱——在国民党五届三中全会上的演说词》

日本不能战胜中国。因为第一，它在经济和财政两方面都太脆弱，不能作持久的战争。第二，日本人民本身反对战争。日本人民政治活动的高涨，表示他们对于使日本劳动人民增加重担、沦为赤贫的黩武冒险政策是怎样地忧虑和愤懑。第三，日本兵力在数量上处于劣势。最后的，也是具有决定性的因素，就是中国人民本身已决心抗战到底。

《实行孙中山的遗嘱——在国民党五届三中全会上的演说词》

如果认为在远东的一般情势如此不利于日本的时候，日本仍能派遣十五至二十师兵力到中国来作战，那就未免荒谬了。日本以这样区区的兵力，永远没有希望达到它的目的……这小量的兵力分散在中国广大的国土上，不难被数量上占优势、并为自己的生命与国家而作战的中国士兵所粉碎。

《实行孙中山的遗嘱——在国民党五届三中全会上的演说词》

每一个中国爱国志士现在都庆幸政府在这些痛苦经验之后已开始了解，救国必须停止内争，而且必须运用包括共党在内的全部力量，以保卫中国国家的完整。中国人不应当打中国人，这是不言而喻的。

《实行孙中山的遗嘱——在国民党五届三中全会上的演说词》

全世界都同情中国的抗日斗争。政府的任务是以最有效的方法去利用这种同情。

《实行孙中山的遗嘱——在国民党五届三中全会上的演说词》

中国的民族主义正以抗日运动的形式成长着。但是，如果认为中国的民族主义是反对日本人民或其他外国人民的，那就错了。在我们的全部历史中，中国人民一直是爱好和平的，现在他们更没有征服别的国家的思想或欲望。中国的民族主义是要抵抗侵略我们国家的日本军阀。

《儒教与现代中国》

我们准备去入狱，不是专为了营救沈先生等。我们要使全世界知道中国人决不是贪生怕死的懦夫，爱国的中国人决不只是沈先生等七个，而有千千万万个。中国人心不死，中国永不会亡！

我们都为救国而入狱罢！中国人都有为救国而入狱的勇气，再不能害怕敌人，再不用害怕日本帝国主义的侵略！

《救国入狱运动宣言》

我们不是大家都要挽救中华民国的危亡吗？……假如我们都有为救国而入狱的勇气，我们就再不必害怕日本帝国主义。救国运动是以团结抗日为目的，我们目的在抗日，我们不但不反对政府，而且我们相信惟有大家同心协力促成国内的统一，消灭政府与民众的隔阂，我们的国才有救。

《关于救国入狱运动对上海新闻界发表的书面谈话》

关于中国，现在流传着许多不真实的看法：说中国太弱，抵抗不了日本。我却坚决相信，中国不但能够抵抗日本的任何侵略，并且能够而且必须准备收复失地。中国最大的力量在于中国人民大众已经觉醒起来了。

《中国是不可征服的》

中国现在必须准备收复失地。必须使群众在政治上和军事上准备起来。实行言论、出版和集会的自由就可以唤醒群众。年轻力壮的人民必须经过军事训练……在这常备军的背后却屹立着广大的人民，他们准备为卫国保家淌尽最后的一滴血。他们打起游击战来，将成为一种不可征服的力量，在这种力量面前，日本军阀只能发抖。

《中国是不可征服的》

为了实现孙中山的经济政策，必须允许人民群众性运动的自由发展。这也是建设国家、稳步发展工业和交通以及改善农村经济的一个先决条件。我们国家的基本建设只有在实行真正民主的时候才能进行。

《中国是不可征服的》

日本的社会经济结构不够坚实，经不起长期的战争。同时，日本军阀又决不能希望在短期内征服中国。如果在和平时期，日本的经济就已经疲惫不堪，日本的社会结构已经受到不稳定的威胁；那末这种脆弱的结构又怎能经得起亚洲大陆上的大战呢？中国能否会被日本帝国主义打败这个问题，现在已不值得讨论了。

《中国是不可征服的》

中国人民都自发地希望动员起来。中国土地广大，资源富有，人口四万万七千五百万。在这情形下，日本的武力已不过成为一只纸老虎。日本的经济和社会结构是不能支持一场对中国人民的长期战争的。即使中国不得不单独与日本作战，也不会打败的。

《中国是不可征服的》

名家名言

回想国民党和共产党这两个兄弟党,在最近十年以来,相互对立,互相杀戮,这是首创国共合作的先总理孙中山先生前所不及意想到的。到最后,这两个兄弟党居然言归于好,从新携着手,为中国民族的独立解放而斗争。中共宣言和蒋委员长谈话都郑重指出两党精诚团结的必要。

《国共合作之感言》

中国已发动抗战,抗拒非言语所能描述的惨无人道的侵略者。梦想实现法西斯侵略迷梦的日本军阀,又以死亡与毁灭加于我们的国土。看到了中国人民每天遭遇恐怖的消息,谁能不为之骇绝呢?目睹忍心轰炸无辜妇孺的野蛮行动,谁能不立誓扑灭这万恶的罪犯呢?

《中国走向民主的途中》

过去三年中,反日运动的力量已大大的增加。这几年来,我们的工人、农人和知识分子纷纷在救亡团体中联合起来,组织全国的抗战。同时,民族意识也随着这一个运动而加强,我们已觉悟到中国的伟大民族是不能分裂的一个整体,足以粉碎日本的任何阴谋……联合起来组成一个坚强的阵线,展开神圣的民族解放战争。

《中国走向民主的途中》

我们已经听到了全世界的同情之声,因此庆幸我们虽在苦难的期间,却并不孤立。全世界对于日本刽子手的暴行的谴责,给予我们苦难的同胞以许多安慰。……我们知道我们并不是在孤军抗战。我们知道我们发动反抗这些法西斯暴徒的战争,不单是为了我们自己,也是为了一切仍旧爱护自由民主的人们。

《中国走向民主的途中》

我们在抗战中已经表现了我们的勇气。但是,在政治上我们是不是也像前线战士那样不屈不挠呢?我们可曾把我们的信念告诉给同胞们,说明在我们抵抗疯狂法西斯这个艰苦的斗争中,正闪烁着生活改善的希望？假使我们没有这种信念，我们就不能领导人民，就不能责备人民大众不肯跟从我们。

《两个"十月"》

中国人民从来没有像现在这样团结一致，去为全世界和平事业，为增进社会经济秩序，为反对法西斯与反对战争而奋斗。……中国人民任何时候也不会停止其反抗日寇此种侵略之斗争。在今天来帮助我们抗日，维持世界和平，用抵制、制裁与封锁等办法来惩罚法西斯侵略者——这便是避免明天的世界大战。

《告英国民众书》

仅仅在南京一地，日本便已屠杀了五万居民。真正像欧洲中世纪时代那回大瘟疫一样，日寇蹂躏着我们七个省区，使我成百万的人民流离失所，困顿饥饿以死。灾祸之烈，实较欧战为尤酷。然而侵略是可以制止的，只要各个民主国家起来对侵略者实行经济抵制。

《告英国民众书》

妇女解放和世界最大多数大众的解放有共同的运命，那么我们就该认识现阶段的妇女解放和幸福，和中国、西班牙乃至一切被侵略民族的抗战的胜利，有着不可分离的联系。……日本强盗在东方，德意法西斯蒂在西欧，都已经充分地表曝了他们的企图和手段。

《向全世界的妇女申诉》

你们不要以为战争仅仅发生在世界上一个区域，昨天在西班牙，今天在中国，谁能保证明天这种死的恐怖不会降临到你们身上！我向你们急迫地呼吁！援助中国，援助西班牙，援助无量数的失却了父母的儿童，失掉了丈夫儿子和生活的女性，也就是帮助了你们自己！

《向全世界的妇女申诉》

争取和平与反侵略斗争是不可分离的。我们为着全人类的理性与幸福而战,为着全女性的解放和自由而战,打倒法西斯侵略强盗,和全世界被侵略的千万大众,站在一起!

《向全世界的妇女申诉》

重振党纪,严厉制裁一切偷生怕死,贪污舞弊,欺民枉法之负责党员,务使我党恢复民众先导之地位。

尊重民意,实现民权,彻底取消一切有形或无形压制民意、妨碍民权之法令。

以民族国家利益为先,排除一切不利民族国家之私见,停止任何方式之党派斗争,务使全国人民一致精诚团结。

《拥护抗战建国纲领实行抗战到底》

时刻不忘当前民族国家之耻辱,胜固不骄,败亦不馁,贯彻抗战建国之目的,切勿中途易辙。凡稍得胜利,即妄冀和平,实为屈辱之主张,犹应坚决反对,勿使我民族国家,重陷万劫不复之地。

《拥护抗战建国纲领实行抗战到底》

勿忘全国同胞在被占区域或作战区域,因战事影响,或遭暴敌惨杀奸淫,或过奴隶生活,或家破人亡,或流离失所,或遭死难……种种惨痛,当铭刻吾人脑际勿忘……抗战期间,凡与抗战利益不相矛盾,而能改善民生之计,如救济难民,抚慰流亡,优恤阵亡将士家属及死难同胞,取消与禁止一切苛捐杂税及高利贷,斟酌情形或免赋税或减低租税。

《拥护抗战建国纲领实行抗战到底》

抗战建国之伟大历史任务,端赖本党同志及全国同胞,一德一心,精诚团结,戮力共济,方克完成。过去十年国内分裂,互为纷争,或作割据,有利于敌寇之进攻。抗战以来,统一局面逐渐形成,犹望一致努力,免遭覆辙,求我中华民族之彻底解放,方不负总理之

时代之音

遗教与厚望焉！

《拥护抗战建国纲领实行抗战到底》

保盟目标有二：一、在现阶段抗日战争中，鼓励全世界所有爱好和平民主的人士进一步努力以医药、救济物资供应中国。二、集中精力，密切配合，以加强此种努力所获得的效果。

《保卫中国同盟成立宣言》

胜利的把握，不简单决定于客观条件的顺利，同时决定于主观努力方向的正确。谁也知道，敌寇如坚持长期的武装侵略，势必惨败，此所以敌人不时的施放和平停战的空气，企图以诱和的阴谋，从政治上来完成其侵略全中国的迷梦。假如我们仅仅从敌人军事上不能持久战争这一个弱点，便决定我们胜利的前程，是非常危险的！

《抗战的一周年》

我们不能否认，国内实不乏怯于对外、勇于对内的政治家，抗战伊始，即抱失败主义，一闻敌人有意言和，即入出活动，恨不能立刻成为事实……要斩断敌寇侵略的另一只魔手——政治诱和的阴谋，首先要实现抗战的全盘政治动员。

《抗战的一周年》

美国的青年朋友！我必须特别提醒你们，关于你们对于为着中国的生存而斗争的你们兄弟姊妹的责任。你们可知道，在你们的手上染着成千成万被屠杀的和平民众的血迹？你们可曾明白，是你们自己国家把造成死亡与毁灭的军火材料供应了日本的疯狂军阀，使我们的躯体被炸毁被烧焦，被加以可怖的摧残！

《向美国世界青年大会播音演讲词》

请记着，你们父老与日本的死亡贩子所进行的贸易，不但帮助了日本杀害我国的青年，而且也帮助着杀害了日本最优秀的一部分青年。请记着,对于日本,这战争是一个老年人的战争——一个罪恶深重的老年人,疯狂地企图在他们贪欲的祭坛上牺牲他们自己国内的青年,消耗一切足以造成进步的力量,以维持他们权力的一个战争。

《向美国世界青年大会播音演讲词》

日本希望征服中国,用作征服一切太平洋国家,随后并征服世界的根据地。今日你们帮助我们向这种威胁作战,也就是帮助你们自己,免得你们自己的青年,以后在别的战场上牺牲。以帮助中国来帮助一切自由民族的利益吧!全世界的民主力量必须武装起来!

《向美国世界青年大会播音演讲词》

在海外各地的华侨,在其居留地政府统治之下,久已深切体验到被压迫民族所受之待遇与苦痛,所以,更加能够了解祖国之兴衰存亡,关系与侨胞之福利至大,俱有国家观念,勇于抗战救国。

《华侨总动员——庆祝华侨第二届会员代表大会》

对海外侨胞、救国团体,应加强联络,经常给以政治上精神上的帮助,尽量为华侨解除痛苦与困难,更多为华侨谋福利,以提高政府在华侨中之威信。总理曾谓:"政府与人民结合起来"之遗教,能同样运用施之于华侨方面,则华侨当更能效忠国家也。

《华侨总动员——庆祝华侨第二届会员代表大会》

最近欧洲的形势已明显告诉我们,想依靠外国的拔刀相助,都只能是幻想。阿比西尼亚,奥地利,现在的捷克,都是具体的榜样了。我们只能相信自己的同胞,广大的农工知识界,以至真正努力于抗战的人们。

《双十节告全国妇女界》

群众的组织教育,军民的切实合作,兵役的推行,壮丁的补充,士兵的政治训练,伤亡将士的医药救济,老弱难民的收容安置,农工大众生活的相当改善，少数民族问题的解决，配合抗战需要后方的资源动员征募，新经济系统的创建，贪污汉奸的肃清，民主政治的建立，行政效能的提高，凡这一切的工作，都不能迅速顺利推动，达到我们所迫切需要的标准。

《双十节告全国妇女界》

我们中国人民已和这种恐怖的法西斯侵略作了一年半以上的斗争。在这个时期里，我们中国人民和笼罩世界的战争威胁作了斗争，同时也为着你们的和平作了斗争。

《关于援助游击队战士的呼吁——在香港国际妇女节集会上所作的演说》

中国是地球上最爱好和平、最不好战的国家，但要它在奴役与斗争之间有所选择时，它还是选择了斗争。因为这个斗争最真实地代表了各阶层人民的利益，在任何一个日寇占领的城市或乡村中，中国人民都没有被征服。成百万人情愿离开家乡，忍受贫困，不肯留下来受敌人的奴役。成千万个留了下来的，正在进行斗争。

《关于援助游击队战士的呼吁——在香港国际妇女节集会上所作的演说》

抗日战争同时也是在全世界制止国际暴行、反对法西斯主义的黑暗反动、保存民主、争取妇女权利的战争。在中国和西班牙，无论你们承认也好，不承认也好，两国英勇的人民正在为世界各国人民而战斗着。你们现在帮助中国和西班牙就是帮助了你们自己。

《关于援助游击队战士的呼吁——在香港国际妇女节集会上所作的演说》

现在中国有数以百万计的战灾儿童。

这些因战争变得无家可归和无所依靠的儿童的需要，比我们的同情和恩惠要多得多。他们代表着我们未来的一代。他们将来要在他们的父母正在战斗、受苦受难、流血牺牲的土地上建立一个新的中国。

《救济战灾儿童》

我们绝不能让战士们的子女成为"迷失的一代",必须把他们从由于饥饿而濒于死亡和由于无人照管而使肉体和精神上遭受摧残的恶果中拯救出来。

《救济战灾儿童》

救救我们的战灾儿童。请你们把对中国的同情心表现在帮助保存中国未来的有生力量的行动中。我深信你们会这样做的。

《救济战灾儿童》

在世界人民反对法西斯的侵略和黑暗统治的伟大斗争中,中国是其中的一个公开的战场。在这场战争中,我们的人民正在英勇地和成功地同世界侵略集团成员之一的日本交战;正是由于中国人民和西班牙人民一样地拒绝投降。因此,连慕尼黑协定也没有能够使法西斯的浪潮淹没世界。

中国人民绝不会投降。他们正在为自己也为世界各国人民而战斗着。

《给全世界的朋友的信》

保卫中国同盟请你们做些什么呢?它请你们支援那些坚决要收复被敌人占领的土地,并正在敌人后方为新的民主的中国建立根据地的英雄游击队员们。

……

中国政府和中国人民在斗争中已经在帮助着你们。而正在成长过程中的新的、强大的和民主的中国,将来会给你们更多的帮助。

《给全世界的朋友的信》

中国工业合作协会自身完全是出于一种社会责任心而产生的。我相信在中国里面,再没有别种运动能够比中国工业合作协会更为应时和重要的了。因为它的目的是人类的复兴,经济的改进和培养民主教育。

《中国工业合作社之意义——在香港 ZBW 电台广播演讲词》

抗战中之祖国，其发展与进步，实足使人鼓舞兴奋。最大多数之人民，对抗战信念甚为坚定。将近三年来抗战，大为增加人民之民族意识，即向来文化落后之偏僻山村，亦不断有人争先入伍，以执戈卫国为荣。

《渝行观感——自重庆返香港后对中外记者的谈话》

际此民族危机千钧一发之时，国内各党派均有一致团结对外之认识，日寇汪逆宣传国内分裂在即，只能说是他们的梦想。

《渝行观感——自重庆返香港后对中外记者的谈话》

对于中国大多数的各阶层人民来说，他们绝对不能忍受奴隶的生活，像他们亲友在沦陷区内所遭遇的那样。他们宁愿战死也不愿作奴隶，任何内政外交的措施，只要为继续抗战所必需，都会得到他们的拥护。只要还有一个日本兵在中国国土上，抗日民族统一战线就一定会存在。

《中国需要更多的民主——为纽约〈亚细亚〉杂志作》

建设的工作也与抗战一样地需要长期的团结。我们希望在战后实现一个建立在三民主义的基础上的民主的中国，在这个中国里，工人、农民、工业家、学者以及自由职业者都将享有同样的地位和权利。

《中国需要更多的民主——为纽约〈亚细亚〉杂志作》

中国缺乏民主，只对第五纵队、潜在的妥协派和求和派有利。而给人民以民主权利，无论如何也不会妨害抗战事。相反地，我们人民热烈支持抗日战争，因此，压制他们的积极性，毫无疑问是有害的。

《中国需要更多的民主——为纽约〈亚细亚〉杂志作》

对于姑息法西斯主义，滥用民主旗帜的人，向他们进行斗争是全世界一致的。只有在政治民主的万丈光芒照耀下，我们才能发现投降派和卖国贼，才能进而解决我们的问题，加强我们争取独立和统一的战争。没有统一，我们对侵略者的抗战根本不会开始，更不能达到胜利。

《中国需要更多的民主——为纽约〈亚细亚〉杂志作》

中国的妇女，和中国的男子一样，正在为她们的祖国而战。在目前有关整个国家前途的斗争中，她们已经证明自己是我国历史上女英雄们的好女儿了。

《中国妇女争取自由的斗争》

从古以来，就有个别的妇女积极参加保卫国家和创造国家命运的工作。花木兰——中国的"贞德"——就曾因带领军队抵抗外来的侵略者而闻名。直到今天，民间的歌谣和戏曲还在歌颂她的丰功伟业。梁红玉，宋朝一位名将的妻子，也曾和侵略者作过战……虽然在中国旧社会中妇女都是家庭中男子的奴仆，但也有些卓绝的妇女，她们的修养、见识、行政才干甚至作战的勇敢，都在她们国家的历史上留下了记录。

《中国妇女争取自由的斗争》

中国与西方的接触和民族革命运动的兴起，使中国妇女有了新的、更广阔的远景。

《中国妇女争取自由的斗争》

捐赠对保盟的工作意义很重要。它象征着外国对中国团结抗日的兴趣，间接地削弱了破坏团结的力量。在保盟的整个存在的过程中，它强调团结。现在，当这些成果为不祥的阴影笼罩着，预兆着新的和自杀性的内战时，我们更要强调这一点。世界人民是能够和必须阻止这种战乱的。

《从香港到重庆》

不平等条约的废除(这是我们的抗日斗争的结果)与国内民主会议的召开(这到目前为止尚未举行)联系在一起,说明了同一个重要的思想:只有当国际民主实现之后,世界上才会有巩固的和平……国际民主"的意义就是一方面国家之间是平等的,同时每一个国家内部也有一个建立在人民的利益与自由表达意志的基础上的政府。

《孙中山与中国的民主——为在美国举行的孙中山纪念日所作的广播演说》

保卫中国同盟的作用是双重的。一方面让中国的国际朋友们知道中国战区和敌人占领地区人民的真正需要,另一方面,把捐款、医疗物资和其他捐助物运送给真正和迫切需要的人们,使朋友们和同情者的捐赠最有效的得到应用。

我们将继续这样工作下去。我们将在中国的需要者和全世界朋友中间起着联系作用。

《保卫中国同盟声明》

·文化传统·

一个民族的人口占世界总人口的四分之一,国土广袤居世界首位,文化光辉灿烂,她在推动人类向上的事业中不可能不具有影响力。中国是首先创建了刑法法典的国家,她的哲学家对人类思想作出过某些最宝贵的贡献,她的浩瀚的文献赢得了学识渊博的、终身从事研究中国的欧洲学者的赞赏,她的社会和道德伦理的准则,几乎是任何其它国家无法比拟的。

《二十世纪最伟大的事件》

多少世纪以来,中国人一直是热爱和平的民族。对他们来说,笔比剑更有力量,他们尊重和平这门学科而漠视战争这门学科,他们崇文轻武……中国以它众多的人口和对和平的热爱——真正的本质意义上的热爱——将作为和平的化身站出来。

《二十世纪最伟大的事件》

名家名言

我们中国拥有使人民获得美满生活的一切必需因素。在世界上，我们有全世界最悠久的历史。欧洲尚未开化时，我们已达到了文化的高级阶段。我们俭朴而勤劳的人民，在长久的历史中受到许多外来侵略的蹂躏，但是我们生存下来了。中华民族伟大的生命力克服了最坏的环境与条件。

《儒教与现代中国》

我们不需要儒教。我们需要团结。我们需要停止一切内争，准备收复失地。我们需要向欧洲、美洲、特别是苏联的工业与农业的成就学习。这样，我们就能满怀信心，向光辉的未来迈步前进。

《儒教与现代中国》

·青春教育·

除了争取实现亚洲的基本要求，争取民族独立和自身的发展以外，我们还要为下列权利而奋斗：一、妇女婚姻应有平等权利……六、所有儿童必须受强迫免费教育，并展开"小先生"运动以扫除文盲。

《在亚洲妇女代表会议上的讲话》

在识字教育方面，采用了陶行知先生的即知即传的小先生制。这一工作在进行时，适应着城市的需要，并且在受教育的少年儿童中，注重领导及组织工作。

《中国福利基金会工作报告》

我们认为以"小先生"或"小辅导员"制为基础举办扫盲班、保健教育和卫生措施，将对中国的未来产生长远的影响。采用这种办法，可使儿童负起社会责任，爱护和改进他们周围的环境。

《致方梅》

时代之音

我们认为这（"小先生制"）是一种最实际的助人助学的方法：给他们工具，让他们去锻造中国光明的未来。

《致迪尔》

我希望您能亲眼看看这些"小先生"，在他们自己家里，在街道上，在任何可以利用的地点开班上课的情况。这确实是在为中国培养未来的民主领袖，并以尽可能快的方式传播文化。这正符合我国最大的需要之一。

《致拉姆塞》

"小先生"制度就是培养一批儿童，再让他们把学到的文化知识教给上不起学的儿童。我们在上海的工作有三方面：群众扫盲教育，免费医疗结合卫生教育，分发救济物品，看到儿童们渴望学习，并愿意把学到的知识传授给更不幸的儿童，的确是令人鼓舞的。

《致迈耶·斯坦加特》

我说你们是幸福的，正因为在你们的面前展现着无限广阔的道路。每一条路都是光荣的，每一条路都需要运用劳动和智慧才能走得通。

《什么是幸福》

我们成年人的每一分努力，我们社会主义建设的每一个成就，国际和平事业的每一个胜利，都给我们的儿童们增加了一分幸福。

《把最宝贵的东西给予儿童》

幸福的童年绝不是仅仅意味着他们受到了细心的照顾、他们用不着忧虑、也不会遇到困难。不是的，我们的儿童们的最大的幸福在于他们为了父兄辈的工作而感到自豪；在于他们感到自己正随着祖国的前进一同成长；在于他们感到自己有一个光明的未来；还在于他们得到了成年人的尊重和信任，他们有机会参加社会活动，为国家做些有益的事。

《把最宝贵的东西给予儿童》

他们不但有一色彩鲜明的、值得长久记忆的童年时代，而且他们的面前摆着无限广阔的道路，有无数光荣的任务等着他们赶快长大了去完成。因此，他们的童年是幸福的。只有在这样的幸福生活中，儿童们的才能和个性才得到了充分发展的可能，他们才有了活泼开朗的性格，他们才知道知识的价值而努力学习，他们才自觉地要为祖国做些有益的事情。

《把最宝贵的东西给予儿童》

儿童工作是一件十分重要的工作。这是一个关系着我国社会主义前途，关系着人类命运的问题。

《把最宝贵的东西给予儿童》

儿童是我们的未来，是我们的希望，我们要把最宝贵的东西给予儿童。

把最宝贵的东西给予儿童，就是说要为了使儿童健康的成长创造各种条件。

《把最宝贵的东西给予儿童》

爱孩子，是每个善良人的天性，但教育儿童却是国家赋予我们的责任。家长、教师和一切成年人都负有这个责任。要细心地教育他们，让他们在生命的最初几年中就正确地形成观念、行为和性格的基础。教给他们怎样生活、怎样工作，并且让他们获得开启人类知识宝库的钥匙。

《把最宝贵的东西给予儿童》

战争将破坏儿童的幸福生活，将夺取千万个幼小的生命，将使无数的儿童无家可归成为孤儿。为了使儿童在母亲怀里香甜的睡眠，为了使儿童在学校里安心读书，为了使儿童纯洁的心灵中没有痛苦的记忆，我们必需尽一切力量制止战争，即使要付出极高代价，我们也要把保卫和平的任务担当起来。

《把最宝贵的东西给予儿童》

我们必须像爱护幼苗一样的爱护他们，像栽培小树一样的栽培他们，为他们准备好一切生长的条件，帮助他们战胜风霜虫豸，同时也要注意矫正长得歪曲了的躯干，剪掉不成材的枝芽。只有这样，这些小树才能长得茁壮、正直，才能经得住风霜，才能成长为有用之材。

《把教养儿童的责任担负起来》

成年人的行为是儿童的榜样，他们从长辈的行为上找到自己的生活习惯和道德的标准。

《把教养儿童的责任担负起来》

长辈人的革命奋斗，忘我劳动的行为培养儿童们为参加祖国社会主义建设事业作好准备。但是长辈人的身上也常有些不好的行为给了儿童坏的影响，往往成年人只认为生活小节的一些坏习惯，很容易在孩子身上看到反应，更何况现在社会上还有少数人有意引诱儿童做坏事，这不能不引起我们的重视。

《把教养儿童的责任担负起来》

教养下一代是我们全民的责任。首先作家长的要负起这个责任来。现在有些作父母的认为教育儿童是国家的事情，自己可以放任不管；有些人以打骂代替教育；有些人以溺爱代替爱护；甚至有些家长对应届中、小学毕业生施加压力和威胁，增加儿童们在毕业升学问题上的不必要的紧张。……作家长的应该学会正确地教养自己的子女，这是作为一个新中国的公民对国家应尽的义务！

《把教养儿童的责任担负起来》

名家名言

"勤劳朴素，诚实勇敢"，这是我们对儿童提出的要求。但我想首先应该把这个要求向一切成年人提出来，因为他们随时随地以自己的行为影响着儿童，因为他们担负了教养儿童的责任。

《把教养儿童的责任担负起来》

孩子们的性格和才能，归根结蒂是受到家庭、父母，特别是母亲的影响最深。孩子长大成人以后，社会成了锻炼他们的环境。学校对年轻人的发展也起着重要的作用。但是，在一个人的身上留下不可磨灭的印记的却是家庭。

《在儿童节向母亲们说几句话》

所有作父母的人必须自己首先树立起某些思想和行为的准则，因为孩子们是通过大人的榜样进行学习的。

《在儿童节向母亲们说几句话》

人类最优秀的品质包括以下几个方面：爱。劳动。勇敢。诚实。集体主义。以上这些品质再加上朴素、节俭等其他高尚的品质，就是我们培养性格的指针，这种性格将使我们能够经受任何考验，克服一切困难。

《在儿童节向母亲们说几句话》

你们不但享受幸福，而且要准备将来为大家创造幸福。你们现在是少年儿童，将来长大成人，就要继承社会主义的宏伟事业，还要建设共产主义。一代要比一代强，一代要比一代好。

《向孩子们祝贺"六一"》

无论学习、劳动或锻炼身体，都要一步步地来，不能性急。从小要学会妥善地安排自己的时间。该读书的时候专心读书；该劳动的时候专心劳动；该玩的时候畅快地玩。还要有充足的睡眠时间，要过有规律的生活。如果从小就学会管理自己的生活，将来长大了就能管理国家，真正成为管理国家的主人。

《向孩子们祝贺"六一"》

培养儿童的过程中，物质条件是重要的。因此最好的东西一般都应该给孩子。但是对孩子来说，思想教育比之物质更为重要得多。
《为培养共产主义接班人而努力——为庆祝中国福利会成立二十五周年而作》

我们必须帮助他们建立崇高的生活的理想，建立一个能够把他们个人的前途与全人类的进步事业联系起来的理想。
《为培养共产主义接班人而努力——为庆祝中国福利会成立二十五周年而作》

培养教育下一代，还要注意到他们的身体的发育。从小就要注意培养他们的卫生习惯，注意体育锻炼，使他们成长为体魄健壮的、勇敢的、能够吃苦耐劳的新的一代，使他们将来能够担负起建设祖国和保卫祖国的重任。
《为培养共产主义接班人而努力——为庆祝中国福利会成立二十五周年而作》

离开了教育，即使老子是英雄，儿子也不一定会成为好汉；离开教育，孩子不会因为"生在新社会，长在红旗下"，而"自然红"起来。
《把培养革命后代的责任担当起来——为〈工人日报〉
"怎样教育我们的子女"问题讨论而作》

如果父母不对孩子进行正面的教育，就难免产生反面的影响。以为父母只管生、养，不管教育，是不负责任的态度。
《把培养革命后代的责任担当起来——为〈工人日报〉
"怎样教育我们的子女"问题讨论而作》

有人把孩子看成是父母的私有财产，抱着"养儿防老"的目的，只关心孩子个人前途的发展，希望他报答父母养育之恩；不积极鼓励孩子参加革命斗争、参加生产劳动；把孩子拖在身边"膝下承欢"，而不让他远走高飞。这正是一种私有观念的表现。

《把培养革命后代的责任担当起来——为〈工人日报〉"怎样教育我们的子女"问题讨论而作》

企图把孩子关在家庭的小天地里面,既表现了父母的个人主义思想,也滋长了孩子的个人主义思想,是要不得的。

《把培养革命后代的责任担当起来——为〈工人日报〉"怎样教育我们的子女"问题讨论而作》

爱孩子,是人之常情;但怎样爱法?怎样才是真正的爱?都很有值得研究的道理。

对于将肩负大任的新的一代,应该是"苦其心志;劳其筋骨",而不是娇生惯养,应该分配给孩子力所能及的家务劳动,自己的事情尽可能自己做,这样来培养劳动观点。

《把培养革命后代的责任担当起来——为〈工人日报〉"怎样教育我们的子女"问题讨论而作》

我们承认孩子的秉赋有差异,但是孩子的好坏,主要是教育的结果。孩子从初生之日起,就受着社会环境的影响,他们是"染于苍则苍,染于黄则黄"。生活环境随时随地在感染孩子。成年人——特别是亲人的生活习惯、兴趣爱好、思想品德强烈地影响着孩子。

《把培养革命后代的责任担当起来——为〈工人日报〉"怎样教育我们的子女"问题讨论而作》

借口天生的坏孩子管也好不了;从而放弃教育;或者借口孩子还小,长大了自然会好的,从而放任自流,都是不负责任的表现。

《把培养革命后代的责任担当起来——为〈工人日报〉"怎样教育我们的子女"问题讨论而作》

什么样的孩子是有志气的孩子?孩子应该有什么样的志气?立志愿和选职业是两回事情,过早地定下当工程师、当医生之类的目标,将使孩子学习的目的性不明确，而且随着孩子各方面的发展和祖国的需要，孩子的这些志愿会变得不切实际，甚至造成思想上的负担。真正的志愿不是选择什么职业，而是和树立什么人生观联系在一起的。

《把培养革命后代的责任担当起来——为〈工人日报〉"怎样教育我们的子女"问题讨论而作》

对孩子要坚持正面教育，运用启发、说服、鼓励等方法进行长期的、反复的教育工作。要善于用革命领袖和英雄模范的形象鼓舞孩子，表扬孩子的好行为，用生动的事实对他们讲清道理，树立榜样，帮助他们分清是非，找到行为的标准。

《把培养革命后代的责任担当起来——为〈工人日报〉"怎样教育我们的子女"问题讨论而作》

我们希望孩子成为生龙活虎、坚强勇猛、敢于追求真理、敢于冲锋陷阵的人；而不希望他们变成萎靡不振、胆小怕事、优柔寡断的人。

《把培养革命后代的责任担当起来——为〈工人日报〉"怎样教育我们的子女"问题讨论而作》

让孩子在集体玩、集体工作的过程中，逐渐养成团结友爱、互助合作的精神，在集体舆论的约束下，养成服从集体利益、遵守纪律的习惯。

《把培养革命后代的责任担当起来——为〈工人日报〉"怎样教育我们的子女"问题讨论而作》

教师和家长都要重视儿童阅读的指导，把课外读物认为是"闲书"，不准儿童阅读是不对的；放任自流，让儿童没有指导地乱读，也是不对的。指导儿童用正确的观点选择和阅读课外读物，乃是思想教育工作的重要阵地之一。

《让儿童读物更好地为培养革命后代服务》

名家名言

　　你们正处在长身体的时期,一定要把身体练得健壮、灵敏,将来才能吃苦耐劳,挑得起重担。等待你们去完成的工作是非常艰巨的,要攀高山、涉大海、深入地层、飞向宇宙。这决不是一个体弱多病的人办得到的。一个身体健康的人,精神往往是愉快的、乐观的,能够适应任何环境,而不会被困难吓倒。

　　　　《孩子们,好啊——祝一九七九年"六一"国际儿童节》

　　几十年来,老一辈的革命家,艰苦奋斗,英勇牺牲,就是为了实现中华腾飞于世界的理想。现在我们祖国正在腾飞,但是把我国建设成社会主义现代化强国,还有一段艰难曲折的路,还要艰苦奋斗几十年。这就要求你们这一代人有远大理想,有革命志气,继承革命传统……你们应该成长为有益于人民的人,成长为对四个现代化做出贡献、对人类的前途做出贡献的人。

　　　　《孩子们,好啊——祝一九七九年"六一"国际儿童节》

　　有些事是可以等待的;但是少年儿童的培养是不可以等待的。现在,他们正在长身体,而开始澎湃汹涌,生动力活泼力在增长,我们不能等待,必须立即帮助他们成长为既有丰富的文化科学知识,又有社会主义觉悟的身体健康的新一代。

　　　　《一九七九年"六一"为〈中国青年报〉的题词》

　　少年儿童是祖国大花园中初绽的花朵,他们身上寄托着祖国未来的希望。少年儿童文艺的创作者都是辛勤的"园丁",都用自己的心血和汗水把亿万花朵培育得茂盛起来。

　　　　《为少年儿童创作更多的好作品——在全国第二次少年儿童
　　　　　文艺创作授奖大会上的祝词》

　　我的一生是同少年儿童工作联系在一起的。

　　　　《更好地为下一代着想》

中国革命的前途是光明的,但是,道路仍然是漫长的。老一代的革命者肩负着沉重的纤绳,牵引着革命的航船,已经走过了最艰苦的一段;今后,应该是年轻的一代驾着现代化的征轮,继续冲破惊涛骇浪,奔向我们的伟大目标。少年儿童是我们祖国和民族的未来,希望寄托在他们身上。

《更好地为下一代着想》

愿你们和小树苗一同成长,成长得挺拔、旺盛,经得起任何暴风雨和病虫害的考验,成长为栋梁之材,成长为社会主义现代化建设事业的坚强接班人,为创造更高的物质文明和精神文明作出超过前人的巨大贡献。

《愿小树苗健康成长》

参考文献：

[1]《宋庆龄选集》(上),人民出版社1992年版。
[2]《宋庆龄选集》(下),人民出版社1992年版。

(李雪英编选)

李大钊

李大钊

·思想修养·

世运隆也,其人恒显于政,而势与义合,故其致俗于善也较易。世运污也,其人恒隐于学,而势与利合,义与势分,故其致俗于善也较难。

《风俗》

亭林所谓"匹夫之责",涤生所云"一命之士",拯救国群,是在君子。虽以不肖之陋,亦将勔厉其匹夫之任以从之。

《风俗》

国民而不愿为亡国之国民,亦宜痛自奋发,各于其本分之内,竭力振作其精神,发挥其本能,锻炼其体魄,平时贡其知能才艺于社会,以充足社会之实力,隐与吾仇竞争于和平之中;战时则各携其平时才智聪明素积之绩效,贡其精忠碧血于国家。

《国民之薪胆》

吾人欲寻真理之所在,当先知我之所在,即其我之身分、知识、境遇以求逻辑上真实之本分,即为真理。

《真理》(二)

立宪国民之唯一天职,即在应其相当之本分,而觅自用之途,俾得尽量以发挥其所长,而与福益于其群。

《政论家与政治家》(一)

发育人文助进群化之事业,固自多端。简而举之,不外两途:即精神的方面与实际的方面而已。关于精神的方面之事业,如政论家、哲学家、文学家、批评家、宗教家等之所为皆是也;关于实际的方面之事业,如政治家、实业家、医士、军人等之所为皆是也。此二种事业,其于人类社会,皆所要需,或相张弛,或相错综,或相递嬗,或相并行,固不可有所轻重轩轾于其间也。

《政论家与政治家》(一)

然则吾人苟欲尽其为我者,从事于政治也可,从事于文学也可,从事于实业也可,从事于教育也亦无不可。即从事于政治者之为政治家,与为政论家,均当听其自择,而无所于优劣。惟必用其所长,率其所信,以终始其事,而后其成功乃有可观。

《政论家与政治家》(一)

以余言之,政论家宜高揭其理想,政治家宜近据乎事实;政论家主于言,政治家主于行。……政论家之责任,在常于现代之国民思想,悬一高远之理想,而即本之以指导其国民,使政治之空气,息息流通于崭新理想之域,以排除其沉滞之质;政治家之责任,在常准现代之政治实况,立一适切之政策,而即因之以实施于政治,……故为政论家者,虽标旨树义超乎事实不为过;而为政治家者,则非准情察实酌乎学理莫为功。

《政论家与政治家》(二)

政论家与政治家之职领既异,则人之所以自择其所适,而期于尽其为我者,亦当因其才之所长,而自器亦有所不同,此即自用之说也。

《政论家与政治家》(二)

时代之音

盖尝论之，人之立志，无论其在为政论家抑为政治家，均不可不为相当之修养，知识其一也，诚笃其二也，勇气其三也。

《政论家与政治家》（二）

古今来魁奇卓越之才何限，而以修养未充，一登论坛政社，抱负未展其万一，声华遽从而扫地，卒至身败名裂，为世僇笑者，固已实繁有徒矣。后有作者，其亦当知所戒惕乎！

《政论家与政治家》（二）

中国今日生活现象矛盾的原因，全在新旧的性质相差太远，活动又相邻太近。同时、同地不容并存的人物、事实、思想、议论，走来走去，竟不能不走在一路来碰头，呈出两两配映、两两对立的奇观。这就是新的气力太薄，不能努力创造新生活，以征服旧的过处了。

《新的！旧的！》

新的嫌旧的妨阻，旧的嫌新的危险。照这样层级论，生活的内容不止是一种单纯的矛盾，简直是重重叠叠的矛盾。人生的径路，若是为**重重叠叠**的矛盾现象所塞，怎能急起直迫，逐宇宙的大化前进呢？仔细想来，全是我们创造的能力缺乏的原故。

《新的！旧的！》

因此我很盼望我们新青年打起精神，于政治、社会、文学、思想种种方面开辟一条新径路，创造一种新生活，以包容覆载那些残废颓败的老人。不但使他们不妨害文明的进步，且使他们也享享新文明的幸福，尝尝新生活的趣味。

《新的！旧的！》

要想把现代的新文明，从根底输入到社会里面，非把知识阶级与劳工阶级打成一气不可。我甚望我们中国的青年，认清这个道理。

《青年与农村》

名家名言

我们的理想,是在创造一个"少年中国"。

《"少年中国"的"少年运动"》

我们"少年中国"的理想,不是死板的模型,是自由的创造;不是铸定的偶像,是活动的生活。我想我们"少年中国"的少年,人人理想中必定都有一个他自己所欲创造而且正在创造的"少年中国"。

《"少年中国"的"少年运动"》

可是我们的同志,我们的朋友,毕竟都在携手同行,沿着那一线清新的曙光,向光明方面走。那光明里一定有我们的"少年中国"在。我们各个不同的"少年中国"的理想,一定都集中在那光明里成一个结晶,那就是我们共同创造的"少年中国"。

《"少年中国"的"少年运动"》

我所理想的"少年中国",是由物质和精神两面改造而成的"少年中国",是灵肉一致的"少年中国"。

《"少年中国"的"少年运动"》

只要山林里村落里有了我们的足迹,那精神改造的种子,因为得了洁美的自然,深厚的土壤,自然可以发育起来。

《"少年中国"的"少年运动"》

我所希望的"少年中国"的"少年运动",是物心两面改造的运动,是灵肉一致改造的运动,是打破知识阶级的运动,是加入劳工团体的运动,是以村落为基础建立小组织的运动,是以世界为家庭扩充大联合的运动。

《"少年中国"的"少年运动"》

在《新生活》连环式的双十字上,有四大精神,就是博爱、自由、平等、牺牲。这是我们创造"新生活"的基础,也就是我们建立民国的基础。

《双十字上的〈新生活〉》

我们相信人间的关系只是一个"爱"字。我们相信我能爱人,人必爱我,故爱人即所以爱我。

《双十字上的〈新生活〉》

爱自己的家,爱自己的国,爱世界的人类,都是这一个"爱"。爱力愈大,所爱愈博。

《双十字上的〈新生活〉》

双十字上的"新生活",是不断的创造。《新生活》上的双十字,是无尽的循环。愿民国的双十节和这双十字一样循环无尽!愿今年双十节看《新生活》的人,都永远抱着《新生活》封面连环双十字上的四大精神:博爱、自由、平等、牺牲——去不断的创造新生活!

《双十字上的〈新生活〉》

人生的目的,在发展自己的生命,可是也有为发展生命必须牺牲生命的时候。因为平凡的发展,有时不如壮烈的牺牲足以延长生命的音响和光华。绝美的风景,多在奇险的山川。绝壮的音乐,多是悲凉的韵调。高尚的生活,常在壮烈的牺牲中。

《牺牲》

无论何人,应该认识民众势力的伟大;在民众本身,尤应自觉其权威而毅然以张用之。

《要自由集合的国民大会》

民众的势力,是现代社会上一切构造的唯一的基础。

《要自由集合的国民大会》

望大家愤起，把已有的职业团体改造起来，没有团体的职业也该速速联合同业，组织起来。这就是永久的人民大会的基础。

民众啊！只有你们是永久的胜利者！

《要自由集合的国民大会》

我们的目的，在废除人类间的阶级，在灭绝人类间的僭擅。但能达到这个目的，流血的事，非所必要，然亦非所敢辞。要知道，牺牲永是成功的代价。

《〈黄庞流血记〉序》

我们试一登临那位时先生在过去世代的无止境中，为我们建筑的一座经验的高楼的绝顶，可以遍历环绕我们的光荣的过去的大观，凭着这些阶梯，我们不但可以认识现在，并且可以眺望将来。在那里，我们可以得到新鲜的勇气；在那里，我们可以得到乐天迈进的人生观。这种娱快，这种幸福，只有靠那一班登临这座高楼的青年们，长驱迈进的健行不息，才能得到。

《史学与哲学》

社会主义是使生产品为有计划的增殖，为极公平的分配，要整理生产的方法。这样一来，能够使我们人人都能安逸享福，过那一种很好的精神和物质的生活。

照这样看来，社会主义是要富的，不是要穷的，是整理生产的，不是破坏生产的。

《社会主义释疑》

故吾人有个人的生活，有氏族的生活，有种种社团的生活，有国民的生活，有民族的生活，又有人类的生活。

《史学要论》

钊感于国势之危迫，急思深研政理，求得挽救民族、振奋国群之良策，乃赴天津投考北洋法政专门学校。

《狱中自述》

钊既入校，习法政诸学及英、日语学，随政治知识之日进，而再建中国之志趣亦日益腾高。

《狱中自述》

钊自束发受书，即矢志努力于民族解放之事业，实践其所信，励行其所知，为功为罪，所不暇计。……倘因此而重获罪戾，则钊实当负其全责。惟望当局对于此等爱国青年宽大处理，不事株连，则钊感且不尽矣！

《狱中自述》

·爱国忧民·

一

国殇满地都堪哭，泪眼乾坤涕未收。
半世英灵沉漠北，经年骸骨冷江头。
辽东化鹤归来日，燕市屠牛漂泊秋。
万里招魂竟何处？断肠风雨上高楼。

二

龙沙旧是伤心地，凭吊经秋衹劫灰。
我入平山迟一步，君征绝塞未曾回。
玉门魂返关山黑，华表人归猿鹤哀。
千载胥灵应有恨，不教胡马渡江来。

《哭蒋卫平》（二首）

夕阳影里，笳鼓声中，同友人陟高冈，望圆明园故址，只余破壁颓垣，残峙于荒烟蔓草间，欷歔凭吊，感慨系之。

名家名言

一

圆明两度昆明劫，鹤化千年未忍归。
一曲悲笳吹不尽，残灰犹共晚烟飞。

二

玉阙琼楼委碧埃，兽蹄鸟迹走荒苔。
残碑没尽官人老，空向蒿莱拨劫灰。

《吊圆明园故址》（二首）

哀莫大于心死，痛莫深于亡群。一群之人心死，则其群必亡。今人但惧亡国之祸至，而不知其群之已亡也。但知亡国之祸烈，而不知亡群之祸更烈于亡国也。群之既亡，国未亡而犹亡，将亡而必亡。亡国而不亡其群，国虽亡而未亡，暂亡而终不亡。

《风俗》

寅卯之交，天发杀机，龙蛇起陆，嫩呰鹑火。战云四飞，倭族乘机，逼我夏宇。我举国父老兄弟姊妹十余年来隐忧惕栗，梦寐弗忘之亡国惨祸，挟欧洲之弹烟血雨以俱来。

《警告全国父老书》

噩耗既布，义电交驰。军士变色于疆场，学子愤慨于庠序，商贾喧噪于廛市，农夫激怒于氓郊。凡有血气，莫不痛心，忠义之民，愿为国死。

《警告全国父老书》

同人等羁身异域，切齿国仇，回望神州，仰天悲愤。以谓有国可亡，有人可死，已无投鼠忌器之顾虑，宜有破釜沉舟之决心。万一横逆之来，迫我于绝境，则当率我四万万忠义勇健之同胞，出其丹心碧血，染吾黄帝以降列祖列宗光荣历史之末页。

《警告全国父老书》

呜呼，吾中国之待亡也久矣！所以不即亡者，惟均势之敌。列强在华，拔帜竖帜，均势之局，乃具规模，以中国泱泱万里，天府之区，广土丰物，迈绝寰宇，任何一国，欲举而印度之势所弗许。即欲攘我权利，亦辄为他国所遏，群雄角逐，赖以苟安。

《警告全国父老书》

惟是燕幕之惨，志士寒心，牛后之羞，壮夫切齿，诚以寄生即亡国之基，履霜乃坚冰之渐也。

《警告全国父老书》

磋商妥洽，将有成议，而滔滔江汉，革命怒潮，掀天以起，兹事竟寝。然而门户开放机会均等主义，至是不可不认为告几分之成功，而中国于此，乃得偷安苟存于旦夕之残喘。

《警告全国父老书》

然均势之基，固未动摇也。是则致中国于将亡者，惟此均势；延中国于未亡者，惟此均势；迫中国于必亡者，亦惟此均势。

《警告全国父老书》

此近东之均势，又遥与远东之均势相为呼应，以成世界全局之均势。牵一发，则全身俱动，若待爆之火山，若奇幻之魔窟，风云万变，光怪陆离。盖企平和于均势之局，犹厝火积薪以求安也。

《警告全国父老书》

民国肇造，邦基未安，方期举我全国刚毅强固之人心，尝胆卧薪之志气，艰难缔造，补苴弥缝。内之巩我邦家于金瓯磐石之安，外之与世界各友邦共臻和平康泰之盛运。

《警告全国父老书》

我中华民国，爱人类之平和，闵友邦之殃厉。

《警告全国父老书》

此日本乘机并吞中国之由来，吾人所当镌骨铭心，志兹深仇奇辱者也。彼有强暴之陆军，我有牺牲之血肉；彼有坚巨之战舰，我有朝野之决心。蜂虿有毒，而况一国，海枯石烂，众志难移。举四百余州之河山，四万万人之坟墓，日本虽横，对此战血余腥之大陆，终恐其食之不下咽也。

《警告全国父老书》

此不义、不仁、不智、不勇、不信之行为，于日本为自杀，于世界为蟊贼，于中国为吾四万万同胞不共戴天之仇雠，神州男子，其共誓之！

《警告全国父老书》

居东京，适游就馆，见其陈列虏夺之物，莫不标名志由，夸为国荣。鼎彝迁于异域，铜驼泣于海隅，睹物伤怀，徘徊不忍去。盖是馆者，人以纪其功，我以铭其耻；人以壮其气，我以痛其心。

《警告全国父老书》

韩社既屋，安重根以哈宾之弹，当博浪之椎，虽此一滴刚正之血，未尝不足以点缀其黯淡无光之亡国痛史。然而枯藤可断，十三道之江山不可复保矣。呜呼，同胞！值此千钧一发之会，当怀死中求活之心……过此以往，皆凄凉悲惨之天地也。然则吾国民于今日救国之责，宜有以仔肩自任者矣。

《警告全国父老书》

吾国民今日救国之责维何？曰：首须认定中国者为吾四万万国民之中国，苟吾四万万国民不甘于亡者，任何强敌，亦不能亡吾中国于吾四万万国民未死以前。必欲亡之，惟有与国同尽耳。

《警告全国父老书》

则当更进而督励我政府,俾秉国民之公意,为最后之决行,纵有若何之牺牲,皆我国民承担之。智者竭其智,勇者奋其勇,富者输其财,举国一致,众志成城。……全始全终之名誉,长留于宇宙之间,虽亡国杀身,亦可告无罪于我黄帝以降列祖列宗之灵也。河岳镇地,耀灵炳天,血气在人,至刚至大。九世之深仇未复,十年之胆薪何在!往者不谏,来者可追,愿我国民,从兹勿忘此弥天之耻辱可耳。

《警告全国父老书》

而顾吾国,既丧目前之权利,更萌异日之祸根。呜呼政府!呜呼国民!其永永世世勿忘此五月七日可耳!……外交黑幕之风云,以锢封于秘密之键,无从窥其奥蕴,即此已足为吾民未来二十年卧薪尝胆之资,幸勿依样葫芦,事过境迁,仍葬于太平歌舞沉沉酣梦之中也。弱国外交,断无不失败之理。

《国民之薪胆》

吾于最后,欲为一言:政府果不愿为亡国之政府,则宜及早觉悟其复古之非,弃民之失,速与天下更始,定根本大计,回复真正民意机关,普及国民教育,实行征兵制度,生聚训练,以图复此深仇奇辱。

《国民之薪胆》

诚以精神具万能之势力,苟克持之以诚毅,将有伟大之功能事业。基于良知一念之微明,则曹沫雪辱,勾践复仇,会有其时。堂堂黄帝之子孙,岂终见屈于小丑!前此四千余年,吾民族既于天演之中,宅优胜之位置……此暂见之小波澜,正为多难兴邦,殷忧启圣之因缘,惟国民勿灰心,勿短气,勿轻狂躁进,困心衡虑,蕴蓄其智勇深沉刚毅果敢之精神,磨炼其坚忍不拔百折不挠之志气,前途正自辽远。……吾信吾国命未必即此终斩,种性未必由此长沦也。愿我国民,善自为之!

《国民之薪胆》

名家名言

观其言曰:"国人无爱国心者,其国恒亡;国人无自觉心者,其国亦殆。"

《厌世心与自觉心》

若夫国家兴亡,民族消长,历史所告,沧桑陵谷,迁流罔极,代兴代亡者,舜然其非一姓氏一种族也。

《厌世心与自觉心》

是故自古无不亡之国,国苟未亡,亦无不可爱之国,必谓有国如英、法、俄、美而后可爱,则若而国者,初非与宇宙并起,纯由天赐者。初哉首基,亦由人造,其所由造,又罔不凭其国民之爱国心,发挥而光大之,底于有成也。

《厌世心与自觉心》

中国至于今日,诚已濒于绝境,但一息尚存,断不许吾人以绝望自灰。挽近公民精神之进行,其坚毅足以壮吾人之意气。

《厌世心与自觉心》

爱国之诚,至于不顾身命,其志亦良可敬,其行则至可闵,而亦大足戒也。

《厌世心与自觉心》

向之盗劫民彝罔惑民彝者,终当听命于民彝而伏诛于其前,则信乎正义之权威,可以胜恶魔,天理之势力,可以制兽欲也。

《民彝与政治》

明古者政治上之神器在于宗彝,今者政治上之神器在于民彝。宗彝可窃,而民彝不可窃也;宗彝可迁,而民彝不可迁也。

《民彝与政治》

常人薪也，英雄火也，薪无论燥至何度，不能以自燃。引以一星之火，可使燎原也。

《民彝与政治》

在一方固其秩序，一方图其进步。前者法之事，后者理之事。必以理之力著为法之力，而后秩序为可安；必以理之力摧其法之力，而后进步乃可图。是秩序者，法力之所守，进步者，理力之所摧也。

《民彝与政治》

国而一日离于法，则丧厥权威，人而一日离于理，则失厥价值。

《民彝与政治》

吾任重道远之国民乎！当知今日为世界再造之初，中华再造之始。……革我之面，洗我之心，而先再造其我，弃罪恶之我，迎光明之我；弃陈腐之我，迎活泼之我；弃白首之我，迎青年之我；弃专制之我，迎立宪之我；俾再造之我适于再造中国之新体制，再造之中国适于再造世界之新潮流。我不负此中国，中国即不负此河山……国家前途，实利赖之矣。

《民彝与政治》

吾族少年所当昭示其光华之理想、崇严之精神者，不在断断辩证白首中华之不死，而在汲汲孕育青春中华之再生；不在保持老大中华之苟延残喘，而在促进少年中华之投胎复活……余于是揭新中华民族主义之赤帜，大声疾呼以号召于吾新中华民族少年之前。

《新中华民族主义》

国家必有其中心势力，而后能收统一之效，促进化之机。否则，分崩离析，扰攘溃裂，无在不呈兀臬之象，久而久之，且濒于灭亡之运焉。

《中心势力创造论》

此之势力,必以中级社会为中枢,而拥有国民的势力,其运命乃能永久。

《中心势力创造论》

先驱遇险,我们后队里的朋友们,仍然要奋勇上前,继续牺牲者愿做而未成的事业。

《〈黄庞流血记〉序》

留东三年,益感再造中国之不可缓,值洪宪之变而归国。

《狱中自述》

而吾之国民经济,遂以江河日下之势而趋于破产。今欲挽此危局,非将束制吾民族生机之不平等条约废止不可。

《狱中自述》

今日之世界,乃为资本主义渐次崩颓之时期,故必须采用一种新政策。对外联合以平等待我之民族及被压迫之弱小民族,并列强本国内之多数民众;对内唤起国内之多数民众,共同团结于一个挽救全民族之政治纲领之下,以抵制列强之压迫,而达到建立一恢复民族自主、保护民众利益、发达国家产业之国家之目的。

《狱中自述》

·文化传统·

吾华建国,宅于亚陆,江山秀美,泱泱大风,世界之内,罕有其匹。沃土如兹其广也,河流如兹其多也,海线如兹其修也,煤铁如兹其富也。苟吾四亿同胞之心力,稍有活泼之机,创造改造之业,姑且莫论,但能顺应此环境而利用之,已足以雄视五洲威震欧亚矣。

《民彝与政治》

由历史考之，新兴之国族与陈腐之国族遇，陈腐者必败；朝气横溢之生命力与死灰沉滞之生命力遇，死灰沉滞者必败；青春之国民与白首之国民遇，白首者必败，此殆天演公例，莫或能逃者也。

《青春》

吾族今后之能否立足于世界，不在白首中国之苟延残喘，而在青春中国之投胎复活。盖尝闻之，生命者，死与再生之连续也。今后人类之问题，民族之问题，非苟生残存之问题，乃复活更生、回春再造之问题也。

《青春》

而在是等国族，凡以冲决历史之桎梏，涤荡历史之积秽，新造民族之生命，挽回民族之青春者，固莫不惟其青年是望矣。

《青春》

坟墓中之中华，尽可视为老辈之纪录，而拱手以让之老辈，俾携以俱去。胎孕中之中华，则断不许老辈以其沉滞颓废、衰朽枯窘之血液，侵及其新生命。

《〈晨钟〉之使命——青春中华之创造》

故今后之问题，非新民族崛起之问题，乃旧民族复活之问题也。而是等旧民族之复活，非其民族中老辈之责任，乃其民族中青年之责任也。

《〈晨钟〉之使命——青春中华之创造》

吾中华民族于亚东之地位既若兹其重要，则吾民族之所以保障其地位而为亚细亚之主人翁者，宜视为不可让与之权利，亦为不可旁贷之责任，斯则新民族的自觉尚矣。民族主义云者，乃同一之人种，如磁石之相引，不问国境、国籍之如何，而遥相呼应、互为联络之倾向也。

《新中华民族主义》

名家名言

然则今后民国之政教典刑，当悉本此旨以建立民族之精神，统一民族之思想。此之主义，即新中华民族主义也。……嗟乎！民族兴亡，匹夫有责。欧风美雨，咄咄逼人，新中华民族之少年，盖雄飞跃进，以肩兹大任也。

《新中华民族主义》

我们中国是一个农国，大多数的劳工阶级就是那些农民。他们若是不解放，就是我们国民全体不解放；他们的苦痛，就是我们国民全体的苦痛；他们的愚暗，就是我们国民全体的愚暗；他们生活的利病，就是我们政治全体的利病。去开发他们，使他们知道要求解放、陈说苦痛、脱去愚暗、自己打算自己生活的利病的人，除去我们几个青年，举国昏昏，还有那个？

《青年与农村》

我们要晓得一切过去的历史，都是靠我们本身具有的人力创造出来的，不是那个伟人圣人给我们造的，亦不是上帝赐予我们。将来的历史，亦还是如此。现在已是我们世界的平民的时代了，我们应该自觉我们的势力，赶快联合起来，应我们生活上的需要，创造一种世界的平民的新历史。

《唯物史观在现代史学上的价值》

历史的道路，不全是坦平的，有时走到艰难险阻的境界。这是全靠雄健的精神才能冲过去的。……中华民族现在所逢的史路，是一段崎岖险阻的道路。在这一段道路上，实在亦有一种奇绝壮绝的景致，使我们经过此段道路的人，感得一种壮美的趣味。……我们应该拿出雄健的精神，高唱着进行的曲调，在这悲壮歌声中，走过这崎岖险阻的道路。要知在艰难的国运中建造国家，亦是人生最有趣味的事。

《艰难的国运与雄健的国民》

我们所研究的，应该是活的历史，不是死的历史；活的历史，只能在人的生活里去得，不能在故纸堆里去寻。

《史学要论》

历史就是人类的生活并为其产物的文化。

《史学要论》

"历史不是只纪过去事实的纪录，亦不是只纪过去的政治事实的纪录。历史是亘过去、现在、未来的整个的全人类生活。换句话说，历史是社会的变革。再换句话说，历史是在不断的变革中的人生及为其产物的文化。那些只纪过去事实的纪录，必欲称之为历史，只能称为记述历史，决不是那生活的历史。"

《史学要论》

一个民族都有一个民族的特性，即各民族都有其特别的气质、好尚、性能。

《史学要论》

我想一个民族的特性，可以造成一个民族的特殊历史。民族特性，即是使各民族各有其特殊的经历的最有力的原动力。

《史学要论》

·青春教育·

一日有一日之黎明，一秩有一秩之黎明，个人有个人之青春，国家有国家之青春。今者，白发之中华垂亡，青春之中华未孕，旧秩之黄昏已去，新秩之黎明将来。……期与我慷慨悲壮之青年，活泼泼地之青年，日日迎黎明之朝气，尽二十秩黎明中当尽之努力，人人奋青春之元气，发新中华青春中应发之曙光……索我理想之中华，青春之中华，幸勿姑息迁延，韶光坐误。

《〈晨钟〉之使命——青春中华之创造》

名家名言

斯语一入吾有精神、有血气、有魂、有胆之青年耳中，鲜不勃然变色，思与四亿同胞发奋为雄，以雪斯言之奇辱者。

《〈晨钟〉之使命——青春中华之创造》

吾之国家若民族，历数千年而巍然独存，往古来今，罕有其匹，由今论之，始云衰老，始云颓亡，斯何足讳，亦何足伤，更何足沮丧吾青年之精神，销沉吾青年之意气！

《〈晨钟〉之使命——青春中华之创造》

吾人须知吾之国家若民族，所以扬其光华于二十棋之世界者，不在陈腐中华之不死，而在新荣中华之再生；青年所以贡其精诚于吾之国家若民族者，不在白发中华之保存，而在青春中华之创造。……青年不死，即中华不亡，《晨钟》之声，即青年之舌，国家不可一日无青年，青年不可一日无觉醒，青春中华之可创造与否，当于青年之觉醒与否卜之，青年之克觉醒与否，当于《晨钟》之壮快与否卜之矣。

《〈晨钟〉之使命——青春中华之创造》

未来之中华，青年所有之中华，理想之中华，胎孕中之中华也。

《〈晨钟〉之使命——青春中华之创造》

盖一切之新创造，新机运，乃吾青年独有之特权，老辈之于社会，自其长于年龄、富于经验之点，吾人固可与以相当之敬礼，即令以此自重。

《〈晨钟〉之使命——青春中华之创造》

须知吾青年之生，为自我而生，非为彼老辈而生，青春中华之创造，为青年而造，非为彼老辈而造也。

《〈晨钟〉之使命——青春中华之创造》

青年之文明，奋斗之文明也，与境遇奋斗，与时代奋斗，与经验奋斗。故青年者，人生之王，人生之春，人生之华也。青年之字典，无"困难"之字，青年之口头，无"障碍"之语；惟知跃进，惟知雄飞，惟知本其自由之精神，奇僻之思想，锐敏之直觉，活泼之生命，以创造环境，征服历史。

《〈晨钟〉之使命——青春中华之创造》

老辈对于青年之道义，亦当尊重其精神，其思想，其直觉，其生命，而不可抑塞其精神，其思想，其直觉，其生命。

《〈晨钟〉之使命——青春中华之创造》

人先失其青春，则其人无元气；国家丧其青年，则其国无生机。

《〈晨钟〉之使命——青春中华之创造》

地球即成白首，吾人尚在青春，以吾人之青春，柔化地球之白首，虽老犹未老也。是则地球一日存在，即吾人之青春一日存在。吾人之青春一日存在，即地球之青春一日存在。……虽明知未来一刹那之地球必毁，当知未来一刹那之青春不毁，未来一刹那之地球，虽非现在一刹那之地球，而未来一刹那之青春，犹是现在一刹那之青春。

《青春》

盖青年者，国家之魂，《晨钟》者，青年之友。青年当努力为国家自重，《晨钟》当努力为青年自勉，而各以青春中华之创造为唯一之使命，此则《晨钟》出世之始，所当昭告于吾同胞之前者矣。

《〈晨钟〉之使命——青春中华之创造》

青年锐进之子，尘尘刹刹，立于旋转簸扬循环无端之大洪流中，宜有江流不转之精神，屹然独立之气魄，冲荡其潮流，抵拒其势力，以其不变应其变，以其同操其异，以其周执其易，以其无持其有，以其绝对统其相对，以其空驭其色，以其平等律其差别，故能以宇宙之

名家名言

生涯为自我之生涯，以宇宙之青春为自我之青春。

《青春》

青年循蹈乎此，本其理性，加以努力，进前而勿顾后，背黑暗而向光明，为世界进文明，为人类造幸福，以青春之我，创建青春之家庭，青春之国家，青春之民族，青春之人类，青春之地球，青春之宇宙，资以乐其无涯之生。

《青春》

打破矛盾生活，脱去二重负担，这全是我们新青年的责任，看我们新青年的创造能力如何？

进！进！进！新青年！

《新的！旧的！》

我们"少年中国"的少年好友啊！我们既然是二十世纪的少年，就该把眼光放的远些，不要受腐败家庭的束缚，不要受狭隘爱国心的拘牵。我们的新生活，小到完成我的个性，大到企图世界的幸福。

《"少年中国"的"少年运动"》

参考文献：

[1]《李大钊全集》第一卷，人民出版社2006年版。
[2]《李大钊全集》第二卷，人民出版社2006年版。
[3]《李大钊全集》第三卷，人民出版社2006年版。
[4]《李大钊全集》第四卷，人民出版社2006年版。
[5]《李大钊全集》第五卷，人民出版社2006年版。

（刘洋编选）

鲁　迅

鲁 迅

·思想修养·

愿中国青年都摆脱冷气,只是向上走,不必听自暴自弃者流的话。能做事的做事,能发声的发声。有一分热,发一分光,就令萤火一般,也可以在黑暗里发一点光,不必等候炬火。

《随感录四十一》

现在的青年最要紧的是"行",不是"言"。

《青年必读书》

希望是本无所谓有,无所谓无的。这正如地上的路;其实地上本没有路,走的人多了,也便成了路。

《故乡》

什么是路?就是从没路的地方践踏出来的,从只有荆棘的地方开辟出来的。

《生命的路》

真的猛士,敢于直面惨淡的人生,敢于正视淋漓的鲜血。

《记念刘和珍君》

卑怯的人,即使有万丈的愤火,除弱草以外,又能烧掉甚么呢?

《杂忆》

时代之音

要估定人的伟大,则精神上的大和体格上的大,那法则完全相反。后者距离愈远即愈小,前者却见得愈大。

《战士和苍蝇》

纵令不过一洼浅水,也可以学学大海;横竖都是水,可以相通。

《随感录四十一》

幻想飞得太高,堕在现实上的时候,伤就格外沉重了;力气用得太骤,歇下来的时候,身体就难于动弹了。

《补白》

志愿愈大,希望愈高,可以致力之处就愈少,可以自解之处也愈多。

《叶永蓁〈小小十年〉小引》

死者倘不埋在活人的心中,那就真真死掉了。

《空谈》

有缺点的战士终竟是战士,完美的苍蝇也终竟不过是苍蝇。

《战士和苍蝇》

美国人说,时间就是金钱;但我想:时间就是性命。无端的空耗别人的时间,其实是无异于谋财害命的。

《门外文谈》

魔鬼手上,终有漏光的处所,掩不住光明。

《随感录四十》

危险令人紧张,紧张令人觉到自己生命的力。

《秋夜纪游》

名家名言

这拉纤或把舵的好方法,虽然也可以口谈,但大抵得益于实验,无论怎么看风看水,目的只是一个:向前。

《门外文谈》

希望是附丽于存在的,有存在,便有希望,有希望,便是光明。

《记谈话》

一滴水泉可以作江河之始流,一片树叶之飘动可以兆暴风之将来,微小的起源可以生出伟大的结果。

《〈中国新文学大系〉小说二集序》

一道浊流,固然不如一杯清水的干净而澄明,但蒸溜了浊流的一部分,却就有许多杯净水在。

《由聋而哑》

这就是节省时间,也就是使一个人的有限的生命,更加有效,而也即等于延长了人的生命。

《禁用和自造》

生命的路是进步的,总是沿着无限的精神三角形的斜面向上走,什么都阻止他不得。

《生命的路》

必须敢于正视,这才可望敢想,敢说,敢作,敢当。倘使并正视而不敢,此外还能成什么气候。

《论睁了眼看》

一到不再自欺欺人的时候,也就是到了看见希望的萌芽的时候。

《补白》

我现在心以为然的道理,极其简单。便是依据生物界的现象,

时代之音

1. 要保存生命；
2. 要延续这生命；
3. 要发展这生命（就是进化）。

《我们现在怎样做父亲》

教书一久，即与一般社会暌离，无论怎样热心，做起事来总要失败。假如一定要做，就得存学者的良心，有市侩的手段，但这类人才，怕教员中间是未必会有的。

《通讯》

老的让开道，催促着，奖励着，让他们走去。路上有深渊，便用那个死填平了，让他们走去。少的感谢他们填了深渊，给自己走去；老的也感谢他们从我填平的深渊上走去——远了远了。

《随感录四十九》

假使我的血肉该喂动物，我情愿喂狮虎鹰隼，却一点也不给癞皮狗们吃。养肥了狮虎鹰隼，它们在天空，岩角，大漠，丛莽里是伟美的壮观，捕来放在动物园里，打死制成标本，也令人看了神旺，消去鄙吝的心。但养胖一群癞皮狗，只会乱钻，乱叫，可多么讨厌！

《半夏小集》

道德这事，必须普遍，人人应做，人人能行，又于自他两利，才有存在的价值。

《我之节烈观》

夫妇是伴侣，是共同劳动者，又是新生命创造者。

《我们现在怎样做父亲》

人生却不在拼凑，而在创造，几千百万的活人在创造。

《难得糊涂》

名家名言

人到无聊,便比什么都可怕,因为这是从自己发生的,不大有药可救。

《两地书·二九》

个人的生命是可宝贵的,但一代的真理更可宝贵,生命牺牲了而真理昭然于天下,这死是值得的,就是不可以太打浑了水,把人家弄得不明不白。

《附记》

在生活的路上,将血一滴一滴地滴过去,以饲别人,虽自觉渐渐瘦弱,也以为快活。

《两地书·九五》

朋友乃五常之一名,交道是人间的美德,当然也好得很。不过骗子有屏风,屠夫有帮手,在他们自己之间,却也叫作"朋友"的。

《四论"文人相轻"》

美名未必一定包着美德。

《四论"文人相轻"》

要自己和别人,都纯洁聪明勇猛向上。要除去虚伪的脸谱。要除去世上害己害人的昏迷和强暴。

《我之节烈观》

公正的世评使人谦逊,而不公正或流言式的世评,则使人傲慢或冷嘲,否则,他一定要愤死或被逼死的。

《书斋生活与其危险译者附记》

普通大抵以和自己不同的人为古怪,这成见,必须跑过许多路,见过许多人,才能够消除。

《1935年3月13日致萧军、萧红》

中国的社会上,"卖老"的真也特别多。女人会穿针,有什么希奇呢,一到一百多岁,就可以开大会,穿给大家看,顺便还捐钱了。

《六论"文人相轻"——二卖》

无论爱什么,——饭,异性,国,民族,人类等等,——只有纠缠如毒蛇,执着如怨鬼,二六时中,没有已时者有望。

《杂感》

夫近乎"持中"的态度大概有二:一者"非彼即此",二者"可彼可此"也。前者是无主意,不盲从,不附势,或者别有独特的见解;……后者则是"骑墙",或是极巧妙的"随风倒"了,然而在中国最得法,所以中国人的"持中"大概是这个。倘改篡了旧对联来说明,就该是:"似战,似和,似守;似死,似降,似走。"

《我来说"持中"的真相》

每一新的事物进来,起初虽然排斥,但看到有些可靠,就自然会改变。不过并非将自己变得合于新事物,乃是将新事物变得合于自己而已。

《补白》

我看中国的许多智识分子,嘴里用各种学说和道理,来粉饰自己的行为,其实却只顾自己一个的便利和舒服,凡有被他遇见的,都用作生活的材料,一路吃过去,像白蚁一样,而遗留下来的,却只是一条排泄的粪。

《1935年4月23日致萧军、萧红》

中国人向来有点自大。——只可惜没有"个人的自大",都是"合群的爱国的自大"。

《随感录三十八》

名家名言

群众，——尤其是中国的，——永远是戏剧的看客。

《娜拉走后怎样》

我们的乏的古人想了几千年，得到一个制驭别人的巧法：可压服的将他压服，否则将他抬高。而抬高也就是一种压服的手段，常常微微示意说，你应该这样，

倘不，我要将你摔下来了。

《我的"籍"和"系"》

以过去和现在的铁铸一般的事实来测将来，

洞若观火！

《〈守常全集〉题记》

人类为向上，即发展起见，应该活动，活动而有若干失错，也不要紧。惟独半死半生的苟活，是全盘失错的。因为他挂了生活的招牌，其实却引人到死路上去！

《北京通信》

不满是向上的车轮。能够载着不自满的人类，向人道前进。

《随感录六十一》

旧瓶可以装新酒，新瓶也可以装旧酒。

《重三感旧》

名人被崇奉所诱惑，也忘记了自己之所以得名是那一种学问或事业，渐以为一切无不胜人，无所不谈，于是乎就悖起来了。其实，专门家除了他的专长之外，许多见识是往往不及博识家或常识者的。

《名人与名言》

名人的话并不都是名言；许多名言，倒出自田夫野老之口。

《名人与名言》

时代之音

单是话不行，要紧的是做。要许多人做：大众和先驱；要各式的人做。

《门外文谈》

青年们先可以将中国变成一个有声的中国。大胆地说话，勇敢地进行，忘掉了一切利害，推开了古人，将自己的真心的话发表出来。

《无声的中国》

天才并不是自生自长在深林荒野里的怪物，是由可以使天才生长的民众产生，长育出来的，所以没有这种民众，就没有天才。

《未有天才之前》

警句或炼话，讥刺和滑稽，十之九是出于下等人之口的。

《答〈戏〉周刊编者信》

古人说，不读书便成愚人，那自然也不错的。然而世界却正由愚人造成，聪明人决不能支持世界，尤其是中国的聪明人。

《写在〈坟〉后面》

斗争呢，我倒以为是对的。人被压迫了，为什么不斗争？

《文艺与革命》

有不平而不悲观，常抗战而亦自卫，荆棘非践不可，固然不得不践，但若无须必践，即不必随便去践，这就是我之所以主张"壕堑战"的原因。

《两地书·四》

恐吓和辱骂决不是战斗。

《辱骂和恐吓决不是战斗》

小心谨慎的人，偶然遇见仁人君子或雅人学者时，倘不会帮闲凑趣，就须远远避开，愈远愈妙。假如不然，即不免要碰着和他们口头大不相同的脸孔和手段。

《论俗人应避雅人》

　　我们有痛觉，一方面是使我们受苦的，而一方面也使我们能够自卫。假如没有，则即使背上被人刺了一尖刀，也将茫无知觉，直到血尽倒地，自己还不明白为什么倒地。但这痛觉如果细腻锐敏起来呢，则不但衣服上有一根小刺就觉得，连衣服上的接缝，线结，布毛都要觉得，倘不穿"无缝天衣"，他便要终日如芒刺在身，活不下去了。但假装锐敏的，自然不在此例。

《喝茶》

　　自称盗贼的无须防，得其反倒是好人；自称正人君子的必须防，得其反则是盗贼。

《小杂感》

　　见事太明，做事即失其勇，庄子所谓"察见渊鱼者不祥"，盖不独谓将为众所忌，且于自己的前进亦有碍也。

《1925年3月31日致许广平》

　　骂别人不革命，便是革命者，则自己不做事，而骂别人的事做得不好，自然便是更做事者。若与此辈理论，可以被牵连到白费唇舌，一事无成，也就是白活一世，与己与人，都无益处。

《1934年6月21日致郑振铎》

　　损着别人的牙眼，却反对报复，主张宽容的人，万勿和他接近。

《死》

时代之音

感激,那不待言,无论从那一方面说起来,大概总算是美德罢。但我总觉得这是束缚人的。……因为感激别人,就不能不慰安别人,也往往牺牲了自己,——至少是一部分。

《1925年4月11日致赵其文》

"急不择言"的病源,并不在没有想的工夫,而在有工夫的时候没有想。

《"忽然想到"(十一)》

实地经验总比看,听,空想确凿。

《读书杂谈》

钱这个字很难听,或者要被高尚的君子们所非笑,但我总觉得人们的议论是不但昨天和今天,即使饭前和饭后,也往往有些差别。

《娜拉走后怎样》

只要并不是靠这来解决国政,布置战争,在朋友之间,说几句幽默,彼此莞尔而笑,我看是无关大体的。就是革命专家,有时也要负手散步;理学先生总不免有儿女,在证明着他并非日日夜夜,道貌永远的俨然。

《一思而行》

农夫耕田,泥匠打墙,他只为了米麦可吃,房屋可住,自己也因此有益之事,得一点不亏心的糊口之资,历史上有没有"乡下人列传"或"泥水匠列传",他向来就并没有想到。

《徐懋庸作〈打杂集〉序》

战士的日常生活,是并不全部可歌可泣的,然而又无不和可歌可泣之部相关联,这才是实际上的战士。

《这也是生活……》

名家名言

凡对于以真话为笑话的,以笑话为真话的,以笑话为笑话的,只有一个方法:就是不说话。

《说胡须》

凡事彻底是好的,而"透底"就不见得高明。因为连续的向左转,结果碰见了向右转的朋友,那时候彼此点头会意,脸上会要辣辣的。要自由的人,忽然要保障复辟的自由,或者屠杀大众的自由,——透底是透底的了,却连自由的本身也漏掉了,原来只剩得一个无底洞。

《透底》

我们看历史,能够据过去以推知未来,看一个人的已往的经历,也有一样的效用。

《答 KS 君》

我的确时时解剖别人,然而更多的是更无情面地解剖我自己。

《写在〈坟〉后面》

由我造出来的酸酒,当然应该由我自己来喝干。

《关于杨君袭来事件的辩正》

我明知道几个人做事,真出于"为天下"是很少的。但人于现状,总该有点不平,反抗,改良的意思。只这一点共同目的,便可以合作。即使含些"利用"的私心也不妨,利用别人,又给别人做点事,说得好看一点,就是"互助"。

《1925 年 6 月 13 日致许广平》

被毁则报,被誉则默,正是人情之常。谁能说人的左颊既受爱人接吻而不作一声,就得援此为例,必须默默地将右颊给仇人咬一口呢?

《无花的蔷薇》

时代之音

"世故"深到不自觉其"深于世故",这才真是"深于世故"的了。这是中国处世法的精义中的精义。

《世故三昧》

我也没有在中外古今的名人中,发见能够确保决无虚伪的人,所以对于人,我以为只能随时取其一段一节。

《通信(复魏猛克)》

事实是毫无情面的东西,它能将空言打得粉碎。

《安贫乐道法》

人们是的确由事实而从新省悟,而事情又由此发生变化的。

《关于中国的二三事》

空谈之类,是谈不久,也谈不出什么来的,它终必被事实的镜子照出原形,拖出尾巴而去。

《书信致萧军萧红》

胆子大和胡说乱骂,是相似而实非的。

《致孟十还》

火能烧死人,水也能淹死人,但水的模样柔和,好象容易亲近,因而也容易上当。

《水性》

虚悬了一个"极境",是要陷入"绝境"的。

《"题未定"草(七)》

倘使世上真有什么"止于至善",这人间世便同时变了凝固的东西了。

《黄花节的杂感》

苛求君子，宽纵小人，自以为明察秋毫，而实则反助小人张目。

《"题未定"草（九）》

·爱国情怀·

文化的改革如长江大河的流行，无法遏止，假使能够遏止，那就成为死水，纵不干涸，也必腐败的。

《从"别字"说开去》

体质和精神都已硬化了的人民，对于极小的一点改革，也无不加以阻挠，表面上好像恐怕于自己不便，其实是恐怕于自己不利，但所设的口实，却往往见得极其公正而且堂皇。

《习惯与改革》

叛逆的猛士出于人间；他屹立着，洞见一切已改和现有的废墟和荒坟，记得一切深广和久远的苦痛，正视一切重叠淤积的凝血，深知一切已死，方生，将生和未生。

《淡淡的血痕中》

一切事物，虽说以独创为贵，但中国既然是世界上的一国，则受点别国的影响，即自然难免，似乎倒也无须如此娇嫩，因而脸红。

《〈奔流〉编校后记》

凡有一人的主张，得了赞和，是促其前进的，得了反对，是促其奋斗的，独有叫喊于生人中，而生人并无反应，既非赞同，也无反对，如置身毫无边际的荒原，无可措手的了，这是怎样的悲哀呵……

《呐喊·自序》

要进步或不退步，总须时时自出新裁，至少也必取材异域，倘若各种顾忌，各种小心，各种唠叨，这么做即违了祖宗，那么做又像了夷狄，终生惴惴如在薄冰上，发抖尚且来不及，怎么会做出好东西来。

《看境有感》

多有不自满的人的种族，永远前进，永远有希望。多有只知责人不知反省的人的种族，祸哉祸哉！

《随感录六十一》

中国现在的人心中，不平和愤恨的分子太多了。不平还是改造的引线，但必须先改造了自己，再改造社会，改造世界；万不可单是不平。至于愤恨，却几乎全无用处。

《随感录六十二》

由历史所指示，凡有改革，最初，总是觉悟的智识者的任务。但这些智识者，却必须有研究，能思索，有决断，而且有毅力。他也用权，却不是骗人，他利导，却并非迎合。他不看轻自己，以为是大家的戏子，也不看轻别人，当作自己的喽罗。他只是大众中的一个人，我想，这才可以做大众的事业。

《门外文谈》

这并未改革的社会里，一切单独的新花样，都不过是一块招牌，实际上和先前并无两样。

《关于妇女解放》

无破坏即无新建设，大致是的；但有破坏却未必即有新建设。

《再论雷峰塔的倒掉》

人固然应该生存，但为的是进化；也不妨受苦，但为的是解除将来的一切苦；更应该战斗，但为的是改革。

《论秦理斋夫人事》

名家名言

动植之间，无脊椎和脊椎动物之间，都有中间物；或者简直可以说，在进化的链子上，一切都是中间物。

《写在〈坟〉后面》

自然赋与人们的不调和还很多，人们自己萎缩堕落退步的也还很多，然而生命决不因此回头。无论什么黑暗来防范思潮，什么悲惨来袭击社会，什么罪恶来亵渎人道，人类的渴仰完全的潜力，总是踏了这些铁蒺藜向前进。

《随感录六十六》

人类的血战前行的历史，正如煤的形成，当时用大量的木材，结果却只是一小块。

《记念刘和珍君》

做了人类想成仙；生在地上要上天；明明是现代人，吸着现在的空气，却偏要勒派朽腐的名教，僵死的语言，侮蔑尽现在，这都是"现在的屠杀者"。杀了"现在"，也便杀了"将来"。——将来是子孙的时代。

《随感录五十七 现在的屠杀者》

那些维持现状的先生们，貌似平和，实乃进步的大害。最可笑的是他们对于已经错定的，无可如何，毫无改革之意，只在防患未然，不许"新错"，而又保护"旧错"，这岂不可笑。

《1935年4月10日致曹聚仁》

所谓危机，也如医学上的所谓"极期"（Krisis）一般，是生死的分歧，能一直得到死亡，也能由此至于恢复。

《小品文的危机》

维持现状说是任何时候都有的，赞成者也不会少，然而在任何时

时代之音

候都没有效,因为在实际上决定做不到。假使古时候用此法,就没有今之现状,今用此法,也就没有将来的现状,直至辽远的将来,一切都和太古无异。

《从"别字"说开去》

回复故道的事是没有的,一定有迁移;维持现状的事也是没有的,一定有改变。有百利而无一害的事也是没有的,只可权大小。

《从"别字"说开去》

即使并非中国所固有的罢,只要是优点,我们也应该学习。即使那老师是我们的仇敌罢,我们也应该向他学习。

《从孩子的照相说起》

看生物,是一到专化,往往要灭亡的。未有人类以前的许多动植物,就因为太专化了,失其可变性,环境一改,无法应付,只好灭亡。

《门外文谈》

世界决不和我同死,希望是在于将来的。

《鲁迅译著书目》

一要生存,二要温饱,三要发展。……我之所谓生存,并不是苟活;所谓温饱,并不是奢侈;所谓发展,也不是放纵。

《北京通信》

倘不深入民众的大层中,于他们的风俗习惯,加以研究,解剖,分别好坏,立存废的标准,而于存于废,都慎选施行的方法,则无论怎样的改革,都将为习惯的岩石所压碎,或者只在表面上浮游一些时。

《习惯与改革》

名家名言

革命当然有破坏，然而更需要建设，破坏是痛快的，但建设却是麻烦的事。

《对于左翼作家联盟的意见》

即使艰难，也还要做；愈艰难，就愈要做。改革，是向来没有一帆风顺的，冷笑家的赞成，是在见了成效之后……

《中国语文的新生》

同是不满于现状，但打破现状的手段却大不同：一是革新，一是复古。同是革新，那手段也大不同：一是难行，一是易举。这两者有斗争。难行者的好幌子，一定是完全和精密，借此来阻碍易举者的进行，然而它本身，却因为是虚悬的计划，结果总并无成就：就是不行。

《论新文字》

人固然应该生存，但为的是进化；也不妨受苦，但为的是解除将来的一切苦；更应该战斗，但为的是改革。

《论秦理斋夫人事》

说到中国的改革，第一著自然是埽荡废物，以造成一个使新生命得能诞生的机运。

《〈出了象牙之塔〉后记》

不能革新的人种，也不能保古的。

《忽然想到（六）》

最要紧的是改革国民性，否则，无论是专制，是共和，是什么什么，招牌虽换，货色照旧，全不行的。

《两地书·八》

时代之音

先驱者本是容易变成绊脚石的。

《新的世故》

有些改革者,是极爱谈改革的,但真的改革到了身边,却使他恐惧。

《论新文字》

要治这麻木状态的国度,只有一法,就是"韧",也就是"锲而不舍"。逐渐的做一点,总不肯休,不至于比"踔厉风发"无效的。

《两地书·十二》

中国人总只喜欢一个"名",只要有新鲜的名目,便取来玩一通,不久连这名目也糟蹋了,便放开,另外又取一个。真如黑色的染缸一样,放下去,没有不乌黑的。譬如"伟人""教授""学者""名人""作家"这些称呼,当初何尝不冠冕,现在却听去好像讽刺了,一切无不如此。

《鲁迅书信集》

中国人向来就没有争到过"人"的价格,之多不过是奴隶,到现在还如此,然而下于奴隶的时候,却是数见不鲜的。

《灯下漫笔》

每一新制度,新学术,新名词,传入中国,便如落在黑色染缸,立刻乌黑一团,化为济私助焰之具,科学,亦不过其一而已。

《偶感》

中国人的性情是总喜欢调和,折中的。譬如你说,这屋子太暗,须在这里开一个窗,大家一定不允许的。但如果你主张拆掉屋顶,他们就会来调和,愿意开窗了。

《无声的中国》

名家名言

我们究竟还是未经革新的古国的人民,所以也还是各不相通,并且连自己的手也几乎不懂自己的足。

《俄文译本〈阿Q正传〉序及著者自叙传略》

中国人是并非"没有自知"之明的,缺点只在有些人安于"自欺",由此并想"欺人"。譬如病人,患着浮肿,而讳疾忌医,但愿别人胡涂,误认他为肥胖。

《"立此存照"(三)》

中国的人民是多疑的。无论那一国人,都指这为可笑的缺点。然而怀疑并不是缺点。总是疑,而并不下断语,这才是缺点。我是中国人,所以深知道这秘密。

《我要骗人》

老大的国民尽钻在僵硬的传统里,不肯变革,衰朽到毫无精力了,还要自相残杀。于是外面的生力军很容易地进来了。

《忽然想到(六)》

我独不解中国人何以于旧状况那么心平气和,于较新的机运就这么疾首蹙额;于已成之局那么委曲求全,于初兴之事就这么求全责备?

《这个与那个》

中国的人们,遇见带有会使自己不安的朕兆的人物,向来就用两样法:将它压下去,或者将他捧起来。

《这个与那个》

中国一向就少有失败的英雄,少有韧性的反抗,少有敢单身鏖战的武人,少有敢抚哭叛徒的吊客;见胜兆则纷纷聚集,见败兆则纷纷逃亡。

《这个与那个》

中国人不但"不为戎首","不为祸始",甚至于"不为福先"。所以凡事都不容易有改革;前驱和闯将,大抵是谁也怕得做。

《这个与那个》

可惜中国太难改变了,即使搬动一张桌子,改装一个火炉,几乎也要血;而且即使有了血,也未必一定能搬动,能改装。不是很大的鞭子打在背上,中国自己是不肯动弹的。

《娜拉走后怎样》

我每看运动会时,常常这样想:优胜者固然可敬,但那虽然落后而仍非跑至终点不止的竞技者,和见了这样竞技者而肃然不笑的看客,乃正是中国将来的脊梁。

《这个与那个》

我以为国民倘没有智,没有勇,而单靠一种所谓"气",实在是非常危险的。

《杂忆》

对于群众,在引起他们的公愤之余,还须设法注入深沉的勇气,当鼓舞他们的感情的时候,还须竭力启发明白的理性;而且还得偏重于勇气和理性。

《杂忆》

那切切实实,足踏在地上,为着现在中国人的生存而流血奋斗者,我得引为同志,是自以为光荣的。

《答托洛斯基派的信》

想在现今的世界上,协同生长,挣一地位,即须有相当的进步的智识,道德,品格,思想,才能够站得住脚:这事极须劳力费心。

《随感录三十六》

名家名言

外之既不后于世界之思潮,内之仍弗失固有之血脉,取今复古,别立新宗,人生意义,致之深邃,则国人之自觉至,个性张,沙聚之邦,由是转为人国。

《文化偏至论》

我们应该看现代的兴国史,现代的新国的历史,这里面所指示的是战叫,是活路,不是亡国奴的悲叹和号!

《"日本研究"之外》

震骇一时的牺牲,不如深沉的韧性的战斗。

《娜拉走后怎样》

小有胜利,便陶醉在凯歌中,肌肉松懈,忘却进击了,于是敌人便又乘隙而起。

《庆祝沪宁克复的那一边》

死于敌手的锋刃,不足悲苦;死于不知何来的暗器,却是悲苦。但最悲苦的是死于慈母或爱人误进的毒药,战友乱发的流弹,病菌的并无恶意的侵入,不是我自己制定的死刑。

《杂感》

倘有同一营垒中人,化了装从背后给我一刀,则我的对于他的憎恶和鄙视,是在明显的敌人之上的。

《答〈戏〉周刊编者信》

对于为了远大的目的,并非因个人之利而攻击我者,无论用怎样的方法,我全都没齿无怨言。

《鲁迅著译书目》

世上固多爱国者,但也羼着些爱亡国者。爱国者虽偶然怀旧,却专重在现世以及将来。爱亡国者便只是悲叹那过去,而且称赞着所以亡的病根。

《随感录(手稿)》

如果从奴隶生活中寻出"美"来,赞叹,抚摩,陶醉,那可简直是万劫不复的奴才了,他使自己和别人永远安住于这生活。

《漫与》

·文化传统·

凡中国人说一句话,做一件事,倘与传来的积习有若干抵触,须一个斤斗便告成功,才有立足的处所;而且被恭维得烙铁一般热。否则免不了标新立异的罪名,不许说话;或者竟成了大逆不道,为天地所不容。

《随感录四十一》

我们从古以来,就有埋头苦干的人,有拼命硬干的人,有为民请命的人,有舍身求法的人,虽是等于为帝王将相作家谱的所谓"正史",也往往掩不住他们的光耀,这就是中国的脊梁。

《中国人失掉自信力了吗?》

老百姓虽然不读诗书,不明史法,不解在瑜中求瑕,屎里觅道,但能从大概上看,明黑白,辨是非,往往有决非清高通达的士大夫所可几及之处的。

《"题未定"草(九)》

大众虽然智识没有读书人的高,但他们对于胡说的人们,却有一个谥法:绣花枕头。这意义,也许只有乡下人能懂的了,因为穷人塞在枕头里面的,不是鸭绒:是稻草。

《"大雪纷飞"》

名家名言

想有乔木,想看好花,一定要有好土;没有土,便没有花木了;所以土实在较花木还重要。

《未有天才之前》

野牛成为家牛,野猪成为猪,狼成为狗,野性是消失了,但只足使牧人喜欢,于本身并无好处。人不过是人,不再夹杂着别的东西,当然再好没有了。倘不得已,我以为还不如带些兽性……

《略论中国人的脸》

古今君子,每以禽兽斥人,殊不知便是昆虫,值得师法的地方也多着哪。

《夏三虫》

一切女子,倘不得到和男子同等的经济权,我以为所有好名目,就都是空话。……必须地位同等之后,才会有真的女人和男人,才会消失了叹息和苦痛。

《关于妇女解放》

将生存两间,角逐列国是务,其首在立人,人立而后凡事举;若其道术,乃必尊个性而张精神。

《文化偏至论》

一见短袖子,立刻想到白臂膊,立刻想到全裸体,立刻想到生殖器,立刻想到性交,立刻想到杂交,立刻想到私生子。中国人的想象唯在这一层能够如此跃进。

《小杂感》

女人的天性中有母性,有女儿性;无妻性。妻性是逼成的,只是母性和女儿性的混合。

《小杂感》

时代之音

人往往憎和尚,憎尼姑,憎回教徒,憎耶教徒,而不憎道士。懂得此理者,懂得中国大半。

《小杂感》

中国公共的东西,实在不容易保存。如果当局者是外行,他便将东西糟完,倘是内行,他便将东西偷完。

《谈所谓"大内档案"》

北人的优点是厚重,南人的优点是机灵。但厚重之弊也愚,机灵之弊也狡,所以某先生曾经指出缺点道:北方人是"饱食终日,无所用心";南方人是"群居终日,言不及义"。就有闲阶级而言,我以为大体是的确的。

《北人与南人》

相书上有一条说,北人南相,南人北相者贵。我看这并不是妄语。北人南相者,是厚重而又机灵,南人北相者,不消说是机灵而又能厚重。

《北人与南人》

外国用火药制造子弹御敌,中国却用它做爆竹敬神;外国用罗盘针航海,中国却用它看风水;外国用鸦片医病,中国却拿来当饭吃。

《电的利弊》

中国的最伟大最永久,而且最普遍的"艺术"是男人扮女人。这艺术的可贵,是在于两面光,或谓之"中庸"——男人看见"扮女人",女人看见"男人扮"。

《最艺术的国家》

骄和谄相纠结的,是没落的古国人民的精神的特色。

《现代电影与有产阶级》

中国人自然有迷信，也有"信"，但好像很少"坚信"。我们先前最尊皇帝，但一面想玩弄他，也尊后妃，但一面又有些想吊她的膀子；畏神明，而又烧纸钱作贿赂，佩服豪杰，却不肯为他作牺牲。崇孔的名儒，一面拜佛，信甲的战士，明天信丁。

《运命》

"国粹"多的国民，尤为劳力费心，因为他的"粹"太多。粹太多，便太特别。太特别，便难与种种人协同生长，挣得地位。

《随感录三十六》

中国人的不敢正视各方面，用瞒和骗，造出奇妙的逃路来，而自以为正路。在这路上，就证明着国民性的怯弱，懒惰，而又巧滑。一天一天的满足着，即一天一天的堕落着，但却又觉得日见其光荣。

《论睁了眼看》

不负责任的，不能照办的教训多，则相信的人少；利己损人的教训多，则相信的人更其少。"不相信"就是"愚民"的远害的堑壕，也是使他们成为散沙的毒素。然而有这脾气的也不但是"愚民"，虽是说教的士大夫，相信自己和别人的，现在也未必有多少。例如既尊孔子，又拜活佛者，也就是恰如将他的钱试买各种股票，分存许多银行一样，其实是那一面都不相信的。

《难行和不信》

·文艺理论·

写什么是一个问题，怎么写又是一个问题。

《怎么写》

战斗的作者应该注重于"论争"；……但必须止于嘲笑，止于热骂，而且要"喜笑怒骂，皆成文章"，使敌人因此受伤或致死，而自己并无卑劣的行为，观者也不以为污秽，这才是战斗的作者的本领。

《辱骂和恐吓绝不是战斗》

创作是并没有什么秘诀，能够交头接耳，一句话就传授给别一个的，倘不然，只要有这秘诀，就真可以登广告，收学费，开一个三天包成文豪学校了。以中国之大，或者也许会有罢，但是，这其实是骗子。

《不应该那么写》

太做不行，但不做，却又不行。用一段大树和四枝小树做一只凳，在现在，未免太毛糙，总得刨光它一下才好。但如全体雕花，中间挖空，却又坐不来，也不成其为凳子了。

《做文章》

但做文学的人总得闲定一点，正在革命中，那有功夫做文学。我们且想想：在生活困乏中，一面拉车，一面"之乎者也"，到底不大便当。古人虽有种田做诗的，那一定不是自己在种田；雇了几个人替他种田，他才能吟他的诗；真要种田，就没有功夫做诗。

《文艺与政治的歧途》

创作难，就是给人起一个称号或诨名也不易。假使有谁能起颠扑不破的诨名的罢，那么，他如作评论，一定也是严肃正确的批评家，倘弄创作，一定也是深刻博大的作者。

《五论"文人相轻"——明术》

豫言总是诗，而诗人大半是豫言家。然而豫言不过诗而已，诗却往往比豫言还灵。

《诗和豫言》

初初出阵的时候，幼稚和浅薄都不要紧，然而也须不断的（!）

生长起来才好。

《鲁迅译著书目》

将文章当作古董,以不能使人认识,使人懂得为好,也许是有趣的事罢。但是,结果怎样呢?是我们已经不能将我们想说的话说出来。

《无声的中国》

我做完之后,总要看两遍,自己觉得拗口的,就增删几个字,一定要它读得顺口;没有相宜的白话,宁可引古语,希望总有人会懂,只有自己懂得或连自己也不懂的生造出来的字句,是不大用的。

《我怎么做起小说来》

"白描"却并没有秘诀。如果要说有,也不过是和障眼法反一调:有真意,去粉饰,少做作,勿卖弄而已。

《作文秘诀》

散文的体裁其实是大可以随便的,有破绽也不妨。做作的写信和日记,恐怕也还不免有破绽,而一有破绽便破灭到不可收拾了。与其防破绽,不如忘破绽。

《怎么写》

翻译和创作,应该一同提倡,决不可压抑了一面,使创作成为一时的骄子,反因容纵而脆弱起来。

《关于翻译》

人感到寂寞时,会创作;一感到干净时,即无创作,他已经一无所爱。创作总根于爱。

《小杂感》

时代之音

　　选材要严,开掘要深,不可将一点琐屑的没有意思的事故,便填成一篇,以创作丰富自乐。

《关于小说题材的通信》

　　要极省俭的画出一个人的特点,最好是画他的眼睛。

《我怎么做起小说来》

　　生存的小品文,必须是匕首,是投枪,能和读者一同杀出一条生存的血路的东西;但自然,它也能给人愉快和休息,然而这并不是"小摆设",更不是抚慰和麻痹,它给人的愉快和休息是休养,是劳作和战斗之前的准备。

《小品文的危机》

　　悲剧将人生的有价值的东西毁灭给人看,喜剧将那无价值的撕破给人看。讥讽又不过是喜剧的变简的一支流。

《再论雷峰塔的倒掉》

　　现在的许多白话文却连"明白如话"也没有做到。倘要明白,我以为第一是在作者先把似识非识的字放弃,从活人的嘴上,采取有生命的词汇,搬到纸上来;也就是学学孩子,只说些自己的确能懂的话。

《人生识字胡涂始》

　　读书人常常看轻别人,以为较新,较难的字句,自己能懂,大众却不能懂,所以为大众计,是必须彻底扫荡的:说话作文,越俗,就越好。

《门外文谈》

　　做文章做到不通的境地也就不容易,我们对于中国古今文学家,敢保证谁决没有一句不通的文章呢?有些人自以为"通",那是因为他连"通""不通"都不了然的缘故。

《考场三丑》

其实,现在的所谓讽刺作品,大抵倒是写实。非写实决不能成为所谓"讽刺";非写实的讽刺,即使能有这样的东西,也不过是造谣和诬蔑而已。

《论讽刺》

如果貌似讽刺的作品,而毫无善意,也毫无热情,只使读者觉得一切世事,一无足取,也一无可为,那就并非讽刺了,这便是所谓"冷嘲"。

《什么是"讽刺"?》

人说,讽刺和冷嘲只隔一张纸,我以为有趣和肉麻也一样。

《后记》

比起高大的天文台来,"杂文"有时确很像一种小小的显微镜的工作,也照秽水,也看脓汁,有时研究淋菌,有时解剖苍蝇。从高超的学者看来,是渺小,污秽,甚而至于可恶的,但在劳作者自己,却也是一种"严肃的工作",和人生有关,并且也不十分容易做。

《做"杂文"也不易》

凡对于时弊的攻击,文字须与时弊同时灭亡,因为这正如白血轮之酿成疮疖一般,倘非自身也被排除,则当它的生命的存留中,也即证明着病菌尚在。

《热风·题记》

新主义宣传者是放火人么,也须别人有精神的燃料,才会着火;是弹琴人么,别人的心上也须有弦索,才会出声;是发声器么,别人也必须是发声器，才会共鸣。

《随感录五十九"圣武"》

麻醉性的作品，是将与麻醉者和被麻醉者同归于尽的。

《小品文的危机》

太伟大的变动，我们会无力表现的，不过这也无须悲观，我们即使不能表现他的全盘，我们可以表现它的一角，巨大的建筑，总是一木一石叠起来的，我们何妨做做这一木一石呢？我时常做些另碎事，就是为此。

《致赖少麒》

凡作者，和读者因缘愈远的，那作品就于读者愈无害。古典的，反动的，观念形态已经很不相同的作品，大抵即不能打动新的青年的心（但自然也要有正确的指示），倒反可以从中学学描写的本领，作者的努力。

《关于翻译（上）》

肚子一饱，应酬一少，便要心平气和，关起门来，什么也不写了；即使还写，也许不过是温暾之谈，两可之论，也即所谓执中之说，公允之言，其实等于不写而已。

《并非闲话》

用玩笑来应付敌人，自然也是一种好战法，但触着之处，须是对手的致命伤，否则，玩笑终不过是一种单单的玩笑而已。

《玩笑只当它玩笑（上）》

谚语固然好像一时代一国民的意思的结晶，但其实，却不过是一部分的人们的意思。

《谚语》

名家名言

文艺是国民精神所发的火光，同时也是引导国民精神的前途的灯火。

《论睁了眼看》

文艺本应该并非只有少数的优秀者才能够鉴赏，而是只有少数的先天的低能者所不能鉴赏的东西。

《文艺的大众化》

人类最好是彼此不隔膜，相关心。然而最平正的道路，却只有用文艺来沟通，可惜走这条道路的人又少得很。

《〈呐喊〉捷克译本序》

文艺必须有批评；批评如果不对了，就得用批评来抗争，这才能够使文艺和批评一同前进，如果一律掩住嘴，算是文坛已经干净，那所得的结果倒是要相反的。

《看书琐记（三）》

读死书是害己，一开口就害人；但不读书也并不见得好。至少，譬如要批评托尔斯泰，则他的作品是必得看几本的。

《读几本书》

《红楼梦》，是中国许多人所知道，至少，是知道这名目的书。谁是作者和续者姑且勿论，单是命意，就因读者的眼光而有种种：经学家看见《易》，道学家看见淫，才子看见缠绵，革命家看见排满，流言家看见宫闱秘事。

《〈绛洞花主〉小引》

不过"珍本"并不就是"善本"，有些是正因为它无聊，没有人要看，这才日就灭亡，少下去；因为少，所以"珍"起来。就是旧书店里必讨大价的所谓"禁书"，也并非都是慷慨激昂，令人奋起的作品,清初,单为了作者也会禁,往往和内容简直不相干。

《杂谈小品文》

选本所显示的,往往并非作者的特色,倒是选者的眼光。眼光愈锐利,见识愈深广,选本固然愈准确,但可惜的是大抵眼光如豆,抹杀了作者真相的居多,这才是一个"文人浩劫"。

《"题未定"草(六)》

选本可以借古人的文章,寓自己的意见。博览群籍,采其合于自己意见的为一集,一法也,如《文选》是。择取一书,删其不合于自己意见的为一新书,又一法也,如《唐人万首绝句选》是。如此,则读者虽读古人书,却得了选者之意,意见也就逐渐和选者接近,终于"就范"了。

《选本》

批评家的职务不但是剪除恶草,还得灌溉佳花——佳花的苗。

《并非闲话(三)》

批评必须坏处说坏,好处说好,才于作者有益。

《我怎么做起小说来》

凡批评家的对于文人,或文人们的互相评论,各各"指其所短,扬其所长"固可,即"掩其所短,称其所长"亦无不可。然而那一面一定得有"所长",这一面一定得有明确的是非,有热烈的好恶。

《"文人相轻"》

恶意的批评家在嫩苗的地上驰马,那当然是十分快意的事;然而遭殃的是嫩苗——平常的苗和天才的苗。

《未有天才之前》

名家名言

我总以为倘要论文,最好是顾及全篇,并且顾及作者的全人,以及他所处的社会状态,这才较为确凿。要不然,是很容易近乎说梦的。

《"题未定"草(七)》

假使世界上真有天才,那么,漫骂的批评,于他是有损的,能骂退他的作品,使他不成其为作家。然而所谓漫骂的批评,于庸才是有益的,能保持其为作家,不过据说是吓退了他的作品。

《推己及人》

我们先前的批评法,是说,这苹果有烂疤了,要不得,一下子抛掉。然而买者的金钱有限,岂不是大冤枉,而况此后还要穷下去。所以,此后似乎最好还是添几句,倘不是穿心烂,就说:这苹果有着烂疤了,然而这几处没有烂,还可以吃得……所以,我又希望刻苦的批评家来做剜烂苹果的工作,这正如"拾荒"一样,是很辛苦的,但也必要,而且大家有益的。

《关于翻译(下)》

成语和死古典又不同,多是现世相的神髓,随手拈掇,自然使文字分外精神,又即从成语中,另外抽出思绪:既然从世相的种子出,开的也一定是世相的花。

《〈何典〉题记》

呼唤血和火的,咏叹酒和女人的,赏味幽林和秋月的,都要真的神往的心,否则一样是空洞。人多是"生命之川"之中的一滴,承着过去,向着未来,倘不是真的特出到异乎寻常的,便都不免并含着向前和反顾。

《〈十二个〉后记》

若文艺设法俯就,就很容易流为迎合大众,媚悦大众。迎合和媚悦,是不会于大众有益的。

《文艺的大众化》

旧形式是采取,必有所删除,既有删除,必有所增益,这结果是新形式的出现,也就是变革。而且,这工作是决不如旁观者所想的容易的。

《论"旧形式的采用"》

别的出版者,一方面还正在绍介欧美的新作,另一方面则在复印中国的古刻,这也都是中国的新木刻的羽翼。采用外国的良规,加以发挥,使我们的作品更加丰满是一条路;择取中国的遗产,融合新机,使将来的作品别开生面也是一条路。

《木刻纪程小引》

旧文学衰颓时,因为摄取民间文学或外国文学而起一个新的转变,这例子是常见于文学史上的。不识字的作家虽然不及文人的细腻,但他却刚健,清新。

《门外文谈》

无论是学文学的,学科学的,他应该先看一部关于历史的简明而可靠的书。

《随便翻翻》

普遍,永久,完全,这三件宝贝,自然是了不得的,不过也是作家的棺材钉,会将他钉死。譬如现在的中国,要编一本随时随地,无不可用的剧本,其实是不可能的,要这样编,结果就是编不成。

《答〈戏〉周刊编者信》

清朝的考据家有人说过,"明人好刻古书而古书亡",因为他们

名家名言

妄行校改。我以为这之后,则清人纂修《四库全书》而古书亡,因为他们变乱旧式,删改原文;今人标点古书而古书亡,因为他们乱点一通,佛头着粪:这是古书的水火兵虫以外的三大厄。

《病后杂谈之余》

凡是翻译,必须兼顾着两面,一当然力求其易解,一则保存着原作的丰姿,但这保存,却又常常和易懂相矛盾:看不惯了。不过它原是洋鬼子,当然谁也看不惯,为比较的顺眼起见,只能改换他的衣裳,却不该削低他的鼻子,剜掉他的眼睛。

《"题未定"草(二)》

作为缺点较多的人物的模特儿,被写入一部小说里,这人总以为是晦气的。殊不知这并非大晦气,因为世间实在还有写不进小说里去的人。倘写进去,而又逼真,这小说便被毁坏。譬如画家,他画蛇,画鳄鱼,画龟,画果子壳,画字纸篓,画垃圾堆,但没有谁画毛毛虫,画癞头疮,画鼻涕,画大便,就是一样的道理。

《半夏小集》

中国要作家,要"文豪",但也要真正的学究。倘有人作一部历史,将中国历来教育儿童的方法,用书,作一个明确的记录,给人明白我们的古人以至我们,是怎样的被熏陶下来的,则其功德,当不在禹(虽然他也许不过是一条虫)下。

《我们怎样教育儿童的?》

翻译的不行,大半的责任固然该在翻译家,但读书界和出版界,尤其是批评家,也应该分负若干的责任。要救治这颓运,必须有正确的批评,指出坏的,奖励好的,倘没有,则较好的也可以。

《为翻译辩护》

还有一样最能引读者入于迷途的,是"摘句"。它往往是衣裳上撕下来的一块绣花，经摘取者一吹嘘或附会，说是怎样超然物外，与尘浊无干，读者没有见过全体，便也被他弄得迷离惝恍。

《题未定草（七）》

我们看书，倘看反对的东西，总不如看同派的东西的舒服，爽快，有益；但倘是一个战斗者，我以为，在了解革命和敌人上，倒是必须更多的去解剖当面的敌人的。

《上海文艺之一瞥》

自动的读书，即嗜好的读书，请教别人是大抵无用，只好先行泛览，然后决择而入于自己所爱的较专的一门或几门；但专读书也有弊病，所以必须和实社会接触，使所读的书活起来。

《读书杂谈》

倘要完全的书，天下可读的书怕要绝无，倘要完全的人，天下配活的人也就有限。

《〈思想·山水·人物〉题记》

应做的功课已完而有余暇，大可以看看各样的书，即使和本业毫不相干的，也要泛览。

《读书杂谈》

某一种人，一定只有这某一种人的思想和眼光，不能越出他本阶级之外。

《谚语》

多数的力量是伟大，要紧的，有志于改革者倘不深知民众的心，设法利导，改进，则无论怎样的高文宏议，浪漫古典，都和他们无干，仅止于几个人在书房中互相叹赏，得些自己满足。

《习惯与改革》

文学的修养，决不能使人变成木石，所以文人还是人，既然还是人，他心里就仍然有是非，有爱憎；但又因为是文人，他的是非就愈分明，爱憎也愈热烈。

《再论"文人相轻"》

我们的知识很有限，谁都愿意听听名人的指点，但这时就来了一个问题：听博识家的话好，还是听专门家的话好呢？解答似乎很容易：都好。自然都好；但我由历听了两家的种种指点以后，却觉得必须有相当的警戒。因为是：博识家的话多浅，专门家的话多悖的。

《名人与名言》

凡是做文章，总说"有利然而又有弊"，这最足以代表知识阶级的思想。其实无论什么都是有弊的，就是吃饭也是有弊的，它能滋养我们这方面是有利的；但是一方面使我们消化器官疲乏，那就不好而有弊了。假使做事要面面顾到，那就什么事都不能做了。

《关于智识阶级》

与名流学者谈，对于他之所讲，当装作偶有不懂之处。太不懂被看轻，太懂了被厌恶。偶有不懂之处，彼此最为合宜。

《小杂感》

生在有阶级的社会里而要做超阶级的作家，生在战斗的时代而要离开战斗而独立，生在现在而要做给与将来的作品，这样的人，实在也是一个心造的幻影，在现实世界上是没有的。要做这样的人，恰如用自己的手拔着头发，要离开地球一样，他离不开，焦躁着，然而并非因为有人摇了摇头，使他不敢拔了的缘故。

《论"第三种人"》

·青春教育·

我向来的意见，是以为倘有慈母，或是幸福，然若生而失母，却也并非完全的不幸，他也许倒成为更加勇猛，更无挂碍的男儿的。

《前记》

用秕谷来养青年，是决不会壮大的，将来的成就，且要更渺小，那模样，可看尼采所描写的"末人"。

《由聋而哑》

青年又何能一概而论？有醒着的，有睡着的，有昏着的，有躺着的，有玩着的，此外还多。但是，自然也有要前进的。

《导师》

我也曾有如现在的青年一样，向已死和未死的导师们问过应走的路。他们都说：不可向东，或西，或南，或北。但不说应该向东，或西，或南，或北。我终于发见他们心底里的蕴蓄了：不过是一个"不走"而已。

《这个与那个》

要做解放子女的父母，也应预备一种能力。便是自己虽然已经带着过去的色采，却不失独立的本领和精神，有广博的趣味，高尚的娱乐。

《我们现在怎样做父亲》

施以狮虎式的教育，他们就能用爪牙，施以牛羊式的教育，他们到万分危急时还会用一对可怜的角。然而我们所施的是什么式的教育呢，连小小的角也不能有，则大难临头，惟有兔子似的逃跑而已。

《论"赴难"和"逃难"》

拿一匹小鸟关在笼中，或给站在竿子上，地位好像改变了，其实还只是一样的在给别人做玩意，一饮一啄，都听命于别人。

《关于妇女解放》

孩子长大，倘无才能，可寻点小事情过活，万不可去做空头文学家或美术家。

《死》

无论何国何人，大都承认"爱己"是一件应当的事。这便是保存生命的要义，也就是继续生命的根基。因为将来的运命，早在现在决定，故父母的缺点，便是子孙灭亡的伏线，生命的危机。

《我们现在怎样做父亲》

儿童的行为，出于天性，也因环境而改变，所以孔融会让梨。打起来的，是家庭的影响，便是成人，不也有争家私，夺遗产的吗？孩子学了样子。

《漫骂》

小的时候，不把他当人，大了以后，也做不了人。

《随感录二十五》

至于幼稚，尤其没有什么可羞，正如孩子对于老人，毫没有什么可羞一样。幼稚是会生长，会成熟的，只不要衰老，腐败，就好。

《无声的中国》

长者须是指导者协商者，却不该是命令者。不但不该责幼者供奉自己；而且还须用全副精神，专为他们自己，养成他们有耐劳作的体力，纯洁高尚的道德，广博自由能容纳新潮流的精神，也就是能在世界新潮中游泳，不被淹没的力量。

《我们现在怎样做父亲》

只要思想未遭锢弊的人，谁也喜欢子女比自己更强，更健康，更聪明高尚，——更幸福；就是超越了自己，超越了过去。

《我们现在怎样做父亲》

时代之音

中国相传的成法，谬误很多：一种是锢闭，以为可以与社会隔离，不受影响。另一种是教给他恶本领，以为如此才能在社会中生活。

《我们现在怎样做父亲》

无论忤逆，无论孝顺，小孩子多不愿意"诈"作，听故事也不喜欢是谣言，这是凡有稍稍留心儿童心理的都知道的。

《〈二十四孝图〉》

游戏是儿童最正当的行为，玩具是儿童的天使

《风筝》

生了孩子，还要想怎样教育，才能使这生下来的孩子，将来成一个完全的人。

《随感录二十五》

觉醒的人，此后应将这天性的爱，更加扩张，更加醇化；用无我的爱，自己牺牲于后起新人。

《我们现在怎样做父亲》

子女是即我非我的人，但既已分立，也便是人类中的人。因为即我，所以更应该尽教育的义务，交给他们自立的能力；因为非我，所以也应同时解放，全部为他们自己所有，成一个独立的人。

《我们现在怎样做父亲》

青年又何须寻那挂着金字招牌的导师呢？不如寻朋友，联合起来，同向着似乎可以生存的方向走。

《导师》

孩子是要别人教的，毛病是要别人医的，即使自己是教员或医

生。但做人处世的法子,却恐怕要自己斟酌,许多别人开来的良方,往往不过是废纸。

《安贫乐道法》

参考文献:

[1] 蔡昇曾、郑智编选:《鲁迅名言录》,人民文学出版社 2004 年版。

[2] 陈漱渝编:《鲁迅锦言集》,开明出版社 1998 年版。

[3]《鲁迅箴言》编辑组编:《鲁迅箴言》,生活·读书·新知三联书店 2010 年版。

[4]《鲁迅全集》,人民文学出版社 2005 年版。

(钱振文　张燕编选)

郭沫若

郭沫若

·思想修养·

大凡一种事业决不是一个人的力量所能完成的,任何个人不能独居其功,即使有功——就是说把一件事业做好了——这也是应分的事,并不能以此自矜。

《请看今日之蒋介石》

一个人在团体的活动里面的时候,他可以忘却一切。团体的意志就是他个人的意志,团体就好象绝大的洪炉,把一切的个人都融成一片了。但从洪炉中突然迸出一个火星子出来的时候,这个火星子的命运是只有感着孤独而且渐就死灭的。孤独就是个人意识的抬头,渐就死灭就是执着个人意识的开始。我当时就好象成了这样的一个火星子。

《脱离蒋介石以后》

辩证唯物论是人类的思惟对于自然观察上所获得的最高的成就,那是毫无疑问的。但只是作为纯粹的方法来介绍,而且生硬地玩弄着一些不容易消化的译名和语法,反而会在这个方法的接受和运用上增加阻碍,也是容易理会的事情。

《跨着东海》

要使这种新思想真正地得到广泛的接受,必须熟练地善于使用这种方法，而使它中国化。使得一般的、尤其有成见的中国人，要感觉着这并不是外来的异物，而是泛应曲当的真理，在中国的传统思想中已经有着它的根蒂，中国历史的发展也正是循着那样的规律而来。因而我的工作便主要地倾向到历史唯物论这一部门来了。

《跨着东海》

我感觉着那所包含的宇宙观是符合于辩证式的与唯物论的。它把自然界看成为一种流动的过程，是一种"变化不居，周流六虚"的东西。而且它还探索到了那变化的原因是矛盾的对立，所谓"刚柔相推而生变化"。

《跨着东海》

那些骤视俨然是互相矛盾的一批要素，要辩证地、有机地综合起来，非有多方面的努力是难以成功的。

《东平的眉目》

便是在辩证唯物论与历史唯物论之外，特别注重历史，而并不看轻各种基本的学术，如逻辑和心理学等。

《苏联纪行》

一切都和大自然在拥抱，一切都和老百姓在拥抱。人在这样的环境里面也更容易了解得那博大的农民爱和人类爱，何以能那样地磅礴。

《苏联纪行》

我们是处在方生方死之间的，但我们决不让死的老是拖着活的。我们要使方死的迅速死去，方生的蓬勃成长。

《苏联纪行》

科学是纯粹为人民服务的，科学和人民结合了。这便增加了科学

名家名言

的力量,也增加了人民的力量。

《苏联纪行》

科学要为人民服务,科学才能获得正常的发展。人民要被科学武装,人民才会发挥伟大的力量。

《苏联纪行》

我们对于青年应该让他们自由发展,就如象培植树木一样,只要充分给予以阳光和养分,免受风害虫灾,它自会成为栋梁之材;不好任意加以拴束剪削,那样即使成功,也不过是些盆栽小景而已。

《洪波曲》

法律上的制裁不算什么,社会上的制裁也不算什么,最苦痛的是良心上的制裁。

《1920年3月致宗白华》

要发展个性,大家应得同样地发展个性。要享受自由,大家应得同样地享受自由。

但在大众未得发展个性、未得享受自由之时,少数先觉者倒应该牺牲自己的个性,牺牲自己的自由,以为大众人请命,以争回大众人的个性与自由!

所谓"我不入地狱,谁入地狱?"便是这个意思。

《〈文艺论集〉序》

可以摩天的松柏,栽植在花盆里,营养不充,抑制过甚,到老只成就一株蜷曲的小木,即使把它解放到山林里去,也不能成为巨材了。人生的教育,不仅是音乐一门要从四五岁着手呢!

《天才与教育》

有喜欢和死唇接吻的王姬,

有喜欢鞭打死尸的壮士,
或许会来到我的墓头
把我的一些腐朽化为神奇。
化腐朽为神奇,原本是
要靠有真挚的爱情,或者敌意——
这是宇宙中的一个隐谜,
这是文艺上的一个真谛。

《〈文艺论集〉序》

研究沙士比亚与歌德的书车载斗量,但抵不上一篇《罕谟列特》和一部《浮士德》在文化史上所占的地位。千家注杜,五百家注韩,也何曾抵得上杜甫、韩愈的一诗一文在我们的文化史上的积极的创造呢?

《整理国故的评价》

发展人的天赋的是什么?便是教育——广义的教育。教育的至上的目标便是使人人完全发展其所有的天赋。

《天才与教育》

天才是人,绝不是人以外的什么怪物。他与凡人的区别只有数量的相差,而没有品质的悬异。譬如对于美的感受性这便是在极原始的人也是有的,文艺家的感受性不过比常人更丰富,更锐敏一点罢了。更以数字来表示时,常人有四十分的,天才有八千,两种的差别就只有这么一点。并不是天才是香油而常人是臭水,天才是黄金而常人是白石,天才是仙人而常人是猴子。

《天才与教育》

我们所说的天才多半是由一人的成果来论定的。大概一个人的智力能有所发明发见的,我们便可说他是天才了。一种发明、一种发见决不是偶然的事,在发见者、发明者自身正不知费了几多努力,几多

名家名言

心血。

《批评与梦》

天才这个字本来含意极其暧昧，它的定义，决不是所谓"生而知之，不学而能"的。天地间生而知之的人没有。不学而能的人也没有。天才多半由于努力养成。天才多半由于细心养成。

《批评与梦》

理解一个人的著作或一个人的思想，不是容易的事情，尤其是艰深的作品和深刻的作者。然我们于不易之中，能刻苦求得出一种理解时，研究的乐趣也因而加倍。

《雅言与自力》

光明之前有混沌，创造之前有破坏。新的酒不能容于旧的革囊。凤凰要再生，要先把尸骸火葬。我们的事业，在目下混沌之中，要先从破坏做起。我们的精神为反抗的烈火燃得透明。

《我们的文学新运动》

我们只愿在真理的圣坛之前低头，不愿在一切物质的权威之前拜倒。孟子说：大丈夫是贫贱不能移，富贵不能淫，威武不能屈的。这句话我们很服膺。我们虽不敢自命为大丈夫，但这种大丈夫我们愿揭为理想的人格之鹄的。我们崇拜布鲁诺（Bruno）：因为他身受燔刑而不改其思想上的主见；我们爱慕雪莱（Shelley）：因为他身遭斥退而不撤回无神论的主张。这种精神在我们中国便是所谓"士气"。

《讨论注译运动及其他》

好在我们所求的成功，并不是世俗所说的成功；世俗所说的失败，我们倒也无所顾虑。世间上还有甚么失败足以苦恼我们呢？

《无抵抗主义者》

时代之音

世间上最伟大的存在似乎是谦抑无私的存在。伟大的太阳吐着自己的光,发挥着自己的能(energy),普及其恩惠于群生,然而他自己不曾吹着喇叭,说他伟大。

《人文界的日蚀》

在每一个民族的历史中,都曾出现过这样的人,他们把自己的一生奉献给科学真理的追求或艺术作品的创造,奉献给为广大人民争取自由和幸福的崇高理想而反抗各种暴力行为和专制主义。他们创造性的活动,越过民族的界限,构成世界人类珍贵的文化遗产的一部分,对于世界各国人民争取和平、民主与进步事业的斗争仍然发挥着鼓舞力量。

《人类前途有无限的光明——一九五二年五月四日
在世界四大文化名人纪念会上的发言》

对客观真理的追求,对人民疾苦的关心,对人类的前途的希望和信心,这些,正是在一切文化先驱者的身上所表现着的最使人感动的共同点。文化先驱者们大都是:既关心本民族的自由与进步,又关心各民族之间的友好与合作。只有在这种情况下,人类幸福与文化生活的不断发展才有最大的保障。现在全世界为和平民主与进步事业而斗争的人民正继承了这些文化先驱者的伟大理想,并且正在使这种理想进一步地取得实现的可能。

《人类前途有无限的光明——一九五二年五月四日
在世界四大文化名人纪念会上的发言》

人民中国的文化,是在努力继承和发扬中国固有文化的优秀传统,而同时努力吸取外国文化的精华。在我们民族的悠久历史中有大量的富于人民性的文化遗产,我们以此而自豪,我们也由衷地欣赏和赞美世界各国人民的一切优秀的文化成果。

《人类前途有无限的光明——一九五二年五月四日
在世界四大文化名人纪念会上的发言》

名家名言

　　历史和各种文化的成绩昭示我们：我们中华民族是能够创造文化的优秀民族，他知道创造的辛苦，同时也就知道文化的尊贵。我们创造了文化，更能慷慨地把我们的文化成品送给和我们邻接的民族，使他们同样沾受文化的恩惠。……我们能创造文化，故能重视文化，保卫文化。当文化受着侵害的时候，我们不惜以生命血肉来加以保卫，有时更不惜举全民族的力量来为保卫文化而战，战至二三百年，非达到侵略者消灭不止。我们的历史这样昭示我们：我们民族的潜在力是异常伟大的。

《世界反侵略秩序的建设——纪念"一·二八"》

　　关汉卿是一位有民主主义精神的伟大战士。这不仅表现在他对封建制度的抨击上面，更表现在他的作品里所同情、所歌颂的都是被压迫的地位低微的人物，特别是受着重重压迫的妇女。例如，婢女、乳娘、妓女，再嫁的寡妇，更是他剧作中重要的正面人物，有时还被写成为英雄人物。他尽情的歌颂着这些被统治阶级歧视的小人物的机智、勇敢、善良、泼辣、顽强的品格。

《学习关汉卿，并超过关汉卿》

　　我们纪念关汉卿，就应该学习他那种为人民服务的精神，爱人民之所爱，憎人民之所憎，和人民紧密联系，为实践建设社会主义的总路线而顽强战斗。

《学习关汉卿，并超过关汉卿》

　　以自我牺牲精神创造性地从事创作，从事研究，从事教育，从事哺育新生代，是鲁迅生平的高贵的生活实践。他的一生也正是做人的一个模范。他是一位以身作则的伟大的教育家。

《体现自我牺牲的精神——鲁迅逝世二十周年纪念会的开幕词》

　　中国人民酷爱和平劳动，中国人民善于吸收世界各国优秀的文化成果来营养自己，更从而努力创造、促进共同进步。鲁迅正充分地体现了这种传统精神，我们中国的文化工作者更要跟踪着他使中国新文化向着这个方向发展。

《体现自我牺牲的精神——鲁迅逝世二十周年纪念会的开幕词》

我们今天在纪念鲁迅。我们中国的文化工作者就是要以鲁迅为榜样，以自我牺牲精神创造性地从事一切活动。我们要继承祖国的优良遗产，同时也要学习世界各国的优秀文化，努力创造中华民族新文化，为人民幸福服务，为祖国建设服务，为人类进步服务。

《体现自我牺牲的精神——鲁迅逝世二十周年纪念会的开幕词》

这种崇高的爱国主义和国际主义的精神博得了全世界爱好和平、主持正义的人们的赞仰。我们就在道义上也打了一次大胜仗。因此，我们的国际地位也就一天一天地以很快的速度提高；我们的国家在国际事务中，特别是在保卫亚洲和世界和平的事业中，所发生的影响，是任何顽梗的和平敌人所无法否认的。

《序〈志愿军一日〉》

一个人的道义性薄弱是可悲的事。不讲道义，总讲打算吧！要显得自己也是一个权威，那吗临到论断一件事体，就应该慎重一下，不要老是以主观的希望为标准，而要多多摄取客观的事实。

《笑早者，祸哉！》

看来，眼睛的通病是只能看见别人的短长，却看不见自己网膜上的黑暗。

《一样是伟大》

要得真正把人当成人，历史还须得再向前进展，还须得有更多的志士仁人的血流洒出来，灌溉这株现实的蟠桃。

"杀身成仁，舍生取义"，是千古不磨的金言。

《献给现实的蟠桃——为〈虎符〉演出而写》

人的一生，特别是感情生活，约略也是这样。一个人可以成为感情的主人，也可以成为感情的奴隶。你是开向生路便是生，开向死路便是死。主要的是要掌握着正确的主动权以善导对象的自律性，对于青年有领导或训育任务的人，我感觉着这责任特别重大。

《人做诗与诗做人》

个性不能消泯，亦不能偏废，但须立一标的，以定其趋向。为最大多数人谋最大幸福，话虽说旧，理却近真。

《人乎，人乎，魂兮归来!》

集体的安全进步，是巩固社会的韧带，也就是护卫人生的韧带。相爱相利的基本步骤是在利他，各能尽自己的力量以爱利人，各便应自己的份得而受人爱利。人类社会事实上是依着这个中心思想进化了来的，同时也和一些远心作用斗争了来。只是时代不同，人类的只是悬异，在过来的时代对于这个中心思想的认识，便有深度、广度、密度、明度上的不同。而对于这思想的实践与方法，不用说也是千变万化的不同的。但尽管是怎样不同，而有这一条中心思想的脉络流贯着，是无可推动的事实。人类有旧的遗产可以承继，过去了的作家或作品能保有其长远的光辉的，从这儿可以得到究极的说明。

《如何研究诗歌与文艺》

"少见黑曰黑，多见黑曰白"，古人以为悖理。其实这是很平常的现实。

乌鸦是漆黑的，我们说它不白，它是不白。

白鹤有丹顶和黑翎，我们说那些不白，那些也的确是不白。

聪明的乌鸦却找着抗辩的口实了："哼，你们说我不白吗？连白鹤都有人说它不白呢！"

于是乎乌鸦就好象比白鹤还要白了。

《黑与白》

时代之音

学习那种"在工作中不拒绝细小事件"的精神,学习那种严厉执行自我批评的精神,学习那种巧妙地运用"多样统一"的精神。

《向苏联看齐!——在中苏文化协会举办的"十月革命"二十七周年庆祝会上的演说辞》

青春不再来——在目前依然是无可如何的铁则。权力把它无可如何,科学也还是把它无可如何。正因为这样,一个人到了觉得他的青春值得宝贵的时候,青春已经不在手里了。谁也免不得要以无望之望来系念着已经走远了的青春。

《我如果再是青年》

年青人有的是健康,因而他也就浪费健康。到了觉得健康值得宝贵的时候,那犹如已经把钱失掉了的败家子,是已经失掉健康了。当然保持或增进健康也并不是最终的目的,而是要你的健康能有更有效更有益的使用。

《我如果再是青年》

学习了一身自私自利的不良习气,虽然明明知道自我牺牲的精神是很崇高的,利他主义是人类社会的韧带并促进进化的契机,然而个人主义的观点和行为,就跟三伏天的臭虫一样,费尽力气也不容易除掉。嘴巴是一套,手足是另一套。笔杆是一套,脑细胞是另一套。结果成为一个口是心非、言行不能一致的伪善者或两面人。嘴巴和笔杆越前进,伪善的程度便越彻底。路走错了,回头去吧,已经到了墓门。糟糕,一辈子完了!伪善的尽头便成为真恶!

《我如果再是青年》

"事实胜于雄辩",这是最有普遍性而且有永远性的格言。当然这并不是说雄辩就毫无必要,根据事实的辩论是绝对必要的,要这样的辩论,也才理直气壮,真正"雄"得起来。不根据事实,或甚至违背事实,或捏造事实的辩论,尽管怎样的花言巧语,终竟骗不了

名家名言

人;即使能收到一时的效果,待到事实一揭穿了,那效果会成为逆效果的。到这时言语愈花巧,逆效果来得便愈大。

《相见以诚》

人是应该"活到老,学到老"的。天地间值得我们学习的东西,随地都是,随时都是,任何人谁也不敢说在他存世当中便已经学毕了业,除非他是死了。死也是中途退学而已,其他的同学们依然在这座大自然、大宇宙、大社会的学校中不断地学习。

《教育与学习》

是非明晰的时候,赏以为荣,罚以为辱。

是非混淆的时候,赏未必荣,罚未必辱。

是非颠倒的时候,赏以为辱,罚以为荣。

到了价值倒逆的时期也就是革命到来的时期,任何相反的大力也阻止不了。在这时所谓建设正是破坏,而所谓破坏则正是建设。

《路边谈话——价值倒逆》

春天来了,一切的花草树木都要迸出鲜嫩的苗条。即使是被压在巨石下,也有那比铁钻还要坚韧的苗条,从残冰剩雪中迸射出来,响应这光明的节奏,合唱着生命的凯歌。

这是战斗,是进步,是发展,是创造。

这是新鲜,是酣畅,是饱满,是葱茏。是富有弹性,是幼稚。

我们欢迎幼稚,歌颂幼稚,歌颂人类的青春。

《春天的信号》

生命是不间断的,思想是不间断的,发展是不间断的,战斗是不间断的。向前进展一步,是有惰性或摩擦力拖着你向后退转一步。这儿便生出战斗。生命要克服惰性或摩擦力,而始终保持着进展,生命本身也就是战斗。

《春天的信号》

青年就是进步，就是道义的象征，绝没有真正的青年而自甘堕落的人。

《青年·青年·青年》

进化的潮流是谁也不能阻止的。青年们朝向自己的目标，自会不断地勇猛向前。即使暂时遭了阻碍，而不免迂回停蓄，但经过了那一时性的沉默，终也会勇猛向前。即使有些分子被卷入了西流而倒退，他们也会经过几个回漩之后而勇猛向前的。

《青年·青年·青年》

·爱国情感·

因为献身的精神，敢死的气魄，终不是金钱可以买得来的。

我们彼此拉了手之后，指挥敢死队的军事上的人们向那深不可测的、和死境似乎并无区别的黑暗中消去了。

《北伐途次》

军人的天职是在保卫人民的，所该服从的命令是保卫人民的命令，要打胜仗也是为的人民；不是专为某一个人效奔走犬马之劳，不是为要保全一二人的身家性命而屠民以逞。

《北伐途次》

想到他们的彻骨的疼痛，想到他们的焦灼的饥渴，想到他们的绞心的忧虑，忧虑到自己的生死和留在故乡的家族，禁不住有灼热的眼泪在眼睛里汹涌。但我那时候的感触却是没有流于感伤：因为我觉得他们的死是光荣的，他们的血是有代价的，他们是死得其所，是死而无憾。

《北伐途次》

我们只有革命事业，只有国家，没有个人。同志们努力的结晶，便结成革命的光荣历史,这是永远不能磨灭的。有人想要来磨灭它,毁灭它,这就是革命叛徒!

《请看今日之蒋介石》

那许许多多精神上的支柱,中国革命的火种!

有这些火种的存在,中国革命的火,依然要燃起来,而且会从地心燃出……革命是人民的大翻身,人民没有动,革了什么命呢?二千多年来的封建关系丝毫没有动,革了什么命呢?

是的,种子进了农村!这应该是深入,是进展,而不是失败!

《神泉》

我真个是孤孤单单地离开了我很不情愿离开的祖国。祖国并不是不需要我,然而我却不能不离开了。在开船的时候,我望着沉默着的祖国,潸潸地流下了眼泪。

《跨着东海》

无论在怎样环境中,你得拿出勇气和耐心来,更坚毅地生活下去。你虽然离开了祖国,离开了工作岗位,你不应该专门为全躯保妻子之计,便隐没下去的。

《跨着东海》

我爱了我的祖国,我爱了我祖国的人民,这就是罪吗?是的,这就是罪,你不单侮辱了我,你更侮辱了我的祖国!侮辱了中国人民!

眼泪涔了出来,不是我想哭,而是眼泪自己来。整个中国睡在那个狭隘的监牢里,整个四万万五千万的中国人民,都睡在那个狭隘的监牢里了。

《跨着东海》

所谓"伟大的时代","神圣的战争",那些语汇的意义,到这时候才真切地感觉着。武装着的同胞们是以自己的血、自己的肉,来写着民族解放的历史。

《前线归来》

"精诚团结"的话，在口头是讲过，在文字上是看见过，如今是身受了。

自己所愁着的身体，为兴奋、惭恶、感激种种精神上的活动所饬励、鞭挞、鼓舞，却反而振作起来了。病不知躲向何处去了。饥饿也随着它脱离了我的身体。

《前线归来》

这，我觉得是每个军人应该抱的决心，也是我们每个人民应该抱的决心。要有"屡败屡战"的精神，我们才能够抗战到底。

《前线归来》

这次抗战的结果把我们的民族精神振作了起来，把罩在我们民族头上的陈陈相因的耻辱、悲愁、焦躁、愤懑，一扫而空了。

《在轰炸中来去》

抗战既坚决而能持久，民族的幸福还能有超过这一点的吗？……现在，我们最高尚的精神力活动了起来，一切物质上的工具都赋予了新鲜的生命。

《在轰炸中来去》

我们要用我们的歌声来更加团结我们自己的力量，把一切的失地收复，把全部倭寇驱除。

我们要把我们的歌声扩展到全武汉，扩展到全中国，扩展到全世界。

我们要把全世界的友人鼓舞起来，打倒我们共同的敌人，打倒帝国主义！

《洪波曲》

名家名言

老百姓说：国家到了危急存亡的关头了！十年内战，招来了敌寇的大侵略，你现在不能再打内仗了！你要团结抗日，救亡图存呀！你要"联合世界上以平等待我之民族共同奋斗"呀！

《洪波曲》

散开，打破这个变相的反省院或集中营的局面，认真把文化的触角尽量地伸到各地，伸到后方，伸到战区，伸到前线，甚至伸到敌后！

《洪波曲》

"中国不会亡"的歌声，响彻云霄。中国人是谁也不愿做亡国奴的，而尤其是热诚爱国的青年。那些青年由京沪，由平津，更远远地由东北，离乡背井，流亡到武汉，他们踊跃参军，或者投考军事学校和干部训练班，毫不吝惜地想把自己的生命来贡献给祖国。

《洪波曲》

为了抗战，为了胜利，必须动员民众，组织民众。而在动员和组织民众上，文艺也正好是犀利的武器。

《洪波曲》

中国人民将要翻身了，这快乐和感谢必然象电气一样，传遍了全中国，感触了全中国四万万五千万人的心灵。战争的胜利是前定了的，但在赢得了胜利之后还需要进行猛烈的斗争，便是要根绝法西斯的意识。这是文化工作者的责任，只有在进步的民主的文化基础上，才能够获得持久和平的建立。

《苏联纪行》

革命的职业可以罢免，革命的精神是不能罢免的。

《脱离蒋介石以后》

时代之音

中国的轨道，摆在眼面前的就只有这么两条：一条是消灭大打出手的人，另一条是实现民主政治。不照着这样做，一切的一切都是轨外行动，那必然要闹出乱子。

《南京印象》

历史在它长期停滞的期间，就象流水离开了主流一样，只是打洄漩。

宋朝在南边搅完了，明朝又到南边来搅完，现在不又是明末宋末的时代了吗？

冲破那种洄漩，不让历史重演，正是我们当今的急务。

《洪波曲》

人民得到翻身的一天，人民的力量是可以随处创造奇迹的。

《南京印象》

人类社会根本改造的步骤之一，应当是人的改造。人的根本改造应当从儿童的感情教育、美的教育着手。有优美醇洁的个人才有优美醇洁的社会。

《儿童文学之管见》

青年！青年！我们现在处的环境是这样，处的时代是这样，你们不为文学家则已，你们既要矢志为文学家，那你们赶快要把神经的弦索扣紧起来，赶快把时代的精神抓着。

《革命与文学》

在长期停滞的封建社会中，封建性的糟粕陈陈相因地积压着，更加上殖民主义文化侵略不断的大冰雹，作为作家的鲁迅，是他开始把新文艺的嫩苗从地底迸射了出来。

《体现自我牺牲的精神——鲁迅逝世二十周年纪念会的开幕词》

名家名言

　　同情人民、热爱人民，这是屈原的基本精神。有了这种精神，所以他才能够博得人民的同情，他的诗也才能够有充沛的生命，在中国的文化史上卷起了一次诗歌革命的风暴，在文学发展上发生着深刻的长远的影响，使两千多年来的中国人民一直都在纪念着他。

《伟大的爱国诗人——屈原》

　　屈原是有他的卓越的诗才。但在这之上，使他能够有伟大成就的基本原因，应该不嫌重复地指出，是他的热爱人民、热爱祖国、热爱真理、热爱正义、而能够沉潜到生活与自然的最深处。他是在用他全部的生命来创造他的诗歌，因而他的一生也就成为了一首不朽的悲壮的史诗。

《伟大的爱国诗人——屈原》

　　我们假使不想永远做人奴隶，不想永远做世界的资本国家的附庸，我们中国人只剩着一条路好走——便是走社会主义的道路，走劳农俄国的道路。我们不要只看着红的颜色便缩头缩尾吧。这是我们的生死关头，我们临到了穷途，为甚么还不走！

《一个伟大的教训》

　　"五卅"惨剧，英国人残杀我们无数的同胞，激起我们空前的民气，我们于悲愤泣血之余，也闪出希望的光辉，觉得我们中华民族尚属大有可为。我们的国家，素号为睡狮，到这时候是真正醒了。

《为"五卅"惨案怒吼》

　　我们中国民族本着他爱好和平的素质，我们被逼迫到忍无可忍的地步，我们现在提着正义的剑，起来了，我们不仅是为要争取我们的生存权，为要保卫我们的祖国而抗战，我们并且是为要保卫全世界的文化，全人类的福祉而抗战。

《我们为什么抗战》

时代之音

究竟我们国民的潜在力是很伟大的，我们是"不飞则已，一飞冲天，不鸣则已，一鸣惊人"，我们受尽了日本人的气，被逼到忍无可忍的地步，一旦奋发起来便使日本人生出了恐怖，使那些只是害怕日本的恐日患者也一样生出了恐怖。

《抗战与觉悟》

我们人人要存着必胜的决心，然而我们也要不怕屡败的挫折。我们的寸土尺地都不要丧给敌人，然而在万一的机会上寸土尺地有不能保存的时候，我们也要保存我们的不屈的精神，而要求敌人拿出重大的代价。

《抗战与觉悟》

我们中华民族本着爱好和平的天性，被逼到忍无可忍的地步，我们现在提起正义的剑，举起二十世纪的赤十字军的军旗起来了。我们的旗帜上的标识是：争取民族的生存权，保卫祖国的独立，要以全民族的血来建立一道新的万里长城，保卫世界文化并人类福祉。

《告国际友人书》

我们中国早就有三千年的封建文明的，我们的文明尊重礼让，我们的民族嗜好和平，我们的列祖列宗努力克服了我们民族血液中所包含着的兽性，我们对于邻接的兄弟民族素来是只有以自己的文明作为礼物赠送给他们。

《理性与兽性之战》

保卫文化的责任现在是落在我们中国人，尤其中国的文化人的肩头了。我们不仅要争取我们民族的自由、祖国的独立，我们同时要发动至大至强的理智力来摧毁敌人的一切矫伪的理论，暴露敌人的一切无耻的阴谋，廓清敌人的一切烟幕的言论，以保卫世界文化的进展，人类福祉的安全。

我们要运用全力来扩展这理性与兽性之战，联合全世界理性清明的民族或个人,扑灭全世界一切人形的兽类!

《理性与兽性之战》

  胜利之必至是我们全民的信念。我们从事文笔的人,在这淞沪抗战期中抗战了三个月,也愈见把我们的信念增强了。我们现在随着军事部署的后退也有暂时由上海附近向内地移动并稍稍改变战略的必要。因此,我们的一部分也要暂时和上海同胞们告别。但同胞们请相信,我们决不是放弃了上海。也决不停止了战斗。我们是希图我们的战斗更加有效,而使上海成为事实上的地雷和潜航艇。

  我们要再说一遍:我们的抗战是长期的、全面的,所争的是整个民族、整个国家的生存,并不是一个城市、一寸土地的得失。

  我们目前所失掉的并没有什么,只是做奴隶的镣铐而已。

《我们所失掉的只是奴隶的镣铐》

  救亡就是我们的旗帜,抗战到底就是我们的决心,民族复兴就是我们的信念。凡是抗敌救亡的都是我们的战友,我们不分老幼,不分新旧,不分男女,不分上下,不分党派,不分阶层,在"团结抗战"的标帜之下,诚心诚意地为国家为民族而携手,而努力,而牺牲。

  敌人是在尽力摧毁我们的文化的,所谓"灭国必先灭其文化",敌人是有意识地在执行着这种毒狠的战略的。敌人不灭,祖国无由复兴。文化若亡,民族将永归沦陷。

  朋友们,起来!准备着把你们的血球,把你们的脑细胞,作为砖块来建立我们的文化堡垒。准备着把你们的血球,把你们的脑细胞,作为炸弹去轰炸我们的敌人。我们要在文化战线上摧毁敌人的鬼蜮伎俩,肃清一切为虎作伥的汉奸理论,鼓荡起我们民族的忠贞之气,发动大规模的民众力量,以保卫华南门户,保卫祖国,保卫文化。

《再建我们的文化堡垒——〈救亡日报〉复刊词》

  我们要想得到最后的胜利,要想促进敌人的崩溃,非把我们的雪耻的决心加强,非把全中国民众在精神上武装起来……我们要把民族精神振奋起来，目前正是绝好的时期。我们希望全国的青年受军训，全国的壮丁服兵役，这于民族精神的改造上，必然有很良好的效果。但我们使青年受军训，使壮丁服兵役，所当注意的，不仅是形式上的武装化，而是精神上的武装化。而这精神的武装化不仅是在受训的期间，服兵役的期间当注意，而是应该推广它成为一般的国民生活。要使一般的国民有团结的精神，有强健的体魄，有坚实的生活，有敏捷的行动，道之以学理，辅之以技能，使之彻内彻外成为一个近代的斗士。中国人能够养成到这种的程度，我相信，日本的法西斯军阀一定不够我们消灭，而全世界的文化，一定要受着我们的第二次的寄与的。

《把精神武装起来》

　　大家能够尊敬为国捐躯的人，有职守者有所观感，一定要见贤思齐，也忠于职守而为国捐躯。一般的民众，在救亡建国上，都是有责任的，遇到自己的责任关头，也决不会躲闪，而贻羞于国家民族。全国民众都能有这样的存心，那我们要驱逐倭寇，要复兴民众，要建设自由幸福的新中国，那是丝毫也没有问题的。

《把有限的个体生命融化进无限的民族生命里去》

　　我国的抗战，和普通历史上的两国交绥、争雄图霸的战争不同。我国的抗战是为求国家民族的独立生存的民族战争，同时也就是完成人民革命的革命战争。革命战争不受时间与空间的限制，不为一切的困苦艰难所阻止。战争的目的达到的一天，战争才能够终结。即是说，要国家的独立，民族的生存完全得到保障的一天，战事才可以告一段落。抗日战争是我们五千年来的国家民族的生命的呼声。我们全民族的每一个人，不分男女、老幼、派别、阶层，都是应该切实的听取，切实的遵循，切实的执行。尤其是从事文化工作的人们，素来是以唤起民众，教育民众为自己的任务，更应该以身作则，躬体力行，加倍的奋勉，然后才能够完成自己的任务。

《文化人当前的急务》

名家名言

复兴民族是要复兴我们中华民族的精神。我们中华民族的精神是什么？

一，富于创造力；

二，富于同化力；

三，富于反侵略性。

我们的民族创造了五千年的文明的历史，直到现在，我们所固有的文化，依然在世界上焕发着灿烂的光辉，无论是语言、文字、思想、文艺、学术、产业、生活，都有我们民族的特征表现在里面。创造欲望强，占有欲望弱，这是我们民族的第二天性。

《复兴民族的真谛》

我们的祖先把文化创造了出来，使我们本族得到了丰饶的享受，而同时也使环绕着我们的后进的兄弟民族得到了丰饶的享受。我们把许多民族同化了，或则诱导了他们，使他们也发挥了他们的创造本能而臻于文明的畛域。

我们的祖先，不仅能创造有特征的文化，并能吸取异民族的文化的精华。印度的佛法，西域的音乐，斯基泰的艺术，希腊的星历，都尽量为我们所吸收，化为了我们自己的血，自己的肉，使我们固有的文化愈加充实了起来。

《复兴民族的真谛》

降低生活，是信念坚定者的义务，是坚定信念的必要条件。生活要求一降低，便容易应变，能够刻苦，信念也就不会动摇。大凡信念容易动摇的人，多是因为生活要求过高的原故。生活要求过高，稍有困难便经受不起，敌人便从而利诱勾结，于是便沦为汉奸间谍。有的人竟举终身的令名而毁于一旦，这是值得警惕的。因而降低生活，从积极方面来说，有利于抗战建国；从消极方面来说，也可以减少自己堕落的危险。凡是生物都是有自卫的本能的，就是最原始的生物如原生虫，到了环境困难的时候都要降低生活，以求自己的保存，何况我们还是脊椎动物中的最高级的人！这是起码的自卫工作，每一个人都是能够而且必须做到的。

《坚定信念与降低生活》

故尔人类共同体和世界新秩序的建设，在我们看来并不是不可能，在其实现的步骤上，当前的急务是要望全世界爱好和平的人士的加紧团结，并促进各个民主国家的团结，以集体的力量对于侵略者加以实际的制裁，这是毫无疑问的。

《世界反侵略秩序的建设——纪念"一·二八"》

我们可以毫不夸张地高呼：我们的抗战是为的建设世界新秩序。全世界爱好和平的国家，全世界富于反侵略精神的民族，请一致团结起来对于这个目标——世界新秩序的建设共同猛进。

《世界反侵略秩序的建设——纪念"一·二八"》

文艺作家是国民的一分子，而且是被称为"灵魂的工程师"，我们应当发誓，使我们所参预的文艺部门切实成为精神总动员的一个动力，发挥我们大无畏的精神，努力向民间去，向医院去，向战区去，向前线去，向工厂去，向敌人后方去；我们要用自己的血来写，要用自己的生命来写，写出这个大时代中的划时代的民族精神。

《发挥大无畏的精神》

我们五千年来的生生不息的一部文化进展史，便是充分的证明。世界上的各种民族，各种民族的文化，尽管有兴有替，有盛有衰，或则曾光荣一时而永远消声匿迹，或则突经外患而一蹶不振。但我们中国民族和中国文化，五千年中永远保持着了它的一贯的进化体系。我们虽然也曾经遭遇过极险恶的外患，但每经受一次外患，只增加了我们民族和文化的繁荣。我们的民族精神是确实地保持着了它的永远青年化的动向。我们的民族确实是永远不老的。看着便要达到老境了，立地便有一针青年化的血清注射。这妙机是我们能够尽量发挥我们的力量去克服自然，我们因以创建与时俱进的优秀的文化，并吸收异民族的文化之优秀成分使之成为自己的血肉，或成为自己文化创建力的触媒。我们对于自己的反文化的自然惰性能尽力加以克服，对于异族的反文化的自然惰性也尽力的抗拒，更进而使之同化，把人类的大患消灭于未萌。在这儿正表现着我们民族的仁，我们民族的智，我们民族的勇。我们的民族是以仁民爱物为发展精神的指针，以好学不倦为推进文化的动力，以知耻不屈为抗拒横逆的武器。这些是我们的先哲所给予我们的遗训，是亘古不磨的真理。我们中国民族的发展史是把这些真理具体化了的。

《青年化，永远青年化》

全中国的青年们，我们尽量发挥我们人性中所具有的神性吧！我们要不断的努力，不断的自新，把奔向无文化惨状的目前世界的狂潮挽回理想高峰，把我们的祖国和全人类，从危机中救起。一切反文化的惰性——侵略与向侵略的投降——是与神性为对的兽性，是我们当前大敌，我们要尽量的加以克制而使之贴服。我们要保持我们中华民族的生生不息的精神，永远上行，永远前进，要使我们自身的一切，中国的一切，世界的一切，时时刻刻青年化，永远青年化！

《青年化，永远青年化》

除奋死的振作起来，和狂魔作无情的斗争，除更加团结，更加协助，更加英勇地对狂魔作严密的攻守之外，也无法把狂魔消灭。

十六个被奴役的国民振作于内，二十多个民主阵线上的国家围攻于外，以悲天悯人之怀，作旋乾转坤之业，再忍受得一两年的惨痛，大约这种最残酷的瘟疫，或许暂时可以绝迹了吧。

在人类的最大灾难之中，只有戒慎凛冽，才不至于松懈而予瘟疫以转症或再发之隙。

《笑早者，祸哉！》

中国革命的目的是"在求中国之自由平等"。而这平等，这自由，不用说不仅是名义上的东西，而是要实质上的东西。

时代之音

我们不仅要求别人以平等待我，而且要以平等自待。

我们不仅要求条约缔结的平等，而且要求历史创造的平等。

我们要在政治、经济、社会、学术、文艺思想各方面都能够与先进的民主国家并驾齐驱，然后才能够达到真正的平等地位。

要有真正的平等，然后才能有真正的自由。

要有真正的自由平等，然后才能够平担共同创造世界史的使命。

这途程是相当长远的。

《争取历史创造的主动》

关于一个民主国家的教育政策，至少它必须具备着这几个特点：

一　人民本位。为最大多数人谋最大幸福。它的反面是一切变相的帝王本位，牺牲大多数人的幸福以谋少数人的尊荣。前者是扶植主人，后者是训练奴隶。

二　国民教育普及。作为一个健全的人的普通常识，即初中以下的教育，应使全民享受。

三　高级教育保护。高级教育应因材施教，杜绝一切特权，不使贫者被拒，而富者滥竽。

四　学艺研究自由。凡人民本位的思想有尽量阐发的自由，帝王本位的思想有尽力打击的自由。以真善美为目标，不能受任何有意虚伪、歪曲、变态的箝束。

五　尊重学者，保卫师资。

六　国际协调。与进步的民主国家，保持协调的步骤，肃清法西斯思想，共策人类的和平。

《答教育三问》

中国是民主阵营里重要支柱之一，中国人民应有争取民主的一切权利，和反抗非民主的绝对自由。这是现世界人类的革命民权，也就是我们中国人民的革命民权。

《为革命的民权而呼吁》

名家名言

主义非一成不变,思想乃万化无穷。主义之职既在利国福民,则凡有益于民族,有张于民权,有补于民生的思想,均与主义不相抵触。不仅不相抵触,反而凭借思想之相辅相成,而促进主义之尽美尽善。

《为革命的民权而呼吁》

一切的个人主义的倾向,狭隘的民族主义的倾向,今后的世界文化应该尽量地加以防范。人民至上,福利至上。万族平等,万国平等。文化为公,学术为公。在原则性的公约下边,由国际民主的方式在统筹,由国内民主的方式来设施。由这样以建设世界的新文化,人类的新道德,使全世界真正地成为民主的大家庭。

《国际的文化联盟刍议》

唯有是人民化了的军队,当它存在的时候它为人民服务,当它解甲的时候,它依然化而为人民。

《民族解放的先锋——纪念"一二八"第十四周年》

从整个人类理智的进化来说,一切变相的帝王思想,个人本位的自私自利的意识,都要死灭在民主精神的海洋里。进化到了今天,人民的认识使人民的力量逐渐增强,已经强大到足以摧毁一切旧时代的陈根腐蒂了。这是我们的光明的前途。

《〈联合三日刊〉发刊词》

我们要不屈不饶地斗争下去。我们有清楚的客观认识,因而我们也就有坚定的主观操守。我们要为民主精神的彻底实现而不淫于富贵,不移于贫贱,不屈于威武。

今天的中国虽然还在生死的歧途上,但我们知道人民是愿意生而不愿意死,因而我们要坚持着走上民主团结的道路,而排击独裁分裂的继续。

《〈联合三日刊〉发刊词》

只有民主才能和平，只有团结才能统一，只有和平统一才能够进行建国工作，恢复战时的疮痍，补偿中国的落后，使中国人民获得一个自由幸福进步的新中国。

《纪念第二届"五四"文艺节告全国文艺工作者书》

那武力之所以强大，主要的原因就在它是保卫人民的利益，它是人民的武力。假使一旦这武力要用于侵略，那是违反人民的利益，它可以立地失掉人民的支持，而丧失它的强大。

《序〈苏德大战史〉》

最后的胜利属于人民，属于以人民利益为利益的国度。人民的利益是超越了国界的。自来的历史发展都在替我们证明着这个事实。最近的一次世界大战尤其替我们证明得鲜明。

《序〈苏德大战史〉》

·文艺理论·

文艺的所谓永远性就是一些不革命的或者反革命的作品所投射出的幻影。

《离沪之前》

——文学家为甚么总是一个苍白色的面孔，总是所谓蒲柳之资呢？

——那是一种奇怪的病人呢。或者也可以说是吃人肉的人种，不过他们总是自己吃自己罢了。就因为这样，所以文学家的酸性总比别人强。

《离沪之前》

尤其值得注意的，是文化人下了乡，受着了老百姓的熏陶，使先天带着舶来气质的新文化本身换上了民族气质。

《洪波曲》

名家名言

鲁迅一生是处在革命时代，特别在大革命失败之后，反动派的气焰异常紧张，而鲁迅坚守革命阵地，不屈不挠地和恶势力搏斗，为新社会催生，一直战斗到死。鲁迅是最倔强的斗士，最慈爱的导师。我们纪念鲁迅，也就应该学习鲁迅这样的战斗精神。

《洪波曲》

一般的所谓正统文学是走上层路线，愈走愈狭隘，愈走愈板滞。而集体创作，集体享受，集体保有者则留在民间，走着下层路线。这种作品每为正统文学所不齿，以为不足以登大雅之堂。但等正统文学走到绝路的时候，却又每每仰借这不足以登大雅之堂者来输血，而等到这不足以登大雅之堂者一登上了大雅之堂的时候，便又愈走愈狭隘，愈走愈板滞。中国的文学，返复地走着这样迂回的路。

《苏联纪行》

这位就跟献身精神的具体化一样的斗士，就这样在足以令人渗出血泪的万种苦难中被捆扎而穿透着，他的斗争门径似乎是完全断绝了。然而自己正是"从暴风雨里面所诞生"出来的钢铁炼就的儿子，他丝毫也没有挫折自己的斗志，他又选择了文艺这项武器，在他盲目而瘫痪的一片黑暗中，打出了万丈光芒的眩目的铁火。

《苏联纪行》

古时候的人，把飘洋过海当成一件天大的事，是能够理解的。古人的哲学，要人听天安命，也是能够理解的。人是成为了自然界中的一点可怜的浮沤。

《神泉》

我们的旧东西自然是好，这就是所谓"国粹"，我们早已经知道保存；但我们反映新时代，表现新生活的东西，却还没有充分的被人重视的分两。

《苏联纪行》

但这不是说我的文章可以不朽，是说他那不朽的英勇由我这易朽的记忆中离析了出来，让读者替我分担了去，就好象一簇地丁花的种子随着风飞散到人间。

《北伐途次·小引》

科学的方法告诉我们：我们要研究一种对象总要先把那夹杂不纯的附加物除掉，然后才能得到它的真确的，或者近于真确的，本来性质。

《文学本质》

我想我们的诗只要是我们心中的诗意诗境底纯真的表现，命泉中流出来的 strain（曲调），心琴上弹出来的 melody（旋律），生底颤动，灵底喊叫；那便是真诗，好诗，便是我们人类底欢乐底源泉，陶醉底美酿，慰安底天国。

《1918年1月致宗白华》

艺术的精神就是这无我，我所说的"生活的艺术化"，就是说我们的生活要时常体验着这种精神！我们在成为一个艺术家之先，总要先成为一个人，要把我们这个自己先做成一个艺术！我们有了这种精神，发而为画，发而为师，自然会有成就；即使不画画，不做诗，他的为人已经是艺术化了。

《生活的艺术化》

艺术是从内部发生。它的受精是内部与外部的结合，是灵魂与自然的结合。它的营养也是抑诸外界，但是它不是外界原样的素材。蚕子啮桑柘而成丝，丝虽是植物的纤维所成，但它不是桑柘的原叶。

《文艺的生产过程》

艺术与人生，只是一个晶球的两面。和人生无关系的艺术不是艺术，和艺术无关系的人生是徒然的人生。问题要看你的作品到底是不

名家名言

是艺术,到底是不是有益于人生。

《论国内的评坛及我对于创作上的态度》

我们当马克思、恩格斯的留声机器,并不是完全如字义上的要摄取他们的精神,以他们的精神为精神而向前发展。

《留声机器的回音》

世界是我们的,未来的世界文化是我们的。

我们是世界的创造者,是世界文化的创作者,而未来世界,未来世界的文化已经在创造的途中。

《我们的文化》

实则才、学、识三者,非仅作史、作诗缺一不可,即作任何艺术活动、任何建议事业,均缺一不可。非不能"兼",乃质有不一而量有不齐耳。

《读随园诗话札记》

青年的心地洁白无染,有好些俗套的行为在所不屑,在世故者视之,自不免近于狷。狂与狷能够见容于孔子,这大约是现代的教育家所应该取法的吧。视青年为罪人的时代,在中国应该是老早过去了,青年自己也应该以民族的主人,文化的创造者,自尊自重。

《青年呦,人类的春天》

我愿意我自己永远做一个学生,向一切工人农人学,向一切士兵学,向"田间式的诗歌"学,向"文明剧式的话剧"学,然而偏不愿向那些自命不凡的"贫困的贫困"的大学讲师、大学教授们学。

《文艺的本质》

我自己这个经历给我一个坚确的信念,一个人要想成为什么,最当注意的是二十岁前的教育和学习。二十岁前所读过的书和所接近过久的人可以影响你一辈子。因此假使有志于诗歌和文艺的创作,那在年青的时候就必须多读这方面的书并多接近这方面的人。从这里汲取技术训练和生活方式,大约在不知不觉间你便走上了文艺家的路了。

《如何研究诗歌与文艺》

　　青年思想的领导,最好是诱发式的,感应式的,培养式的。

　　德育、智育、体育,各方面都要顾到。有健全的身体便容易有健全的思想,健全的品德。

《答教育三问》

　　我们欢迎青年,我们欢迎没有名流意识的真正学者,没有大师臭味的真正专家。这样的学者和专家也就是永远的青年。青年呦!你是人类的春天!

　　我们要再说一遍:一切为了人民,为了进化。我们不怕幼稚,不怕别人骂我们幼稚。不,我们宁是欢迎幼稚,歌颂幼稚,歌颂这人类的青春。

《春天的信号》

参考文献:

[1]《郭沫若全集·文学编》第13卷,人民文学出版社1988年版。
[2]《郭沫若全集·文学编》第14卷,人民文学出版社1992年版。
[3]《郭沫若全集·文学编》第15卷,人民文学出版社1990年版。
[4]《郭沫若全集·文学编》第16卷,人民文学出版社1989年版。
[5]《郭沫若全集·文学编》第17卷,人民文学出版社1989年版。
[6]《郭沫若全集·文学编》第18卷,人民文学出版社1992年版。
[7]《郭沫若全集·文学编》第19卷,人民文学出版社1992年版。
[8]《郭沫若全集·文学编》第20卷,人民文学出版社1992年版。

(徐萌、胡淼、陈瑜、刘秋琬编选)

茅盾

茅 盾

·思想修养·

由思索而后认识，由认识而后行动，这是知识分子；人民大众则并不如此，他们是由行动中认识，而认识的积累就等于思索。因此，所谓体验生活，有它的深度广度，而欲深入，不能不同时广博。

《戏剧的民族形式问题》

不可把人孤立起来看。凡人，皆是社会人，他的思想意识是在与别人接触时显现出来的，他的社会价值也是放在复杂的社会关系中而始确定的。所以，看人的时候，应当与他的周围联系起来，换言之，即是要在他的社会关系上去看，要在他怎样应付大事等等行动的总体上去看。

《关于小说中的人物》

要看清社会现实的复杂和隐微，原不是一件容易的事。正确的世界观固能作为指针，但光依赖这指针，而不去充实自己的生活，还是不行。

……学习与生活实践应当并重，两者应当互相补足。

《作家的主观与艺术的客观性（摘录）》

要深刻，但先须求广博。文艺工作者要有"耻一物之不知"的精神，要有关于社会人生的最广博的知识，然后能深刻。

《如何加强我们的抗建文艺》

"现在"是"过去"的发展，要认识"现在"，就有了解"过去"的必要。一部人类活动的历史，简言之，无非是人类怎样了解"过去"认识"现在"，且又从正确了解"过去"，汲取过去人文的精萃，或用过去人类的宝贵经验，而达到了明白认识"现在"的特点，切知"现在"之所以不同于"过去"，但又是"过去"之发展，于是更进一步，以求生活之更合理更幸福！

《研究鲁迅的必要》

一切伟大的 Humanist 的事业，一句话可以概括：拔出人性中的"萧艾"，培养人性中的芝兰。

"人性"或"最理想的人性"，原无时空的限制，然而在一定的时间条件之下，会形成"人性"的同中之异，此即所谓国民性或民族性。

人类创造了文化以征服自然。同时亦要征服人的原始性，以及人类在历史中所自造的阻碍"人性"向真善美发展的种种人为的桎梏。

《"最理想的人性"——为纪念鲁迅先生逝世五周年》

从今天到明天，是一个极其错综复杂变换的过程，包含着一长串的互相关联，互相影响着的起伏进退、盘旋转折、迂回迎拒，然而终合于轨。

作家在把捉一个对象时候，他的眼光不但要能放得开，并且要能看得远；要能摄览一事态与周遭万象之相互起伏依存的关系，并且也要能够追溯它的历史的发展的形相。

《谈技巧、生活、思想及其他》

人格修养应当是文艺作家所有修养中最重要的一项，而人格修养则可被包含在思想修养之内的。

《杂谈思想与技巧、学力与经验》

我们需要刻苦的学习,在实际的社会生活里学习,向现实的大众学习,各方面的分工学习。我们应当真正的教育大众:在斗争的过程之中,自己队伍里的先进分子对于自己同志的智识上的帮助,这是大众的自我教育。

《智识独占主义》

闭门勤读,学业非不猛晋也;濡毫作文,议论非不精辟也;而一至实行,所学非所用,所用非所学,不明社会之优绌,不顾社会之需缺,贸贸然强以所学合之,是何异执死方以医活人,几何其不败乃公事也。

《学生与社会》

一个作家不但对于社会科学应有全部的透彻的知识,并且真能够懂得,并且运用那社会科学的生命素——唯物辩证法;并且以这辩证法为工具。去从繁复的社会现象中分析出它的动律和动向;并且最后,要用形象的言语,艺术的手腕来表现社会现象的各方面,从这些现象中指示出未来的途径。所以一部作品在产生时必须具备两个必要条件:

(1) 社会现象全部的(非片面的)认识,
(2) 感情地去影响读者的艺术手腕。

《〈地泉〉读后感》

然而机械这东西本身是力强的,创造的,美的。我们不应该抹煞机械本身的伟大。在现今这时代,少数人做了机械的主人而大多数人做了机械的奴隶,这诚然是一种万恶的制度,可是机械本身不负这罪恶。把机械本身当作吸血的魔鬼而加以诅咒或排斥,是一种义和团的思想。

《机械的颂赞》

名家名言

明白的人知道要走上另一条路上才可生存。

《"词"的存在问题》

走新的路,不要再徘徊瞻顾!向后走是一条死胡同,走不过去的。

《"词"的存在问题》

黑暗中虽露几许光明,可是唯有抱定了战斗的精神然后那苦难时期能够早日结束。

《从〈怒吼罢,中国!〉说起》

凡是有希望的伟大作家,都具有极广博的胸襟,可以尽量宽容和谅解他的同道者。即使同道者们犯了大错误,也只应给以劝导,给以善意的批判,不应便施严厉的抨击。

《作家们联合起来》

学习鲁迅,这是我们年青一代的一项重要的革命任务。

《"一口咬住……"》

鲁迅先生这一伟大力量的源泉,我觉得第一,是他观察的深刻透彻;第二,是他对人类的热爱和悲悯;第三,是他伟大人格所发挥的一生的战斗精神;第四,也是最后一点,是他将上述三者融会贯彻在他天才的艺术创作之中。

《精神食粮》

正确的宇宙观人生观是从个人的生活,教养,阶级意识等等决定的;但也并不是既然"排定了八字",就只好被决定,而不能主观的地去获得。

《关于〈抗战后文艺的一般问题〉》

时代之音

"鲁迅"精神真是治疗青年们浮而不实的一剂良药!正确地认识"鲁迅精神",也就是青年们把自己磨练成一个战士的必要的前提!

《"战斗的生活"进一解》

对于丑恶没有强烈憎恨的人,也不会对于美善有强烈的执着;他不能写出真正的暴露作品。同样,没有一颗温暖的心的,也不能讽刺。悲观者只能诅咒,只在生活中找寻丑恶;这不是暴露,也不是讽刺。没有使人悲观的讽刺和暴露。

《暴露与讽刺》

创作方法与人生观是有关系的。但是把正确的人生观世界观一类的书念熟了,不见得就有用。辩证法当然是好的。然而辩证法不是一种符咒,是一种方法,能够将这个工作来观察,分析,这才有用。

《学习鲁迅》

我们失去鲁迅先生已经两年了,再此危难之际,没有了鲁迅先生,民族的损失是何等的大,但是"鲁迅精神"已经养育了无数年轻的战士;今日站在最前线作殊死站的斗士敢说没有一个不是曾受鲁迅先生思想人格影响的。我们要保持"鲁迅精神",要扩大要普遍"鲁迅精神";我们要以"鲁迅精神"的发扬和普及,来保证抗战必胜,建国必成!

《以实践"鲁迅精神"来纪念鲁迅先生》

如果他怕失败,讳言失败,因而先自取消了他自己的奋斗的意志,甚至以"吾生大事多矣,何必费精神于此等小事"为言,以自解嘲,那他就是一个怪可怜的青年,是一个卑怯无用的人,其终生,只能在造谣吹牛中混混而已。

《〈妇女周报〉社评(三)》

疟疾是在一天一天好起来,但是我的精神上的疟疾毫无治愈的希望。也许还是精神上的疟疾引起生理的疟疾。

《腐蚀》

我敢说我自己不是最没出息的人么?

平时自谓也还有点魄力承受最惨酷的遭遇,也还有点勇气跟我所恨的人物斗一番,而且也常设想斗不胜时,一齐毁灭;但今天如何呢?我等候下一个炸弹。但即使这样做时,也还想炸弹不会掉在我面前!

一切都丧失了,连同我的自信,甚至连同我的憎恨。

《腐蚀》

我的"生活的小船"虽然被罡风吹近了一个大漩涡,但是我还不能束手待毙,我得用尽力量,不被那回旋的黑水吞噬;尽管恶势力是那么大而我是单枪匹马,然而也未必永久是单枪匹马……鬼使神差,谁敢说这里没有我的一条路?

《腐蚀》

大暴雨之前,一定有闷热。各式各样的毒蚊,满身带着传染病菌的金头苍蝇,张网在暗陬的蜘蛛,伏在屋角的壁虎:嗡嗡地满天飞舞,嗤嗤地爬行嘶叫,一齐出动,世界是他们的!

《腐蚀》

·爱国忧民·

现在抱着对于民族深切的爱,用锐利的眼光,从民族的优点中看出缺点来,同时也从缺点中看出优点来,该正是时候了吧?然而侧目四顾,我们看见了什么呢?不是盲目的悲观论者,和低能的乐观论者,还是不少么?不是到处都还有些在烂疮上贴膏药的妄人,无赖,伪善者,乃至梦吃者么?讳疾忌医,还是很普遍的现象。

《在抗战中纪念鲁迅先生》

时代之音

中华民族不是对于人类没有过什么贡献的，何况我们这民族正从抗战的血泊中获得新生的机运，我相信，我们终有一天能够拿出一些不必害臊的东西来报答我们慷慨的邻人，而且我相信我们的邻人也在这样期待我们，而且为我们祝福。

《诚恳的希望》

凡是站在抗战建国大旗下的文化斗士，一方面固然人人是一个战斗单位，随时随地来发挥人自为战的作用，而另一方面不能不是一个统一的战斗集团，在集团的战斗中整齐步伐，乃能对违背抗战建国大原则的思想言论作最有效的斗争。而致此之道，亦就是加强文化界的同一战线。

《文化上的分工合作》

如何方能"深入民间"，不单是有了民众能接受的形式所能完满解决，也不单是直接的正面的与抗战有关的内容所能完满解决，据实际工作者的经验，内容还得扩大，民众日常生活里所碰到的一些问题必须触及而给以解释和答复。如此，方能"深入民间"，方能动员民众的力量，使之积极贡献于民族国家。

《谈"深入民间"》

五年的抗战，中华民族的儿女所流的血，所受的荼毒，我们的子子孙孙永远不能忘记。从血泊中产生的自由之花，是神圣的，美丽的。我们的血，灌溉着复仇的种子，侵略者愈疯狂愈残酷，我们的种子散播的愈广远，茁长的愈灿烂，这是五年的抗战给证明的！

《序狱中记——〈种子〉》

真理在被压迫者的一边，爱自由，求解放的种子，必得以血培养，斧钺，监狱，集中营，只是渴血的魔王们自掘坟墓的工具罢了；人民的觉醒，奋起，与斗争，不是任何暴力可得而镇压的，历史的血账必须用血来清算。

《序狱中记——〈种子〉》

即使是善忘的人们,想亦不会忘记了十年前的今日曾经掀发了划时代的五四运动。谁也还能够想象出,或是清晰地回忆到,那时候的初觉醒的人心的热力!

新文学的提倡差不多成为"五四"的主要口号,然而反应这个伟大时代的文学作品并没有出来。

《读倪焕之》

我们这时代是伟大的,一方面是光明的新的势力一天一天在增长发皇,以一种不可压制的力量屹然卓立于世上;另一方面是黑暗的旧势力一天一天的没落,然而正所谓百足之虫,死而不僵,它尚在抖擞最后的力量,为垂死的挣扎,五千年历史的陈账,今天到了总结算的时期了!

《纪念高尔基杂感》

古老的伟大的中华民族,需要在炮火里洗一个澡!

大炮对大炮,飞机对飞机,我们有我们抵抗侵略的爪,抵抗侵略的牙,尤其因为我们有炮火锻炼出来的决心和气魄!

四万万人坚决地沉着地接受炮火的洗礼了!四万万人的热血,在写出东亚历史最伟大的一页了!无所谓悲观或乐观,无所谓沮丧或痛快,我们以殉道者的精神,负起我们应负的十字架!

《炮火的洗礼》

我遇到了许多的眼睛,都异样地睁得很大:

这里虽然有悲痛,但也有钢铁似的冷光;有忿怒,但也有成人取义的圣哲的坚强;有憎恨,有焦灼,然而也有"余及汝偕亡"的激昂。

这都是十天的恶战,三昼夜泸东区的大火,在中国儿女的灵魂上留着的烙印,在酝酿,在锻炼,在净化而产生一个至大至刚,认定目标，不计成败——配担当这大时代的使命的气魄！

《炮火的洗礼》

官僚主义的表现方式也是多种多样的。据我所见的官僚主义是属于辛辛苦苦的官僚主义一类的。这种官僚主义的特征是（一）只抓小事，事必躬亲，而昧于全局形式；（二）只顾到眼前的，没有考虑到将来，这是昧于全局的必然结果；（三）忙于油盐酱醋的安排，忽略了思想领导。这种官僚主义最可怕。

《我的看法》

中国农民诚然富于保守性多，诚然感觉是迟钝的；一个老实的农民，当他还有一间破屋可蔽风雨，三餐薄粥可喂饱肚子时，诚然是恋家惜命的，但当他什么都没有了时，他会像一头发怒的狮子一样勇敢！中国民族绝不是暴力所能慑伏的！

《不是恐怖手段所能慑服的》

能谄人者，便能骄人，谄与骄颇有连带的关系。从前有人画一木梯，梯上人物，均系承上踏下，用以形容中国人，其意盖谓中国人多系谄上而骄下也。

《谄与媚》

中国人向来讲究面子。因为注重面子，于是便轻视里子。许多人面子上很好，肚子里不知多么坏；许多人因为要面子，骨子里宁可吃点亏。……大家都只讲面子，内部便弄得一团糟；大家只看得见面子，里面坏的人便愈坏。

《顾全面子》

那么"阿Q相"也可以说是中国民族的民族性罢？此又未必然！因为同是黄脸孔的中国人不尽是那样乏。不见东北义勇军过去一年来的浴血苦战么？这原因大概就在那些投身义勇军的东北老百姓没有受过尧，舜，禹，汤，文，武，周，孔，孟嫡传的心法。

在这一点上，"阿Q相"的别名也就可以称为"圣贤相"或"大人相"。

《"阿Q相"》

资本主义之下不但财产是由少数"商人"独占的额，就是智识也由少数"天才"垄断者。

《智识独占主义》

为了民族的生存，为文化的维护，凡是同道的作家们都该站在一条线上，联合起来，一同走向前去！

《作家们联合起来》

民族革命斗争的伟大炎热的精神，将启发在斗争中的民族的每一人的心灵，而这心灵将唱大时代的史诗。这是世界革命先进国的已然的例子，中国也不会是例外的。如果中国大众抵抗侵略而发生广大而持久的战争，我们相信中国文艺只有前途，——展开全新的一页前进！

《中国文艺的前途是衰亡么》

这是民族的文学，咏赞民族自救的文学。然而这不是狭义的民族主义思维文学。这对于民族的敌人固然憎恨，然而对于敌人营垒里被压迫被欺骗来做炮灰的劳苦群众却没有憎恨……对于甘心做敌人伥鬼的汉奸，准汉奸，应给以不容情的抨击，唤起民众注意这种"国境以内的国防"。

《需要一个中心点》

在中国社会组织改变以前，"阿Q相"，大概还要存在的；而在改变后的短时期内，"阿Q相"大概也还是不能消灭净尽罢。

《也是"想到什么就说什么"》

时代之音

光明与黑暗正在争斗。

世界是在战争与革命的前夜。

中华民族到了生死存亡的关头!

《中国文艺家协会宣言》

是全民族一致救国的要求使我们站在一条线上,同时,亦将是民族解放斗争的更开展与更深入,无情地淘汰了一些畏缩的,动摇的,而使我们这集团锻炼成钢铁一般的壁垒!

中国文艺家协会要求更多的作家们来共同负起历史决定了的使命。

把我们的笔集中于民族解放的斗争吧!

中华民族自由解放万岁!

《中国文艺家协会宣言》

从中国的每一角落,发出了悲壮的呐喊,沉痛的声诉,辛辣的诅咒,含泪的微笑,抑制着的然而沸涌的热情,醉生梦死者的呓语,宗教徒的欺骗,全无心肝者的狞笑!这是现中国一日的然而也不仅限于此一日的奇瑰的交响乐!

然而在这丑恶与圣洁,光明与黑暗交织着的"横断面"上,我们看出了乐观,看出了希望,看出了人民大众的觉醒;因为一面固然是荒淫与无耻,然而又一面是严肃的工作!

《关于编辑〈中国的一日〉的经过》

中国境内,现已无所谓前方与后方,中国人民,现在只有一条路,战至最后一人,流至最后一滴血!我们是文艺工作者,我们一向是为人类的和平,为消除人与人中间的隔膜,民族与民族中间的怨隙而努力;但我们是中国人,当此祖国阽危,全民族遭逢空前浩劫的时候,我们知道什么是我们的天职。我们是中国的文艺人,我们熟知我们历史上伟大的天才每一次临到民族对外作战以求生存的时候,是怎样做的,我们知道我们的责任所在!

《告全世界的文艺家书》

名家名言

·文化传统·

"中国化"的提出,就是要求大家先能消化,变为自己血肉,然后能从历史的遗产中吸取有用的滋养料,创造崭新的中国作风和中国气质。

《通俗化、大众化与中国化》

现代的人不能没有缺陷,因为现代的人是前代人的后代,而且是长期被压迫的人们的后代,又是被不合理的社会制度所包围,被种种偏见与愚昧所包围的。

《关于〈呐喊〉和〈彷徨〉——读书杂记》

我以为建立中国文艺的民族形式要紧的是深入今日中国的民族现实。

但超于一切的,我们应该向现实生活学习。因为现实生活是主导的东西。

《在戏剧的民族形式问题座谈会上的讲话(摘录)》

文化常因一个民族之地理环境与历史传统而有其特殊,有所偏至;然而表现于生活方式,风尚习俗者,尽管各不相同,贡献于科学艺术者,尽管互有短长,可是凡能使一民族群的生活向上发展的文化,必然具有两个因素:一求真。二尚同。

《仍是纪念面已》

对遗产要有学习的精神,同时也应有批评的精神。

《大题小解》

我们是在一个血腥的时代呢!抬起头来我们只看见冷森森的枪刺;低下头去我们又只看见遍布大地的十字架和锁链。"文化","智慧","人类的前途"是在哪里？它们是在刺刀尖上宛转呻吟着啊！

东方和西方这一对孪生子，毕竟会合起来了。东方的野蛮主义和西方的组织权威手搀着手，来蹂躏人类未来文化的萌芽。

《枪刺尖上的文化》

陈死的文化所以被看重的缘故，是因为陈死的了，不会有什么碍手碍脚而且还可以做烟幕弹。但是创造的文化却是有生命，有力量的，所以成了一切现存势力的眼中钉，非尽力铲除不可，非尽力屠杀不可。同时也因为一切现存势力是正在动摇着，所以不得不用枪刺来维持陈死的文化，消灭新生的文化。

《枪刺尖上的文化》

有人说，中国人是有着五千年家谱的民族。但是，我却要说，中国人是未曾产生过传记文学的民族。

《传记文学》

可是在中国，个人主义的思潮，只有在"五四"时代昙花一现，过后便为新兴思潮所吞灭。中国的中产阶级，在现实压得紧紧的时代中，也不容有个人主义的幻想。……即使有所谓人物传记，即也不过是家谱式或履历单式的记载，那只有列在讣文后面最是相宜，却不配称作传记文学。

《传记文学》

中国现在不乏咄咄逼人的作品，然而温醇的愈咀嚼愈有力的作品，还是少见。这原因也许是中国新文学倒底还没脱离"青年时代"。一个民族一个时代的文学有时也和个人相仿，"青年时代"虽然光彩惊人，却是要到"火候成熟"的程度，就必须走过长长的艰辛的创作经验的逍遥。

《力的表现》

名家名言

一个民族文学的衰落或成长,不能以出版物的表面的数目字来论定。这正如某种文化的是否在衰落也不能以出版物的数目字来论定。

《论奴隶文学》

唐在中国历史上,是"民族大移动"以后的一个统一政权,它的血液中混有各异族文化的成分,所以它的眼光是开展的,精神是前进的;这一点,岂不是也值得我们研究深思么?

《晚明文学》

为民族益计,我们又甚盼民族解放的文学或爱国文学在全国各处风起云涌,以鼓励民气,我们固甚盼全国从事文学者能急当前之所急,但救亡之道初非一端,其在作家亦然。故在文学上我们宁主张各人各派之自由发展,与自由创作。

《文艺界同人为团结御侮与言论自由宣言》

几千年来,民族的上层的浮土所曾长育的文艺之花,现在做做装饰的"斗拱"原属人各有其所好,但要从装饰的"斗拱"进化而为实用的,我就颇有怀疑。

《民间的"深土"的产物——民间文艺》

·文艺理论·

我以为要避免公式主义就只要遵守作品产生的顺序:材料丰富了,成熟了,确有所见了,然后写。

《公式主义的克服》

抗战文艺,光明一面要写,黑暗一面仍然要写,必须从光明与黑暗两面,然后能反够映出全面抗战的胜利前途。

《抗战与文艺》

文艺的量的发展,即可达到质的提高。……即拿当前的抗战文艺说,一时不必苛求其质精,但求其量多。这样日积月累,文艺的芽苗遂普遍的潜滋暗长着,一待成熟的时机到来,"伟大"的果实就必然会产生的。

《问题的两面观》

"创造"与"学习"是不能硬分开来讲的,不但不能硬分,并且"创造"是从"学习"中间产生出来,换言之,"学习"到了醇化的境界,前人的"遗产"成为自己的血肉,生平之所经历,所见所闻,都融合锻炼而成为自己的"灵感",到这时候,你的作品,自然而然具备了"创造性"了。

《论如何学习文学的民族形式——在延安文艺小组会上演说》

我们相信迟早会出现这样一个世界,这种世界性的文学艺术并不是抛弃了现有各民族文艺的成果,而凭空建立起来的,恰恰相反,这是以同一伟大理想,但是以不同的社会现实为内容的个民族形式的文艺各自高度发展以后,互相影响溶化而得的结果。是故民族文学之更高的发展,适为世界文学之产生奠定了基础。

《旧形式、民间形式与民族形式》

所谓文学的才能,究竟是些什么呢?光是"才能""天才",这两个名词,太抽象了,总得具体说明。我以为这大概是:(一)敏感,(二)想象力,(三)概括力,(四)组织力。有这样才能的人,做什么都行,岂仅为一文学家?

《我的意见》

对于一个写作者,"练句"是初步修养,然而同时也是他终身的一刻不能疏懈的功夫。

《一点小小的意见》

名家名言

文学作品是需要技巧的,但若追求技巧而损害了真挚朴质,还不如没有倒好些,而况所谓"美"者,也不是一端,粗壮朴质也是一种"美"。因此,我的第一进言,就是不要感于一般所谓技巧之说而踌躇起来,或者感于所谓艺术的洗炼之说而刻意追求;暂时不管这一切,只是大胆地照自己的样子写了去,依着自己最真挚的情绪、最深切的印象,写出来就是。

《喜悦和希望——读了〈中国工人〉的文学作品以后》

不过文艺作品这种精神的货色如果没有最低限度的物质条件固然产生不出来,但即便有了最低限度的物质条件,而缺乏精神的鼓励,甚至不但缺乏,还有桎梏,那么货虽然出能出,要"好"就难。

《今后文艺界的两件事》

读、写和观察,必然要联系起来,写的时候,一定联系到观察,同样,观察也联系到写。

《杂谈文学修养》

各地的大众语是我们的老师,但同时我们必须做他们的工程师。

《论大众语》

文学是人生的反映,须要忠实的描写人生,乃有价值。即如个人抒情写怀,亦必啼笑皆真,不为无病之呻,然后其作品乃有生命。

《中国文学不能健全发展之原因》

古今中外的大作家,大概是没有"国"这一成见的。所以我们有一句滥熟的话:"文艺没有国界。"依这意义,文艺该是发扬"人"性,"国"是不够的。至少也应该是"民族性"了。

《看了〈真善美〉创刊号以后》

我并不是轻蔑具有实感的由革命浪潮中涌出来的新作家,我是希望他们先把自己的实感来细细咀嚼,从那里边榨出些精英,灵魂,然后转变为文艺作品。不然,可爱的努力要朝太阳走的新作家,或许竟成了悲哀的 Pantheon 呢!

　　文艺是多方面的,正像社会生活是多方面的一样。革命文艺因之也是多方面的。

《欢迎〈太阳〉!》

　　在那一堆美丽的或朴素的封面下,我仿佛看见各位作家的不同的面貌,不同的方言,不同的性格;然而有一个共同的精神;努力要创造出一些新的美的,以点缀这枯寂灰色的人生,使它稍觉可爱可安。

《王鲁彦论》

　　我相信理论文学的翻译不能与文艺作品的翻译同样看待。向来所谓信达雅的说法不能机械地应用到文艺作品的翻译。在文艺作品的翻译时,如果能够达到第一目的——传达了原作的"力",则信与达自在其中。

《谈谈翻译——〈文凭〉译后记》

　　因为那连环图画的部分不但可以引诱识字不多的读者,并且可以作为帮助那识字不多的读者渐渐"自习"的看懂了那文字部分的阶梯。

　　这一种形式,如果很巧妙的应用起来,一定将成为大众文艺的最有力的作品。无论在那图画方面,在那文字的说明方面(记好!这说明部分本身就是独立的小说),都可以演进成为"艺术品"!

《"连环图画小说"》

　　我们这文坛是一个百戏杂陈的"大世界"。有"洪水猛兽",也有"鸳鸯蝴蝶";新时代的"前卫"唱粗犷的调子,旧骸骨的"迷恋者"低吟着平平仄仄;唯美主义者高举艺术至上的大旗,人道主义者效猫哭老鼠的悲叹,感伤派喷出轻烟似的微哀。公子哥儿沉醉于妹妹风月。

《我们这文坛》

  看客们不是一个印版印出来的，看客们的嗜好各殊咸酸；是为的这些看客们各趋所好，这才三山五岳的好汉们能够雄踞擂台的一角，暂时弄成了各不上下……生活的紧箍咒会把这些各殊咸酸的看客们的口味渐渐弄成了一律！

《我们这文坛》

  生活本身是他们的老师，看客大众是他们的不容情的评判员！
  朋友！天亮之前有一段时间的黑暗，庞杂混乱是新时代史前不可避免的阶段，幼稚粗拙是健壮美妙的前奏曲，……只有竹子那样的虚心，牛皮筋那样的坚韧，烈火那样的热情，才能产生出真正不朽的艺术。

《我们这文坛》

  选择社会生活做题材的最起码的标准就是你必先对于那社会生活有了深刻的体验或认识，然后抽出那最精彩最中心的部分来描写。

《创作与题材》

  做小说应该有计划的；特别是选择小说题材的时候，应该"有计划"地选择，不能抱了"宇宙间尽是文章材料，俯拾即是"那样的名士派的态度。

《创作与题材》

  小说不能信笔挥洒就算了事的，小说必须"做"，有计划地去"做"！

《创作与题材》

  因而一个做小说的人不但须有广博的生活经验，亦必须有一个训练过的头脑能够分析那复杂的社会现象；尤其是我们这转变中的社会，非得认真研究过社会科学的人每每不能把它分析得正确。而社会对于我们的作家的迫切要求，也就是那社会现象的正确而有为的反映！每每想到这一些，我异常兴奋，我又万分惶悚；我庆幸我能在这大时代当一名文艺的小卒，我又自感到我漫无社会科学的修养就居然执笔写小说，我真是太胆大了！

《我的回顾》

现在看来，文学研究会这个团体虽然任何"纲领"也没有，但文学研究会多数会员有一点"为人生的艺术"的倾向，却是事实……虽然所谓"为人生的艺术"本质上不是极坏的东西，但在一般人既把这顶帽子硬放在文学研究会的头上以后，说起文学研究会是"人生派"时便好像有点讪笑的意味了。

《关于"文学研究会"》

然而都是文学新园地的开拓必先有作家的生活的开拓。我们目前的都市文学实在也是作家一部分生活的反映。到作家的生活能够和生产组织密切的时候，我们这畸形的都市文学才能够一新面目。

《都市文学》

本来是出题目容易，做文章难，尤其是儿童读物，文章要深入浅出。但我相信既有了需要，就会发生事实。

《论儿童读物》

这——光景就是"文艺自由"论战以后批评界的新现象。然而既有文坛，总得有批评家，我们觉得现在真正需要的，还是切切实实的不说大话不目空一切而且不搽锅煤的批评家！

《批评家的神通》

文学批评是一方面指导作家，又一方面指导读者的。

《批评家种种》

名家名言

真正有力的文艺作品应该是上口温醇的酒。题材只是平易的故事，然而蕴含着充实的内容；是从不知不觉中去感动了人，去教训了人。文字只是流利显明，没有"惊人之笔"，也没有转弯抹角的结构，然而给了读者很深而且持久的印象。

这样作品的产生是有条件的，即是丰富的生活经验和真挚深湛的感情。

《力的表现》

伟大的作家，不但是一个艺术家，而且同时是思想家——在现代，并且同时一定是不倦的战士。他的作品，不但反映了现实，而且针对着他那时代的人生问题和思想问题。他提出了解答。他的作品的艺术方面，除了他独创的部分而外，还凝结着他从前时代的文化遗产中提炼得来的精髓。在伟大的作家，是人类有史以来的全部智慧作为他的创作的准备！

《创作的准备》

研究不是模仿。研究是学习创作方法，摹仿则是生吞活剥地剽袭其形骸。

《创作的准备》

伟大的天才作家在人类文化史上亦不过屈指可数的几个，而人类文化史之不至于在屈指可数的"泰岳"以外成为一片荒漠，就有赖于多数的有才能的作家，他们也是可宝贵的。

《创作的准备》

应该是由人物生发出故事。人物是本位，而故事不过是具体地描写出人物的思想意识。

《创作的准备》

一个文学作家应当走的"创作过程"的道路，是和社会科学家研究过程的道路相反的。

《创作的准备》

其实任何伟大的文艺作品里都有关于"景""人""物""事"的描写，青年们如果要观摩，要学习，就去读整本的作品好了！何必去求助于割裂成碎片的东西！

《最流行的然而最误人的书》

如果一个作家认为文艺的任务只像一面镜子似的反映了人生——只是人生的浮面的反映，没有透视，也没有分析，那他一定单单描写了乡村居民对于机械的憎恶而即满足，反之……他应该指出该诅咒仇视的，不是机械本身，而是那操纵机械造成失业的制度！

也许在不远的将来，机械将以主角的身分闯上我们这文坛罢，那么，我希望对于机械本身有赞颂而不是憎恨！

《机械的颂赞》

我以为一个写小说的人如果要研究的话，就应是研究"人"。应不是"小说作法"之类。

"人"有了，"人"与"人"的关系也有了，问题就落到实际的写作。

《谈我的研究》

天才作家的伟大处也就在能够汲取大众活言语的精华而加以改制，并非除此以外另有其凭空的神秘的本领。

《"懂"的问题》

读者与作者意见的共同是必要的！读者与作者之间的沟通意见的路是应当及早建立的。

《一个小小的提议》

名家名言

我们认为这是中国民族危机日益加深而且是争取自由解放的斗争日益猛烈坚决的现阶段所必然有的文艺上的反映。而且我们的文艺也只有接受此伟大的时代的使命,才能保持它的前进活跃的精神。

《进一解》

我们尊重作家们的特具的个性,尊重作家们的独具作风,尊重作家们"创作的自由",但是,我们以为对于现阶段这伟大的课题,作家们应当没有"怀疑"或"超然"的"自由"!

除非他愿意做"亡国奴"!

当然,任何个人有愿意做"亡国奴"的"自由"!

《进一解》

一切作家在国防的旗帜下联合起来而不是在国防文学的旗帜下联合起来。

《再说几句——关于目前文学运动的两个问题》

作家固然应当"向生活学习",批评家也应当"向生活学习"

《需要脚踏实地的批评家》

民间文艺中没有悲观和颓废的。民间文艺的男女关系描写,粗野则有之,然而决不是颓废,决没有病态,恰恰相反,——是健康。

《民族的"深土"的产物——民间文艺》

我们以为如果真要为读者的"经济"打算,则不但批评劣译是必要的手段,而且主张复译又是必要的救济。

《〈简爱〉的两个译本——对于翻译方法的研究》

翻译界的大路还是忠实的直译。

《〈简爱〉的两个译本——对于翻译方法的研究》

通俗化的紧要条件倒是尽量改用口语的句法；单避去了文言字便会损失掉言语的自然美，弄成生硬死板。

其次，我以为"通俗化"虽然不忌讳欧化的句法，可是也要看是怎样的欧化。

《"通俗化"及其他》

"报告"的主要性质是将生活中发生的某一事件立即报道给读者大众。题材既是发生的某一事件，所以"报告"有浓厚的新闻性；但它跟报章新闻不同，因为它必须充分的形象化。

《关于报告文学》

每一时代产生了它的特性的文学。"报告"是我们这匆忙而多变化的时代所产生的特性的文学式样。

《关于报告文学》

"报告"在中国其实也有了三年光景的历史，然而已有丰富的收获，而且一天天在扩展它的势力。

这是时代的要求。

但是"伟大作品主义者"也许又要担忧。那就请放心罢，"报告"决不会阻碍小说的，在文艺的战场上，两者是性质不同，然而各有各的效果的武器。并且由于"报告"之必须具备小说的艺术条件，对于小说的发展也还应当有利。

《关于报告文学》

我再重复我上面的话，来结束这篇短文罢！

1. "民族革命战争的大众文学"应是现在左翼作家创作的口号！
2. "国防文学"是全国一切作家关系间的标帜！

我们所希望的是全国任何作家都在抗日的共同目标之下联合起来，但在创作上需要有更大的自由。

《关于引起纠纷的两个口号》

名家名言

一个作家如果抱了旁观者的态度则虽玩过三百六十行,成为两脚的万宝全书,还是未必对于他的创作真真有意义;同样地,一个作家如果专在生活的渣滓上边搜探,专一捞取表面的浮萍,而不能触及生活的核心那也是不中用的。

《关于〈抗战后文艺的一般问题〉》

要真正透彻理解一部外国文学名著,就要第一,知道这位艺术大师的生平及其所处时代的思想主流。第二,知道这位艺术大师从他本国的文学遗产中继承了什么,从别国的文学名著中学习了什么,从同时代的不同流派的作家方面受到了什么影响?弄明白上述诸问题,然后你真正懂得了这位艺术大师的独创的风格是怎样形成的了。

《为介绍及研究外国文学进一解》

现在我们临到民族历史上未曾有过的大时代了。反映呀,反映呀!一叠声催促着作家们。不错,应该反映。作家们也在这样做了。但是倘以为必须来一部"抗战全史"那样的作品,才算是反映了,那就是谬论。同时,作家们如果也误认了反映的意义只是写"抗战演义",那也非走到牛角尖不止。

《所谓时代的反映》

文学不能再停在狭小的圈子里了,"通俗"是必要的,但同时须求"质的提高",二者是一物的两面,决不冲突。

《质的提高与通俗》

"翻旧出新"和"牵新合旧"汇流的结果,将是民族的心的文艺形式,这才是"利用旧形式"的最高目标。

《利用旧形式的两个意义》

伟大的作品也可以是报告文学的杰作,正如伟大的作品中可以有小说、诗歌、戏剧一样，也将有报告文学。

《不要误解了报告文学》

有一句成语："要了解一个社会，先去看它的戏院"。时代剧团草创伊始，定期公演尚不过每周一次，然而我预祝它将是时代社会的显微镜，分光镜，是羯鼓，是警钟，同时是火炬。……至于为救亡而努力，这已是时代剧团最主要的宗旨，不仅是我个人的祷祝，是我个人的喜悦，正所谓普天之下，人同此心，心同此理。

时代剧团万岁！

《祝"时代剧团"》

·青春教育·

青年的你们，在这危疑震撼的时代，社会层处处露出罅裂，人生观要求改造的时代，爱好文艺，自是理之必然。我并不以为青年爱好文艺，便是青年感情浮动的征象，我更不以为青年爱好文艺便是青年缺乏科学头脑的征象。是的，我们不应该笼统地反对青年们之爱好文学，我们应该反对的，是青年们中间尚犹不免的对于文学的病态，——没有严肃的态度和批评的精神。

《致文学青年》

也因为是要求说明和解决，所以青年人唾弃一切粉饰的欺骗的麻醉的读物，而欢迎忠实的暴露罪恶大胆开药方的读物。

《从〈怒吼罢，中国！〉说起》

我主张儿童文学应该有教训意味。儿童文学不但要满足儿童的求智欲，满足儿童好奇好活动的心情，不但要启发儿童的想象力，思考力，并且应当助长儿童本性上的美质，——天真纯洁，爱护动物，憎恨强暴与同情弱小，爱美爱真……等等。所谓教训的作用就是指这样地"助长"和"满足"和"启发"而言的。

《再谈儿童文学》

青年在今世，自然有许多大事情要研究，要去做。但是因为有大事情要研究要做，就可全不管"小事"么？彻底而言，就"自己要做"之立点而观察起来，一切自己要做的事，在本人都是大事；所谓"狮子搏兔搏虎都用全力"；事何尝有大小分别？

《〈妇女周报〉社评（三）》

我们青年的信条，第一条应该是"什么事都不肯随便放过"。无论何事，都用全副精神去对付。什么"小事糊涂，大事不糊涂"等等话头，只配无聊的名士在家里袖着手乱吹吹，不是青年所应该存想的。

《〈妇女周报〉社评（三）》

参考文献：

[1]《茅盾全集》第22卷，人民文学出版社1993年版。
[2] 李标晶编：《茅盾智语》，岳麓书社1999年版。
[3]《茅盾全集》第19卷，人民文学出版社1991年版。
[4]《茅盾全集》第21卷，人民文学出版社1991年版。
[5] 茅盾：《腐蚀》，人民文学出版社1989年版。

（王肖燕编选）

老 舍

老 舍

·思想修养·

人是为明天活着的,因为记忆中有朝阳晓露;假若过去的早晨都似地狱那么黑暗丑恶,盼明天干吗呢?是的,记忆中也有痛苦危险,可是希望会把过去的恐怖裹上一层糖衣,像看着一出悲剧似的,苦中有些甜美。

《无题(因为没有故事)》

生活是种律动,须有光有影,有左有右,有晴有雨;滋味就含在这变而不猛的曲折里。

《小病》

穷困中的经验——穷人的狡猾也是正义!

《礼物》

伤心与自怨是没用的,人总会在无可如何中找到活下去的路子。

《我为什么离开武汉》

好话永远不甜蜜悦耳,而真理永远是用生命换得来的。

《大智若愚》

一把好锯并不能使人变为好木匠。

《大智若愚》

时代之音

思想是生命的支持者。思想越简单,便越有力量。

《编写民众读物的困难》

天然之美是绝对的,不是比较的。一个风景有一个特别的美,永远独立。

《老牛破车·景物的描写》

健康是幸福;生活要趣味。

《小病》

所谓真忙,如写情书,如种自己的地,如发现九尾彗星,如在灵感下写诗作画,虽废寝忘食,亦无所苦。这是真正的工作,只有这种工作才能产生伟大的东西与文化。人在这样忙的时候,把自己已忘掉,眼看的是工作,心想的是工作,作梦梦的是工作……情书往往成为真正的文学,正在情理之中。

《忙》

真理是这样:凡真正工作,虽流汗如浆,亦不觉苦。反之,凡自己不喜作,而不能不作,作了又没什么好处者,都使人觉得忙,且忙得头疼。

《忙》

理想老和实际相距很远;事实的惊人常使一个理想者瞪眼茫然。

《闲话》

男女必须互相信任,互相承认在家庭之外,彼此还都有个社会;谁也不应当拿谁作家畜。

《闲话》

名家名言

想写一本戏,名曰最悲剧的悲剧,里面充满了无耻的笑声。

《未成熟的谷粒》

人是不容易看清楚自己的。

《又是一年芳草绿》

世界上最最愚笨的人便是包办真理,真理并不是在包办者的家里,我以为。

《走向真理之路——在文艺欣赏会致词》

真正美丽的人是不多施脂粉,不乱穿衣服的。

《我怎样学习语言》

它负责,慈爱,勇敢,辛苦,因为它有了一群鸡雏。它伟大,因为它是鸡母亲。一个母亲必定就是一位英雄!

《母鸡》

人,即使活到八九十岁,有母亲便可以多少还有点孩子气。失了慈母便像花插在瓶子里,虽然还有色有香,却失去了根。有母亲的人,心里是安定的。

《我的母亲》

我最大的苦痛,是我知道的事情太少。使我心里光亮起来的理论,并不能有补于创作——它教给了我怎么说,而没教给我说什么。啊,丰富的生活才是创作的泉源吧?

《未成熟的谷粒》

不管我写的是什么,不管我写的是哪一些老幼男女,我自己总会也在其中的。更清楚一点的说吧:无论怎样冷静的去观察,客观的去描写,写作时的精力,心境,与感情总是我自己的。我在我的书中,正如同铅字印在纸上那么明显。

《我呢？》

我的书也许被人忘记而死去，但是只要在什么一个僻静的角落还偶然的存摆着一本，我的老幼男女们就还照样的，啼笑悲欢。他们从一离开笔尖便得到了永生。

《我呢？》

我是文艺界中的一名小卒，十几年来日日操练在书桌上与小凳之间，笔是枪，把热血洒在纸上。可以自傲的地方，只是我的勤苦；小卒心中没有大将的韬略，可是小卒该作的一切，我确是作到了。以前如是，现在如是，希望将来也如是。在我入墓的那一天，我愿有人赠给我一块短碑，刻上：文艺界尽责的小卒，睡在这里。

《入会誓词》

自伤没落而放浪形骸之外，是浪漫；理想崇高而自尊自强也是浪漫。颓衰诗人是浪漫的，救世大哲人也是浪漫的。苏格拉底有最强壮的身体，最简朴的生活，最宽大的胸怀，与最崇高的理想。上阵，他是勇士；家居，他是哲人。我说，我们须成为这样浪漫的人。

《新气象新气度新生活》

由文弱而英武，由褊狭而宏大，由落泪而咬定牙根，由情人而英雄，由放浪而严肃，由享乐而艰苦，这是个理想；在这理想里去提高自己的生活，热情的自信自励，就是我所谓的浪漫。也许我把"浪漫"的意思弄错了，但是那并无伤于我所要说的真意。

《新气象新气度新生活》

我不怕被称为无才无能，而怕被识为苟且敷衍。被苦痛所压倒是软弱，软弱到相当的程度便会自暴自弃；这，非我所甘心。我永远不会成为英雄，只求有几分英雄气概；至少须消极的把受苦视为当然，

名家名言

而后用事实表现一点积极的向上精神。

《自述》

我对一切人与事，都取和平的态度，把吃亏看作当然的。但是，在作人上，我有一定的宗旨与基本的法则，什么事都可将就，而不能超过自己画好的界限。我怕见生人，怕办杂事，怕出头露面；但是到了非我去不可的时候，我便不敢不去，正像我的母亲。

《我的母亲》

一个社会，一个世界也是如此，个人都须拿出最好的表现，献给生命。不如是，生命便停止，社会便成了一堆死灰。

《文学概论讲义·第五讲〈文学的创造〉》

最坏的批评者是以"偏见"代替学识。对某事本一无所知，而偏要发表意见，那就只好拿出仅足以使自己快意的偏见，来信口乱说。这，说句老实话，只是取巧。假若非拿出来不可呢，对人对己全无好处；因此，也就是最坏的批评，或者根本不算批评。

《批评与偏见》

有喜有忧，有笑有泪，有花有实，有香有色，既须劳动，又长见识，这就是养花的乐趣。

《养花》

没有批评，没有进益；没有辩论，不见真理。

《联合起来》

一个人的生命，我以为，是一半儿活在朋友中的。

《可爱的成都》

友谊不是教我们依赖别人，而是教我们无计较的取与予；在必要的时候，我们会为友人牺牲了性命。……友谊不是依赖，也不是希冀格外的原谅，反之，因为要维持友谊，一个人才要自策自励。

《三函"良友"》

朋友们的心要离得近，而身体要保持个相当的距离。我想古人所谓"君子之交淡如水"，也许就是这个意思吧？一时的极热，会招来风暴；友谊绝不是一时的结合，而是终生的相助相善。

《三函"良友"》

对真理不准客气，对朋友不许乱吵。辩而不吵，为真理着急，而不在文字上骂街，才是真正的朋友，才是站在一条战线上的弟兄。

《联合起来》

我们没法向时间求情，它是铁面无私，对谁也不让一尺一寸的；我们须向时间争斗，教时间不偷偷的溜过去；我们无法教一分钟变成两分钟，但是我们的确能够把一分钟当作一分钟用；多作一分钟的事，我们便真的多活了一分钟；这是如意算盘！最大的后悔是让昨天白白的过去：我们又丢了二十四小时，而那二十四小时是一块空白！假若我们有许多块这样的空白，我们便没有了历史。历史不只是时间表，而也是生命活动的记录。

《过年》

吃苦与流汗是成功的诀窍。

《剑北篇·临潼——终南山》

终生的懒惰，使晴朗的世界永远昏幽。

《成渝路上》

劳动会使我们心思细腻。任何工作都不是马马虎虎就能作好的。马马虎虎，必须另作一回，倒不如一下手就仔仔细细，作得妥妥帖帖。劳动与取巧是结合不到一处的。

《福星集·贺年》

古语说：业精于勤。据我看，光勤于用脑力而总不用体力，业也许不见得能精；两样都用，心身并健，一定更有好处。

《福星集·贺年》

只有试验的热心，勤苦的工作，才教我长进。

《三年写作自述》

没有努力，天才或许反是个祸害。

《参加郭沫若先生创作二十五年纪念会感言》

才华是刀刃，辛苦劳动是磨刀石。很锋利的刀刃，若日久不用不磨，也会生锈，成为废物。

《论才子》

经验，我可是知道，确是可以从努力中获得，而努力与否是全靠自己的。努力而仍不成功，也许是限于天才，石块不能变成金子，即使放在炉中依法锻炼。但是，努力必有进步，或者连天才者也难例外；那么，努力总会没错儿。

《独白》

我想：我须至少不因过去的努力而自满，把自己埋葬在回忆里；我须把今天看作今天，而不是昨日的附属品，今天的劳动是我的光荣；口上显摆自己昨日的成绩是耻辱。况且，昨日的成绩未必好，自满便是自弃。只有今天的努力，才足以增加光荣，假若昨天的成绩已经不坏；只有今天的努力，才足以雪刷昨天的耻辱，假若昨日的成绩欠佳。

《过年》

没有努力，希望是空想。

《略谈抗战文艺》

恒心便是金矿！

《今年的希望》

名使你狂傲，狂傲即近于自弃。名使你轻浮、虚伪。

《文艺与木匠》

自尊并不是狂傲；狂傲的人毫无根据的蔑视别人，而自己永远得不到交友的好处。

《三函"良友"》

骄傲自满是我们的一座可怕的陷阱；而且，这个陷阱是我们自己亲手挖掘的。

《青年作家应有的修养——在全国青年文学创作者会议上的发言》

思想是比习惯容易变动的。每读一本书，听一套议论，甚至看一回电影，都能使我的脑子转一下。脑子的转法是像螺丝钉，虽然是转，却也往前进。所以，每转一回，思想不仅变动，而且多少有点进步。

《习惯》

·爱国忧民·

爱国家爱民族须先明白国家与民族。知道了你所爱的是什么样的国家与民族，你才不至于因事情不顺利而灰心，因一次的失败而绝望。爱你的国家与民族不是押宝。啊，这回我可押对了，准赢；不，不，不，这应不是赌博，而应是最坚定的信仰。

《血点》

名家名言

不知道民族历史的便不会爱他的民族,有机会他便想找个义父。不顾及民族明日的更不会爱他的民族,因为他已决心把"昭和"之类的字样,写在族谱上了。我们要写,要多写,好使全民族知道他们的历史;有历史才有光荣。文字最大效用,便是保持并发扬民族的正气,以血为墨及时的记录下民族最伟大的经验;继往开来,民族万岁!

《"一·二八"感言》

什么过错都能担待,什么艰难都能苦挨,只有杀人灭国的祸害,是条汉子就不能忍耐!

《剑北篇·"七七"在留侯祠》

信任人民,使人民活动,这老大的中华一定会力壮年轻!

《剑北篇·西峡口》

和平若就是屈膝,和平便等于怯懦无耻;拉起手来,同胞,打倒敌人才有和平!

《为和平而战》

对着患难,我们把胸挺起,在礼教中长起,为正义而刚强;并非好武,不是疯狂,对不许我们自由活着的,我们毫不迟疑的拿起刀枪!

《战》

有国家,全好;亡了国,全完。把前方战士放在你的心坎上,他们是你的一切。毁家而保国,家仍以兴;国亡了,有家又怎样呢?

《善心》

个人的伟大,全看他是否钻入了大时代中,与大家一齐朝着那大目标前进。

《我们携起手来》

战争是最现实的，胆大并逃不出死伤，赤手不能拨开炸弹，哀悼伤亡的同胞并不能保险自己不死。出钱出力，把全民族的拳变为铁的，把我们的呼号变为飞机的与炸弹的响声，打退贼兵，追到三岛。这才是最有效的方法。这才是在牺牲中获得了最有益的教训。

《轰炸》

　　矫正过去的以文弱为美，以狡猾为能，以小巧为精明的错误，而以忠诚大方，勇敢好义，像英勇磊落的战士那样，为当然的，人人必具的美德。这是一个极大的改变，可是非这样改变不可。睡狮必须醒来，醒来就必须用力猛扑四围吐着舌头的豺狼狐狗。中国想不亡，就须人人有不作亡国奴的气概与气魄，人人得成为忠勇的英雄。

《文武双全》

　　不论回，不论藏，大家都是一个样。信宗教，有自由，彼此不同不强求。教不同，没关系，人人爱国齐努力。衣不同，帽不同，五星红旗一样红。

《和平解放西藏》

　　民族与民族间的正常关系应是：强大的帮助弱小的，进步的帮助落后的，如兄如弟地团结互助，共同发展，因为这样对大家都有好处，这是真理。

《民族团结万岁》

　　严肃的生活，来自男女彼此间的彻底谅解，互助互成。国难期间，男女间的关系，是含泪相誓，各自珍重，为国效劳。男儿是兵，女子也是兵，都须把最崇高的情绪生活献给这血雨刀山的大时代。夫不属于妻，妻不属于夫，他与她都属于国家。

《致陶亢德·一九三八年三月十五日》

　　生与死都不算什么，只求生便生在，死便死在，各尽其力，民族必能于复兴的信念中。

《致陶亢德·一九三八年三月十五日》

·文化传统·

知道历史的悠长，才会深思民族的宝贵。

《成渝路上》

过去的光荣须谨记，我中华五千年文化盖世稀。过去的耻辱也莫忘记，自励图强才能把国运移。

《贺新约》

作一个现代的中国人，有多么不容易啊！五千年的历史压在你的背上，你须担当得起使这历史延续下去的责任。可是，假若你的热诚是盲目的，只知"继往"，而不知"开来"，那五千年文物的重量啊，会把你压得窒息而亡。你须有很大的勇气去背负它，还须有更大的勇气去批判它；你须费很大的力量去认识它；还须呕尽心血去分析它，矫正它，改善它。你必须知道古的，也必须知道新的；然后，你才能把过去的光荣从新使世界看清，教世界上晓得你是千年的巨柏，枝叶仍茂，而不是一个死尸啊！

《参加郭沫若先生创作二十五年纪念会感言》

我觉得我们这个民族，很缺乏正义感，诗人感，马马虎虎，嘻皮笑脸，正是劣根性所在处。我们不必定要作诗，但是须有诗人感；要有几根硬骨头，不出卖灵魂。

《谈诗——在文华图书馆专校讲演词》

娇弱的文明像痨病的艳美，体质的虚薄教精神颓废！

《剑北篇·洛阳（下）》

时代之音

只有历史的新生，才能解除山川的潦倒。

《剑北篇·临潼——终南山》

我们必先对得起民族与国家；有了国家，才有文艺者，才有文艺。国亡，纵有莎士比亚与歌德，依然是奴隶。

《努力，努力，再努力!》

即使在没有用文字写出来的小说的民族中，他们也必定有口传的诗歌与故事，人，从一个意义来说，是活在记忆中的……因此，文艺——不管是写出来的还是口传的——老不会死亡。文艺出丧的日子，也就是文化死亡的时候。

《我有一个志愿》

我们要用自己的风格去发扬民族风格。因此，我们必须学习古典文艺，继承我们的优良传统。所谓民族风格，主要地是表现在语言文字上。我们的语言文字之美是我们特有的，无可代替的。我们有责任保持并发扬这特有的语言之美；通过语言之美使人看到思想与感情之美。

《青年作家应有的修养——在全国青年文学创作者会议上的发言》

没有民族风格的作品是没有根的花草，它不但在本乡本土活不下去，而且无论在哪里也活不下去。

《青年作家应有的修养——在全国青年文学创作者会议上的发言》

旅行实在就是读活书。祖国是一本极大极美，内容丰富无比的活书。它供给画家以奇峰秀水，异卉珍禽，去作画稿；它叫诗人得到无穷的诗料；它叫任何人都得到多少知识，从而更认识更明白祖国。最要紧的是叫我们更爱祖国。

《锦绣江山》

我们不能改定过去，但将来的历史是由我们造成的！

《论创作》

有的人以为，文艺要过于切近实用，偏重于某一点，则必损失了文艺的从容不迫，或竟至不成为文艺。这，我不愿回答什么，我只知道岳夫子的《满江红》，文天祥的《正气歌》，陆放翁的激昂的诗句，并没毁坏了文艺，而反倒有些千古不灭的正气，使有心人都受感动。

《述志》

古人有古人的思想，今人有今人的思想。今人而作复古之想，只是胡涂，别无是处。今人之思想，必取全人类之最良者，不能夸示家传秘方，敝帚千金。知道了人类思想之最良者，乃能有判断能力，如何去取；读古籍时遂亦有了胆量去批判。如此承受遗产，则能不惑千古，而能取精去粕，为祖先增光。

《文学遗产应怎样接受》

·文艺理论·

真正的文学是人生的课本。……文学使你知道什么是人，和人与人的关系；它所给的标本是足以代表一个团体，一个阶级，或一个时代的人物。……哲学，心理学，生理学与伦理学等等都能使你明白一些人之所以为人，但是谁也没有这种标准人告诉你的这么多，这么完全，这么有趣，这么生动，这么亲切。

《文艺中的典型人物》

伟大文艺之所以伟大，自有许多因素，其中必不可缺少的是一股正气，谓之能动天地，泣鬼神，亦非过誉。至若要弄点小聪明，偷偷的骂人几句，虽足快意一时，可是这态度已经十分的卑鄙。

《未成熟的谷粒》

时代之音

伟大文艺中必有一颗伟大的心,必有一个伟大的人格。这伟大的心田与人格来自写家对他的社会的伟大的同情与深刻的了解。除了写家实际的去牺牲,他不会懂得什么叫作同情;他个人所受的苦难越大,他的同情心也越大。除了写家实际的参加时代所需的工作,他不会了解他的时代;他入世越深,他对人事的了解也越深。

《大时代与写家》

伟大的文艺自然须有伟大的思想和哲理,但是文艺中怎样表现这思想与哲理是比思想与哲理的本身价值还要大得多;设若没有这种限制,文艺便与哲学完全没有分别。

《文学概论讲义·第四讲〈文学的特质〉》

活的文学,以生命为根,真实作干,开着爱美之花。

《论创作》

我们读文艺作品不是为引起一种哲学的驳难,而是随着文人所设下的事实而体会人生;文人能否把我们引入另一境界,能否给我们一种满意的结局,便是文人的要务。

《文学概论讲义·第四讲〈文学的特质〉》

当社会需要软性与低级的闲话与趣味,文艺若去迎合,是下贱;当社会需要知识与激励,而文艺力避功利,是怠职。

《三年来的文艺运动》

一时的风尚,不论在文字上或思想上,都能使一本作品风行海内;可是过不了几天便销声灭迹,死在旧纸堆里;因为文艺的条件是多于一时的风尚,文艺的生命是立于更坚固久远的基础上的。

《知难而"进"》

社会永远是不完全的,人生永远是离不开苦恼的,这便使文人时时刻刻的问人生是什么?这样,他不由得便成了预言家。文学是时代的呼声,正因为文人是要满足自己;一个不看社会,不看自然,而专作些有韵的句子或平稳的故事的人,根本不是文人;他所得的满足正如一个不会唱而哼哼的人;哼哼不会使他成个唱家。

《文学概论讲义·第五讲〈文学的创造〉》

创造是最纯洁高尚的自我活动,自我辐射出的光,能把社会上无谓的纷乱,无意识的生活,都比得太藐小了,太污浊了,从而社会才能认识了自己,才有社会的自觉。创造欲是在社会的血脉里紧张着;它是社会上永生的唯一的心房。

《文学概论讲义·第五讲〈文学的创造〉》

文字、生活、思想、感情四者俱备,再加上艺术的处理技巧与方法,才能写出像样子的作品。这是多么不容易啊!练习了三五个月,就幻想当作家,那便始终是幻想了。搞文艺是一辈子的事,活到老学到老。

《当作家并无捷径》

对于修辞,我总是第一要清楚,而后再说别的。假若清楚是思想的结果,那么清楚也就是力量。

《我怎样写短篇小说》

文字写得通顺,不管将来去作什么都有好处;作工程师也好,作演员也好,都有传播知识、介绍经验的责任,而传播知识与介绍经验都需要通顺的文字。努力学习语言文字是不吃亏的事。

《当作家并无捷径》

练习文字须下很大的功夫。我们不应心急。急于成名,不苦学苦练,一定没有好处。

《当作家并无捷径》

时代之音

灵感是虚无飘渺的东西，工夫才是真实可靠的；写文章不要太忙。

《别忙》

要想，要想，想哪个字最亲切，想哪个字最好用在什么地点与时间！这么一想，你便不只思索字眼，而是要揣摩人情了！从人情中想出来的字，才是亲切的、生动的、有感情的字。不要慌忙，要慢慢的来。想了又想，改了再改！这是工夫，工夫胜于灵感。

《别忙》

文艺家……必定是用从心眼中发出来的最有力、最扼要、最动人的言语，使人咂摸着人情世态，含泪或微笑着去作深思。他要先感动人。这从心眼中掏出来的言语，必是极简单、极自然、极通俗的。

《我的"话"》

语言的创造不是标奇立异，令人感到高深莫测，越读越糊涂，而是要在大家都能明白的语言中出奇制胜，既使人看得懂，又使人喜爱。

《大力推广普通话》

语言是人物思想、感情的反映，要把人物说话时的神色都表现出来，需要给语言以音乐和色彩，才能使其美丽、活泼、生动。

《语言、人物、戏剧——与青年剧作者的一次谈话》

文学是语言的艺术，我们是语言的运用者，要想办法把"话"说好，不光是要注意"说什么"，而且要注意"怎么说"。注意"怎么说"才能表现出自己的语言风格。

《人物、语言及其他》

文学语言不仅负有描绘人物、风景，表达思想、感情，说明事实等等的责任。它还须在尽责之外,使人爱读,不忍释卷。它必须美。环肥燕瘦,各有各的美,文笔亦然:有的简劲,有的豪放,有的淡远,有的秾艳……。美虽不同,但必须美。

《话剧的语言》

生活的经验比书本更宝贵,无生活休想有文艺。

《致陈养锋》

世界上有技巧不甚高的伟大文艺作品,而没有思想不精深的伟大作品。

《为人民写作最光荣》

作家的感情,作品中人物的感情,和读者的感情。这三者怎样的运用与调和不是个容易的事。作者自己的感情太多了,作品便失于浮浅或颓丧或过度的浪漫;作品中人物的感情如何,与能引起读者的感情与否,是作者首先要注意的。使人物的感情有圆满适宜的发泄,而后使读者同情于书中人物,这需要艺术的才力与人生的知识。

《文学概论讲义·第四讲〈文学的特质〉》

没有热情,没有艺术;技巧不过是帮助表现热情的。世界上有技巧拙劣的伟大作家,而没有技巧精确而心如死灰的伟大作家。艺术每逢专重技巧,便到了她的末日。……今日的生活,与生活中的热情,决定你明日的作品的内容与形式。

《艺术家也要杀上前去》

哲人的智慧,加上孩子的天真,或者就能成个好作家了。

《未成熟的谷粒》

艺术家不是只把事实照样描写下来,而是把事实从新排列一回,使一段事实成为一个独立的单位,每一部分必与全体恰好有适当的联属，每一穿插恰好是有助于最后的印象的力量。于是，文学的形式之美便像一朵鲜花：拆开来，每一蕊一瓣也是朵独立的小花；合起来，还是香色俱美的大花。

《文学概论讲义·第四讲〈文学的特质〉》

以科学研究人生是部分的，有的研究生理，有的研究社会，有的研究心理；只有文艺是整个的表现，是能采取宇宙间的一些事实而表现出人生至理；除了想象没有第二个方法能使文学做到这一步。

《文学概论讲义·第四讲〈文学的特质〉》

感情与美是文艺的一对翅膀，想象是使它们飞起来的那点能力；文学是必须能飞起的东西。使人欣悦是文学的目的，把人带起来与它一同飞翔才能使人欣喜。感情，美，想象，（结构，处置，表现）是文学的三个特质。

《文学概论讲义·第四讲〈文学的特质〉》

文艺作品不但在结构上事实上要有想象，它的一切都需要想象。文艺作品必须有许多许多的极鲜明的图画，对于人，物，风景，都要成为立得起来的图画；因为它是要具体的表现。哪里去寻这么多鲜明的立得起来的图画？文艺是以文字为工具的，就是能寻到一些图画，怎么能用文字表现出呢？非有想象不可了。

《文学概论讲义·第四讲〈文学的特质〉》

想象，它是文人的心深入于人心、世故、自然，去把真理捉住。他的作品的形式是个想象中炼成的一单位，便是上帝造万物的计划；作品中的各部各节是想象中炼成的花的瓣，水的波；作品中的字句是想象中炼成的鹦鹉的羽彩，晚霞的光色。这便叫作想象的结构，想象的处置，与想象的表现。完成这三步才能成为伟大的文艺作品。

《文学概论讲义·第四讲〈文学的特质〉》

名家名言

艺术的锤炼是没有休止的!

《梅兰芳同志千古》

只把热情写在纸上,大概算不了诗人。我想,一个真正的诗人,必是手之所指,目之所视,都能使被指的被视的感到温暖。诗人是一团火,文字,言语,行动,都有热力;若只在纸上写些好听的,而在作人上心小如豆,恐怕也就写不出最光伟的东西来吧?

《参加郭沫若先生创作二十五年纪念会感言》

诗人的思想也是如此,他能在一粒沙中看见整个的宇宙,一秒钟里理会了永生。他的思想使他"别有世界非人间",正如他的感情能被一朵小花、一滴露水而忘形。

《文学概论讲义·第十三讲〈诗〉》

诗人……在别人正兴高采烈,歌舞升平的时节,他会极不得人心的来警告大家。人家笑得正欢,他会痛哭流涕。及至社会上真有了祸患,他会以身谏,他投水,他殉难!……即使他没有舍身全节的机会,他也会因不为五斗米而折腰,或不肯赞谀什么权要,而死于贫困。他什么也没有,只有一些诗。诗,救不了他的饥寒,却使整个的民族有些永远不灭的光荣。

《诗人》

诗所以彰正义、明真理、抒至情,故为诗者首当有正义之感,有为真理牺牲之勇气,有至感深情以支持其文字。诗若是天地间浩然的正气,诗人也正是此浩然正气的寓所,只凭排列平仄,玩耍文字,而自号为诗人,则既不成诗,复不成人,还成什么诗人?有人于此,终身不为一韵语,而爽朗刚正,果敢崇高,有诗人气度,即是诗人。

《诗人节献词》

诗……是唯一代表人类真理的东西,所以能够表现真理的人,我

时代之音

们就叫他作诗人。人类总是向光明走的，诗就表现了这光明底最高的真理，所以我们喜欢诗。

《谈诗——在文华图书馆专校讲演词》

诗是文艺的极品，它表现真理，是创作的；它底语言，也是创作的，不能换的。民族的真理和民族的言语结在一起，就成为诗。

《谈诗——在文华图书馆专校讲演词》

诗是民族言语的结晶！它以民族最美的言语表现出真理，真理虽是一般的，言语却是特殊的，而不能译，甲国的诗译成乙国的诗，真理虽存，其美已失。

《谈诗——在文华图书馆专校讲演词》

诗是表现人类最高真理的东西，它有伟大深厚的情感能永远让人们落泪，欢快，它从人生的最深处，表现出生，死，苦痛，美；它像一幅名画，它有绝对不能变的美；它用言语的结晶，活的音节，画出人类的感情；它反映各人类，又把人类搁进去。

《谈诗——在文华图书馆专校讲演词》

"诗之道在妙悟"，是的；诗是心声，诗人的宇宙是妙悟出来的宇宙；由妙悟而发为吟咏，是心中的狂喜成为音乐。

《文学概论讲义·第三讲〈中国历代文说（下）〉》

音乐是完全以音的调和与时间的间隔为主。诗词是以文字的平仄长短来调配，虽没有乐器辅助，而所得的结果正与音乐相似。所不同者，诗词在这音乐的律动之内，还有文字的意义可寻，不像音乐那样完全以音节感诉。所以，巧妙着一点说，诗词是奏着音乐的哲学。

《文学概论讲义·第八讲〈诗与散文的分别〉》

诗是以感情为起点，从而找到一种文字，一种象征，来表现他的

名家名言

感情。他不像戏剧家小说家那样清楚的述说,而是要把文字或象征炼在感情一处,成了一种幻象。只有诗才配称字字是血,字字是泪。

《文学概论讲义·第十三讲〈诗〉》

诗是生命与自然的解释者,因为它是诗人由宇宙一切中,在狂悦的一刹那间所窥透的真实。诗人把真理提到、放在一个象征中,便给宇宙添增了一个新生命。

《文学概论讲义·第十三讲〈诗〉》

醒着,我们是在永生里活着;睡倒,我们是住在时间里。诗便是在永生里活着的仙酿与甘露。

《文学概论讲义·第十三讲〈诗〉》

戏剧把当时的文化整个的活现在人的眼前。文化有多么高,多么大,它也就有多么高,多么大。有了戏剧的民族,不会再返归野蛮,它需要好的故事,好的思想,好言语,好的音乐,服装,跳舞,与好的舞台。它还需要受过特别训练的演员与有教养的观众。它不单要包括艺术,也要包括文化!戏剧,从一个意义来说,是文化的发言人。

《我有一个志愿》

它不是要印出来给人念的,而是要在舞台上给人们看生命的真实。因此,戏剧是文艺中最难的。世界上一整个世纪也许不产生一个戏剧家,因为戏剧家的天才,不仅限于明白人生和文艺,而且还须明白舞台上的诀窍。

《文学概论讲义·第十四讲〈戏剧〉》

悲剧好比不尽波浪滚滚而来,与我们的热泪汇合到一起,而喜剧则如五彩焰火腾空,使我们惊异而愉快。喜剧的语言必须有聪明,有趣味,五色缤纷,丽如焰火。

《喜剧点滴》

喜剧的语言是要一碰就响的。拉锯式的语言只能起催眠作用。

《喜剧的语言》

小说是人类对自己的关心，是人类社会的自觉，是人类生活经验的纪录。

《怎样写小说》

小说是讲人生经验的。我们读了小说，才会明白人间，才会知道处身涉世的道理。……世间恐怕只有小说能源源本本、头头是道的描画人世生活，并且能暗示出人生意义。

《怎样读小说》

小说之所以为艺术，是使读者自己看见，而并不告诉他怎样去看；它从一开首便使人看清其中的人物，使他们活现于读者的面前，然后一步一步使读者完全认识他们，由认识他们而同情于他们，由同情于他们而体认人生；这是用立得起来的人物来说明人生，来解释人生；这是哲学而带着音乐与图画样的感动；能作到这一步，便是艺术，小说的目的便在此。

《文学概论讲义·第十五讲〈小说〉》

"幽默"……据我看，它首要的是一种心态。……幽默的人……由事事中看出可笑之点，而技巧的写出来。他自己看出人间的缺欠，也愿使别人看到。不但仅是看到，他还承认人类的缺欠；于是人人有可笑之处，他自己也非例外，再往大处一想，人寿百年，而企图无限，根本矛盾可笑。于是笑里带着同情，而幽默乃通于深奥。

《谈幽默》

所谓幽默的心态就是一视同仁的好笑的心态。有这种心态的人虽不必是个艺术家，他还是能在行为上言语上思想上表现出这个幽默态度。这种态度是人生里很可宝贵的，因为它表现着心怀宽大。一个会

名家名言

笑，而且能笑自己的人，决不会为件小事而急躁怀恨。

《谈幽默》

讽刺必须幽默，但他比幽默厉害。它必须用极锐利的口吻说出来，给人一种极强烈的冷嘲；它不使我们痛快的笑，而是使我们淡淡的一笑，笑完因反省而面红过耳。

《谈幽默》

幽默与讽刺二者常常在一块儿露面，不易分划开；可是，幽默者与讽刺家的心态，大体上是有很清楚的区别的。幽默者有个热心肠儿，讽刺家则时常由婉刺而进为笑骂与嘲弄。

《谈幽默》

幽默者的心是热的，讽刺家的心是冷的。

《谈幽默》

"滑稽"可以只是开玩笑，而"幽默"有更高的企图。凡是只为逗人哈哈一笑，没有更深的意义的，都可以算作"滑稽"，而"幽默"则须有思想性与艺术性。

《什么是幽默？》

幽默的作家必是极会掌握语言文学的作家，他必须写得俏皮，泼辣，警辟。幽默的作家也必须有极强的观察力与想象力。因为观察力极强，所以他能把生活中一切可笑的事，互相矛盾的事，都看出来，具体地加以描画和批评。因为想象力极强，所以他能把观察到的加以夸张，使人一看就笑起来，而且永远不忘。

《什么是幽默？》

自满自足是文艺生命的自杀！只吹腾自己有十年，廿年，或卅年的写作经验，并不足以保障果然能写出好东西来！在另一方面，毫无

时代之音

写作经验的人,也并无须气短,把文艺看成无可捉摸的什么魔怪,只要有了通顺的文字,与一些人生经验,谁都可以拿起笔来试一试。

《闲话我的七个话剧》

不是为艺术而艺术,而是热爱生活,才能使我们的笔端迸出生命的火花,燃起革命的火焰。生活是五光十色,万紫千红的。设若我们只了解某一方面的生活,而不把它与时代潮流结合起来,我们的作品就必然不会光芒四射。不热爱生活,生活便受了局限,作品内容也便受了局限。

《青年作家应有的修养——在全国青年文学创作者会议上的发言》

热爱生活,多才多艺,我们才能有丰富的生活知识,使我们的作品内容,以及文字,都充实生动,不至于显出声嘶力竭的窘态来。

《青年作家应有的修养——在全国青年文学创作者会议上的发言》

创作的乐趣至少有两个:一个是资料丰富,左右逢源,便于选择与调遣,长袖善舞,不会捉襟见肘。一个是文字考究,行云流水,心旷神怡。

《话剧的语言》

所谓观察便是无时无地不在留心,而到描写的时候,随时的有美妙的联想,把一切东西都写得活泼泼的,就好像一个健壮的人,全身的血脉都那么鲜净流畅。……写一件事需要一千件事做底子,因为一个人的鼻子可以像一头蒜,林中的小果在叶儿一动光儿一闪之际可以像个猛兽的眼睛,作家得上自绸缎,下至葱蒜,都预备好呀!

《景物的描写》

写景不必一定用很生的字眼去雕饰,但须简单的暗示出一种境地。……真本事是在用几句浅显的话,写成一个景——不是以文字来敷衍,而是心中有物,且找到了最适当的文字。

《景物的描写》

名家名言

我们所最熟习的社会与地方，不管是多么平凡，总是最亲切的。亲切，所以能产生好的作品。……我们所熟习的地方，特别是自幼生长在那里的地方，就不止于给我们一些印象了，而是它的一切都深印在我们的生活里，我们对于它能像对于自己分析得那么详细，连那里空气中所含的一点特别味道都能一闭眼还想象的闻到。

《景物的描写》

艺术的描写容许夸大，但把一个人写成天使一般，一点都看不出他是由猴子变来的，便过于骗人了。我们必须首先把个性建树起来，使人物立得牢稳；而后再设法使之在普遍人情中立得住。个性引起对此人的趣味，普遍性引起普遍的同情。

《人物的描写》

创作的中心是人物。凭空给世界增加了几个不朽的人物，如武松、黛玉等，才叫作创造。因此，小说的成败，是以人物为准，不仗着事实。世事万千，都转眼即逝，一时新颖，不久即归陈腐，只有人物足垂不朽。

《人物的描写》

事实无所谓好坏，我们应拿它作人格的试金石。没有事情，人格不能显明；说一人勇敢，须在放炸弹时试试他。抓住人物与事实相关的那点趣味与意义，即见人生的哲理。在平凡的事中看出意义，是最要紧的。

《事实的运用》

我们不必去摹仿别人。我们念别人的作品是为丰富自己的经验，而不是为照猫画虎地去套别人的套子。

《和工人同志们谈写作》

文章必须修改，谁也不能一下子就写成一大篇，又快又好。怎么修改呢？我们应当先把不必要的话，不必要的字，狠狠地删去，像农人锄草那样。不要心疼一句好句子，或一个漂亮字，假若那一句那一字在全段全句中并不起什么好的作用。文章正像一个活东西，全体都匀称调谐就美，孤零仃的只有一处美，可是跟全体不调谐，就不美。

《和工人同志们谈写作》

文章必须简练经济，不要以多为胜。一句话说到家，比十句八句还更顶事。不着边际的话一概要删去。

《和工人同志们谈写作》

我们不能为了文字简练而简略。简练不是简略、意思含糊，而是看逻辑性强不强，准确不准确。只有逻辑性强而又简单的语言才是真正的简练。

《人物、语言及其他》

在表现形式上不要落旧套，要大胆创造，因为生活是千变万化的，不能按老套子来写。任何一种文学艺术形式一旦一成不变，便会衰落下去。因此，我们要想各种各样的法子冲破旧的套子，这就要敢想、敢说、敢干。

《人物、语言及其他》

我们必须勤学苦练，坚持不懈。我们必须戒骄戒躁，克服自满。我们的修养不仅在有渊博的文艺知识，它也包括端好的道德品质。

《青年作家应有的修养——在全国青年文学创作者会议上的发言》

勤是必要的，但勤也还不能保证不出废品。我们应该勤了更勤。若不能勤，即连废品也写不出，虽然省事，但亦难以积累经验，定要吃亏。

《勤有功》

名家名言

字纸篓子是我的密友,常往它里面扔弃废稿,一定会有成功的那一天。

《勤有功》

没有个人的独特风格,便没有文艺作品所应有的光彩与力量。我们说的什么,可能别人也知道;我们怎么说,却一定是自己独有的。这独立不倚的说法便是风格。

《青年作家应有的修养——在全国青年文学创作者会议上的发言》

钢笔头下什么都有。要哭它便有泪,要乐它就会笑,要远远在天边,要美美如雪后的北平或春雨中的西湖。它一声不出,可是能代达一切的感情欲望,而且不慌不忙,刚完一件再办一件;笔尖老那么湿润润的,如美人的唇。……它不单喝墨水,也喝脑汁与血。

《钢笔与粉笔》

艺术的创作是必须由理论谈到方法与技巧,才能使大家由注意而走到努力,因为理论设若是艺术的骨,技巧就是它的肉;骨肉相联方法,才成为活的东西。

《工作起来吧!》

社会上趣味的低级,都市中生活的无聊,会把油头粉面的小旦捧入云霄,而把黄钟大吕之音由冷淡而弃掉!

《剑北篇·长安观剧》

爱去看戏,还宜自己也学会唱几句。爱看画展,何不自己也学画几笔。自己动手,才能提高欣赏。

《乍看舞剑忙提笔》

从中国画与中国字是同胞兄弟这一点上看,中国画理应是会用笔,失去了笔力便是失去了中国画的特点。从艺术的一般的道理上说，为文、为画、为雕刻也永远是精胜于繁，简劲胜于浮冗。

《沫若抱石两先生书画展捧词》

真正的好中国画是每一笔都够我们看好大半天的。

《沫若抱石两先生书画展捧词》

谁都知道，中国画里以山水为最难，有真功夫还不够，得有真才力与识见。严格的说，既非画山，也非画水，而是绘出心灵对大自然的趣味与设想。

《〈关友声画集〉序》

漫画……首先抓住世态，而予以讽刺。它的技巧是图画的，而效果是戏剧的或短篇小说的。因此，漫画家不只是画家，而且须是思想家。假若三年不窥园的书痴写不出济世的文艺来，一个隐居山林，潜心摹古的画家也一定画不出漫画。

《漫画》

漫画是民主政治的好朋友。在一个使大家莫谈国事的国家中，恐怕连漫画也不会有生命了。

《漫画》

相声总该是相声，它说多么高深的道理，也须以幽默出之，使人在笑中领悟，潜移默化。

《谈〈阴阳五行〉》

一行希腊诗歌能使我们沉醉，一整篇罗马的诗歌或散文也不能使我们有些醉意——罗马伟大，而光荣属于希腊。

《写与读》

一部好小说会使读者志气昂扬，力争上游；一部坏小说会使读者志气消沉，腐化堕落。留点神吧，别采取看闲书的态度，信手拾来，随便消遣。看坏书如同吸鸦片烟，会使人上瘾，越吸越爱吸，也就受毒越深。

《选择与鉴别——怎样阅读文艺书籍》

在现代，无论研究什么学问，对于研究的对象须先有明确的认识，而后才能有所获得，才能不误入歧途。

《文学概论讲义·第一讲〈引言〉》

我们读理论书永远不如读真正的作品，要知道凡是一种理论，都是由作品里面提出来。……我们可先立下一个原则，然后从书中去找，以证实他的理论，其实这都是空的，理论好像是开的药方，若想以药方焙成灰，用开水喝下去，便可治病，当然不可能，必须按方配药才成，作品就是药。

《读与写——卅二年三月四日在文化会堂讲演》

我们知道了文学的条件，必须有美，有感情，有思想和好文字，则我们越多念书，越能判断什么是好作品，什么是坏的作品，一篇作品能流传，非具有这四种条件，至少具有此四者之大部分条件不可。

《读与写——卅二年三月四日在文化会堂讲演》

我觉得历史好像是一棵树，文学是树上的花，文学史则是树上的一枝，我们仅仅从一节树枝来观察整个树，当然所见不完全，正如我们仅知道杏花是蔷薇科一样，是没有什么用的。

《读与写——卅二年三月四日在文化会堂讲演》

读书尽管是读书，生活还更要紧，离开了现实的生活，读多少书也是没有用。

《读与写——卅二年三月四日在文化会堂讲演》

看吧，从古至今，那些能传久的作品，不管是属于哪一派的，大概都有个相同之点，那就是它们健康，崇高，真实。反之，那些只管作风趋时，而并不结实的东西，尽管风行一时，也难免境迁书灭。

《写与读》

·青春教育·

我们的儿童不只专为继续一家一姓的香烟，而也是能捍卫国家的武士。他不必一定去打仗，中华民族根本不是想侵略别人的民族。可是当别人来侵犯我们的时候，他必须有杀上前去的肝胆与体格，就是太平无事之秋，他也须身强志勇的惨作研究，尽心尽力为全体同胞谋幸福。

……作父母的，在今天，应当细想一想教养儿女的方法。要记得，溺爱一小孩，就是害了一个国不！

《儿童节感言》

儿童不会自己长大，如一棵花草那样。所以，今天我们所给予儿童的只许好，不许坏；一坏便是民族的毒药。

《勿忘今日》

对你自己的孩子应当尽心，但是别尽心太过了，温室里养出来的草花是受不住风雨的。教他们也受点苦，别一天到晚背着抱着，老吃小儿救急散。我们应当帮助儿童自然成长，我们可不应当替儿童活着。把金鱼放在热水里，你以为它暖和了，它可活不成了呢！

《勿忘今日》

不许小孩子说话，造成不少的家庭小革命者。

《未成熟的谷粒》

不要说世上没有一块净土，青年们的心都含着早春的朝露。

《青年》

名家名言

生命之春是生命之花,生命之花是万有之母。

《青年》

人生最值得纪念的是"大学生活"那一段,它是清醒的,意识的,自动的,努力向上的生活;而且是后半世生活的根基。这一段生活的回忆,最足以令人自尊自爱自励;它的纯洁甜美可以说是生命之河的出山泉水。

《〈齐大年刊〉发刊词》

青年是勇敢的。明知道困难,而不害怕,才能克服困难,逐渐进步。不是要知难而退,而是要奋斗到底。这样,我们才会抛弃名利双收的错误观念,才不至于刚有一点成就就骄傲自满,也不至于失败一次即灰心丧气。

《当作家并无捷径》

不应只顾给青年以刺激,也应给青年以思索,思索他们在今日的责任与态度。刺激只能使他们不安,思索使他们沉着。……若是虚空的刺激太多了,青年们反倒容易由失望而颓丧,因伤感而脆弱。

《"文协"与青年》

青年朋友们,先由这儿作起吧:有话就坦率地说出来,不暗中跟别人闹别扭。朋友有什么不对,就善意地去批评,真诚地去劝告。自己有什么不对,听到批评,就有错认错,该道歉就道歉。我们应当勇于批评,也勇于接受批评,养成这种习惯,大家都会用有理讲倒人的办法,只服从真理,不强迫别人服从自己的私见,也不因受了批评就闹情绪,我们的民主生活就会日益发展。这是很不容易作到的事,青年们应当努力去做,造成民主社会应有的敢批评和勇于接受批评的好风气。

《有理讲倒人》

时代之音

　　我们用不着看彼此的服装，用不着打听彼此的身世，我们一眼看到一粒珍珠，藏在彼此的心里；这一点点便是我们的一切，那些七零八碎的东西都是配搭，都无须注意。

《无题（因为没有故事）》

　　我的青春在她的眼里，永远使我的血温暖，像土中的一颗子粒，永远想发出一个小小的绿芽。一粒小豆么小的一点爱情，眼珠一移，嘴唇一动，日月都没有了作用，到无论什么时候，我们总是一对刚开开的春花。

《无题（因为没有故事）》

　　我们的缺陷必须弥补，我们的错误必须纠正。怎么去弥补与纠正？唯一的方法是"学习，学习，再学习"。

《我们热诚地迎接这伟大的节日》

　　"学乖"不是要找捷径，而是学会猛干与巧干，既要卖足力气，又要有智慧。

《学了什么》

　　我们丢去的一寸光阴便成为一寸的历史；紧自想过去的事又有什么好处呢？把握住当时才能创造历史，失了创作的火力的才把自己浸沉在记忆中；即记忆都是甜美的，也不过只供我们自怜自慰而已。因此，我们还是勇敢的去想一想明天吧；失去明天便是死灰呀！

《一年之计在于春》

　　时间最狠毒，它不宽让给任何人一秒钟，过去的一秒永远难赎回。人，于是就因丧失了时间而丧失了生命！

《过年》

名家名言

你要成一只会高飞的鹰，莫作被抽击才会转动的陀螺。

《投稿》

我在以前，五十二星期内，念过五十二本小说，还是在教完书，夜间念的，直累得闹肚子。当时觉得没有得到好处，后来我当了大学教授，以它们作了讲演的材料；创写小说套上它的式样，所以有知识粮食存着，不会没有用的。比方在夜间学一点钟的外国文字，早上再念一点钟，日子久了，就会了外国文字，多一份眼睛，多得一些知识。

《在青岛青年会的演讲》

摹仿别人，则失去自己。同一件事，有多少不同的说法与看法。我自己如何说，即我的风格。我自己如何看，即我的见解。文字摹仿别人，便失去了自己的风格。见解抄袭别人，即失了自己的思想。青年要多多学习，但学习不是摹仿。

《献曝》

学习如吃饭，菜蔬米饭须细嚼缓咽，使之消化，成为自己的血液。若整个吃下，又整个吐出，必无好处。

《献曝》

要知道，教育是整个的，生在今日的社会里，不明白物理正如同不明白文艺一样可耻，每个人都须在中学里得到足以够作个现代人的基本知识；在有了种种基本知识以后，才能谈到个人的天才发展。

《青年与文艺》

科学会救我们，教我们不至于遇到危害而束手无策。同时，我们也需要艺术，去培养我们崇高的心灵，丰富我们的美丽的生活。艺术教育的目的是使人知道和平，与享受和平。有了和平，人类的眼才会看到更远的地方，而且设法安然的走到那里去。

《和平》

> 儿女的生命是不依顺着父母所设下的轨道一直前进的,所以老人总免不了伤心。
>
> 《我的母亲》

参考文献:

[1]《老舍全集》,第 13 卷,人民文学出版社 2013 年版。
[2]《老舍全集》,第 14 卷,人民文学出版社 2013 年版。
[3]《老舍全集》,第 15 卷,人民文学出版社 2013 年版。
[4]《老舍全集》,第 16 卷,人民文学出版社 2013 年版。
[5]《老舍全集》,第 17 卷,人民文学出版社 2013 年版。
[6]《老舍全集》,第 18 卷,人民文学出版社 2013 年版。

(何 婷 郑小惠 编选)

徐悲鸿

徐悲鸿

·思想修养·

做一个画家很不容易,要注重自己的人品,也要注意自己的画品,画品是人品的反映。

《徐悲鸿文集》

余自脱襁褓,孺染先府君至诣,笃嗜艺术。怅天未肯付以才,所受所遭又惟坎坷、落拓、颠沛、流漓、穷困,幸尽日孳孳……天未赋吾以才,用令吾辟荆棘,陟崎岖,盘旋于穷崖幽谷中,曲折萦回,始入大道。

《〈悲鸿描集〉自序》

有好条件固然是好,但万不可只是等待好条件。时不我予,不要把时间消耗在消极等待上。如果好条件一直等不到,怎么办?只能用勤奋来争取。

《忆悲鸿先生二三事》

天才无非是观察和灵感有独到之处,别以为自己有天才就不屑多画,这是自己害了自己。我宁愿人家骂我是蠢材,我只管我埋头苦干,十几分钟画一张素描不是难事。

《悲鸿,未被报告的报告》

人之所贵者在良心，其一切皆虚幻。

《学术研究之谈话》

人不可以有傲气，但不可无傲骨。

《徐悲鸿的艺术人生》

一个人到了山穷水尽的地步而能自拔，才不算懦夫。

《徐悲鸿一生》

·爱国忧民·

（一）

豪侠不兴贼不死，神奸窃柄无时已。
胡虏亡灭汉奸乘，盗贼中原纷纷起。
万恶莫惮悉施为，蔑视三楚亡秦士。
父母填壑妇悲啼，田园庐舍不容庇。
男儿昂藏任宰割，煞愧光荣神明裔。
今日乎，空间是处皆吾敌，毒焰披猖逼眉睫；
　　抛却头颅掷却身，当公道者尽格杀；
　　正义昭昭悬中天，黄帝灵兮实凭式。

（二）

俨犹荤粥戎狄种，蔓衍吾族本来土。
族中败类变于夷，氈酪贱俗深根固。
畔道离经更失常，甘心顶戴贼作父。
袁冯曹张一邱貉，识得廉耻半分无。
由来孱种媚强敌，生成奴颜与婢膝。
锱铢涓滴刮民间，献敌陪笑罔吝惜。
莫奴天生不肖才，信是贼种有贼骨。
今日乎，空间是处皆吾敌，毒焰披猖逼眉睫；

抛却头颅掷却身，当公道者尽格杀；
正义昭昭悬中天，黄帝灵兮实凭式。

（三）

礼运腾辉万丈长，墨学兼爱吐光芒。
千载私人窃明器，大道沉沉黯不昌。
天挺孙公定民典，重建政教新纪纲。
更资百万心悦诚服士，誓与上道出疆场。
不恤枪林弹雨烈日疫疠侵政死，要脱四万万人颠倒连困苦腥秽乡。
今日乎，空间是处皆吾敌，毒焰披猖逼眉睫；
抛却头颅掷却身，当公道者尽格杀；
正义昭昭悬中天，黄帝灵兮实凭式。

（四）

大旗所向敌尽摧，王师莅止毒瘴开。
吾刃所触贼贯胸，吾炮所击山岳颓。
丑类乌合不成军，逃窜托命狼与豺。
鼓吾勇气百倍高，歼灭众兽尽成灰。
他日海晏与河清，从吾流血代价灰。
今日乎，空间是处皆吾敌，毒焰披猖逼眉睫；
抛却头颅掷却身，当公道者尽格杀；
正义昭昭悬中天，黄帝灵兮实凭式。

《革命歌词四章》

立大德，创大奇，为人类申诉。

《悲鸿，未被报告的报告》

垂死之病夫偏有强烈之呼吸，消沉之民族里乃有田汉之呼声，其音猛烈雄壮，闻其节调，当知此人之必不死，其民族之必不亡。

《悲鸿，未被报告的报告》

名家名言

身居后方者,无论如何努力,总比不上前方将士兵器悬殊无间寒暑之苦战。出钱者,无论数量如何之大,必不能比得为民族而牺牲性命者之贡献。

《悲鸿,未被报告的报告》

艺术家即是革命家,救国不论用哪一种方式,苟能提高文化,改造社会,就充实国力了。欧洲哪一个复兴的国家,不是先从文艺复兴开始呢?我们别要看我们的责任小,要刻苦地从本分上干去。

《怎样发展中国的美术》

我自度微末,仅敢比于职分不重要之一兵卒,尽我所能,以期有所裨补于我们极度挣扎中之国家。我诚自如,无论流过我无量数的汗,总敌不得我们战士流的一滴血。但是我如不流出那些汗,我会更加难过。

《悲鸿,未被报告的报告》

一幅作品至少要反映一些时代精神。

《悲鸿,未被报告的报告》

而欲毁世界第一等之巨工,溯其谋乃利其砖。呜呼,刘伯温胡不推算,令朱元璋多制亿版而甲比,埋之于今国民政府所欲建造之地,而使我四万万人拱戴之首都,失其低回咏叹,徜徉登临,忘忧寄慨之乐国也。

《对南京拆城的感想》

君子有所守,人各有志。我该做什么,不该做什么,我自有选择。为了该做的事,生命也可以付出。而且人总应该明辨是非,推崇真理,生命固属可贵,但古今中外,不少人为了卫护真理而流血牺牲,我敬重这种品德。

《徐悲鸿艺术历程与情感世界》

时代之音

不虑墨尽意不足,勒住残毫添空阔;
千载已死杜少陵,请任长笺一端白。

题《人体习作》

后天困厄坚吾愿,贪病技荒力不从;
仗汝毛锥颖锐利,千年来视此哀鸿。

题《男人体》

平生好写狮,爱其性和易,
亦曾观憨笑,亦曾亲芳泽,
亦曾闻怨啼,亦曾观舞跃,
所以河东吼,实千古艳谑,
冒以猛兽名,奇冤真不白,
戊辰中秋写于宁,照得等闲之居。

《题〈雄狮〉》

驴命生成总习奔,欣然驮着瘦书生:
而今列籍劳工队,石子两筐没重轻。

《题〈南京一多〉》

昔日比邻居,昂然身上指。
今日见故人,底头作君子。
欲觅黄石公,还书誓相从。
　辛未岁始漫题旧画。

《题〈山竹〉》

满眼平芜绿,穿径新禾香,
耕牛赖而顺,举室游相将。
辛未盛夏,薄游南昌,行于江上见此画景,顿觉升平气象,顾神州正切陆沉之祸,所谓平芜新禾仅高岸刮耳,非真福也。欲作大幅,奈旅中无法挥写。忽忽三月，秋亦垂尽，而东北又起倭寇之警，中原骚然，危亡益亟，意兴都无，复虑幻象目失，欲振笔追记之，呜呼，泰平岂容希冀，倘索诸吾指端者，聊可力致耳，终恨画饼之不能充饥也。不然者吾自入画为牧童，意良足矣，噫嘻，悲鸿写记于之于宁之应母庸仪斋。

《题〈群牛〉》

　　黄帝本来封于冀，夭矫万古薄苍冥；
　　千回霹雳不能起，悄然仍立山之阴。

《题〈古柏〉》

　　天地何时毁，苍然历古今，
　　平生飞动意，对此一沉吟。

《题〈沉吟〉》

　　昂首欲何为，世情堪长叹，
　　相识岂无人，担径操薪者。

《题〈立马〉》

　　健翮可恃横九洲，天空海阔肆遨游。
　　南溟何远博将去，毋事依依侧目愁。

《题〈鹰石〉》

　　颠预最上策，浑沌贵天成，
　　生小嬉憨惯，安危不动心。

《题〈懒猫〉》

　　岂无强筋骨，临风思战场，
　　太平忽自致，且乐华山阴。

《题〈立马〉》

时代之音

少小也曾锥刺股，不图白手走江湖；
乞灵无着张皇甚，沐浴熏香画墨猪。

《题〈墨猪〉》

春已垂度，春无聊赖；
欲问东风，人间何世。

《题〈春歌〉》

凛凛百兽尊，目中无余子，
雹知有长蛇，瑟瑟暗中伺，
高行何所畏，浩然气可恃。

《题〈狮与蛇〉》

山川其舍诸，人群何残苦；
往事尽成空，心灵契冥寞。
回首江南山，历历记芳躅，
怅望天人姿，伤哉终茕独。
何当世外游，为云度寥廓。
乙亥危亡之际感绪万端，痛心疾首书此并志。

《题〈牛〉》

成败兴哀亲眼见，悲欢离合与魂通；
人生幸有黄粱梦，省却登场万事空。

《感事》

乱石依流水，幽兰香作威；
遥看群动息，伫立待奔雷。

《题〈自写〉》

本是驰驱跋涉身，几回颠踬几沉沦；

为寻尝胆卧薪地，不载昂藏亲善人。

《题〈奔马〉》

急风狂雨避不禁，放舟弃棹匿亭阴；
剥莲认识中心苦，独自沉沉味苦心。

《初秋即事》

剩有数行泪，临风为汝挥，
嬉憨曾无节，贫病益相依，
逐叶频升木，哺虫刮地皮。
故园灰烬里，国难剧堪悲。

在宁曾蓄狮子猫，性温良勇健，转徙万里，未能携之偕行，殆不复存世矣！图纪其状，并为诗哭之。

《题〈怅望〉》

廿六年一月廿八日，距壮烈之民族斗争又五年矣，抚今追昔曷胜感叹。

《悲鸿，未被报告的报告》

忍看巴人惯担挑，汲登百丈路迢迢；
盘中粒粒皆辛苦，辛苦还添血汗熬。

《题〈巴人汲水〉》

雷霆走精锐，行止关兴衰。

《徐悲鸿艺术历程与情感世界》

得见神仙一面难，况与侣伴尽情看；
人生总是蓴菲味，换到金丹凡骨安。

《八十七神仙卷》

伏枥生憎恨，穷边破寂寥，

风尘动广漠，霜草识秋高，
青海有狂浪，天山非不毛，
终当引俦侣，看落日萧萧。

《题〈立马〉》

伏枥宁终古，穷边破寂寥。
风尘动广漠，霜草识秋高。
定溯河源住，冯夷会见招。
微能奔走耳，未死未辞劳。

《题〈霜草识秋高〉》

当时游览登临处，入梦萦回年复年；
几折哀歌成底事，看他沧海与桑田。

《题〈阳光大金塔〉》

(一)
恭奠香花沥酒陈，丕显万古国殇辰。
显河耿耿凄清后，魂兮归来荡寇氛。

(二)
想到双星聚会时，兆民数载泣流离。
同仇把握之胡岁，预肃精灵陟降期。

《廿八年七七招魂两章》

苦哉远征人，毕力干时难，
高山盘脚底，阴云及树端，
野胡来东上，长驱入西关，
惜看白日景，何时解冰川？
廿八年大署写旧稿六朝人诗意。

《题〈六朝人诗意〉》

名家名言

四皓九老七贤会，此幅应为八骏图。
多写几驹来凑数，其中愚骀未全无。

《题〈十骏图〉》

虎穴往往无虎子，坐年春尽花落时；
平生几次梦中梦，魂定神清方自知。

《感怀一首》

吾识经子渊，亦古之遗直；
何必文与柯，可望不可接。

《题〈双骏图〉》

前日狂奔八百里，艰危相倚主人知；
沙场故国他年志，筋骨此番苦予支。

《题〈病马〉》

何处春风？酒旗，宛同蛱蝶梦中飞，
剧怜帝阙严恩宠，不许分香到紫微。

《题〈紫兰〉》

须颁荆棘为天地，狐狗汹汹快野烧。
叹息排云仙掌露，冥然亦向劫中消。

《诗挽许地山》

长空风云怒，愁怀梦幽燕。
平生何所论，忍辱岂可宽。

《题〈双马〉》

信是先知先觉难，佛光早指翠微间；
灵鹫一片荒凉土，岂此苍苍鸡足山。

《题〈鸡足山〉》

时代之音

岂效骄人愚复顽，腐朽草木等闲看；
水仙兰桂梅芳洁，窃比与他死亦甘。

《题〈赠卢开祥〉》

已是随身破布袍，那堪唧唧啃连宵，
共嗟鼠辈骄横甚，难怪悲鸿写怒猫。

《题〈怒猫〉》

一啭黄鹂息丛音，天开明月伴孤星；
稽颡帝力回春意，会见平芜入眼青。

《感事》

直须此世非长夜，漠漠洪荒有尽头。
卅五年初春为野马社作

《题〈奔马〉》

问汝何事苦相侵，打到羽毛血满身。
算是鸡虫争得失，眼看收拾待他人。

《题〈斗鸡〉》

几个南腔北调人，各呈薄技度余生；
无端落入画家眼，便有千秋不朽情。

《题〈天桥人物〉》

吾虽出卖劳力，但也求其值得，
　一生伏地耕耘，寻些青草吃吃。
世上尽有投机，奈性愚笨不识，
　甚多负荷一犁，听听旁人鼻息。

《题〈孺子牛〉》

名家名言

呼吸入长空，夭矫神龙舞；
凌轹日月光，助长风云怒；
未应怀饥肠，威逼弱者惧。

《题〈鹰击长空〉》

百载沉疴终自起，首之瞻处即光明。

《徐悲鸿文集》

豪情不让千盅酒，一骑能冲万人关。
仿佛有人为击筑，磐溪易水古今寒。

《徐悲鸿文集》

山河百战归民主，铲尽崎岖大道平。

《题〈骏马〉》

每个人的一生都应该给后代留下一些高尚有益的东西才对。

《徐悲鸿》

此一切皆先民劳动天才之创造，此一切皆以美术眼光判断选刊。

《徐悲鸿文集》

北平是一座闻名于世界的文化古城，它在世界建筑艺术的宝库中也属罕见的。为了保护我国优秀的古代文化免遭破坏，也为了保护北平人民的生命和财产，免受损伤，我希望傅作义将军顾全大局，顺从民意，以使北平免于炮火的摧毁……

《徐悲鸿》

艺术须与革命并进，否则苏联版画决无如此成就。

《徐悲鸿文集》

像希阿岛这样的屠杀，在中国的历史上，不知发生过多少次，又有多少不屈的英烈，面对屠刀壮烈牺牲！这样悲壮的历史场面，我们的画家有责任去创作，以作品感人的力量，去提高观众的爱国主义觉悟，使观众在看画的时候受到教育。

《徐悲鸿文集》

·文艺理论·

若此时再不振奋，起而师法造化，寻求真理，则中国虽不亡，而艺术必亡。艺术若亡，则文化顿将暗无光彩。

《徐悲鸿讲艺术》

古法之佳者守之，垂绝者继之，不佳者改之，未足者增之，西方画之可采入者融之。

《中国画改良之方法》

我所谓中国艺术之复兴，乃完全回到自然，师法造化。

《徐悲鸿讲艺术》

艺术之出发点，首在精密观察一切物象，求得其正，此其首要也。

《徐悲鸿讲艺术》

借助他山，必须自有根基，否则必成两片破瓦，合之适资人笑柄而已。

《徐悲鸿讲艺术》

素描为一切造型艺术之基础，但草草了事，仍无功效，必须有十分严格之训练，积稿千百纸方能达到心手相应之用。在二十年前，中国罕能有象物极精之素描家，中国绘画之进步，用二十年以来之事。故建新中国画，既非改良，亦非中西合璧，仅直接

名家名言

师法造化而已。

《新中国画建立之步骤》

素描在美术教育上的位置，如同建造房屋打基础一样。房屋的基础打不好，房屋就砌不成，即使勉强砌成了也不牢靠，支撑不久便倒塌。因此，学美术一定人从素描入手，否则是学不成功的。

《徐悲鸿讲艺术》

所谓师法造化者，非一空言，即能兑现，而诓注重素描便会像郎世宁或日本画者，乃是一套模仿古人之成见。读万卷书，行万里路，或为一艺术家之需要。尊重先民之精神固善，但不需乞于先民之骸骨也。

《新中国画建立之步骤》

绘画的老师应当不是范本而是实物。画家应该画自己最爱好又最熟悉的东西，不能拿别人的眼睛来替代自己的眼睛。

《中国艺术的贡献及其趋向》

所以艺术应当走写实主义的路，写自己所不知道的东西既是骗人又是骗自己。前人的佳作和传统的遗产，固然应该加以尊敬，加以研究和吸收，但不能一味因袭模仿。

《中国艺术的贡献及其趋向》

美术应以写实主义为主，虽然不一定为最后目的，但必须用写实主义为出发点。

《中国艺术的没落与复兴》

人须有受苦习惯，非寻常处境为然，为学亦然，未历苦境之人恒乏宏愿。最大之作家，多愿力最强之人，故能立大德，创大奇，为人类申诉。

《悲鸿自述》

时代之音

人之贵,贵独立耳,不解也。中国之天才为懒,故尚无为之治。学则贵生而知之者,而喜守一劳永逸之型。

《悲鸿自述》

吾国古哲所云尊德性,崇文学,致广大,尽精微,极高明,道中庸,其百世艺人之准则乎?

《中国艺术的没落与复兴》

艺术之仇敌不是摧毁反对,而是冷淡与漠不关心。因反对至极达到摧毁,不过使一物时没有。若一环境内对于某事物,根本未予理会,则此事此物,便无出现之希望。

《徐悲鸿讲艺术》

新中国画,至少物必具神情,山水须辨地域,而宗派门户则在其次也。

《徐悲鸿讲艺术》

科学无国界,而艺术尤为天下之公共语言。

《徐悲鸿讲艺术》

研究绘画者之第一步工夫即为素描,素描是吾人基本之学问,并为绘画表现惟一之法门。

《徐悲鸿讲艺术》

传神之道,首至精确,故观察苟不入微,罔克体人情意,是以知空泛之论、浮滑之调为毫无价值也。

《徐悲鸿讲艺术》

欲振中国之艺术,必须重倡吾国美术之古典主义,如尊宋人尚繁密平等,画材不专上山水。欲救目前之弊,必采欧洲之写实主义,如荷兰人体物之精，法国库尔贝、米勒、勒班习、德国莱柏尔等构境之雅。美术品贵精贵工，贵满贵足，写实之功成于是。吾国之理想派，乃能大放光明于世界，因吾国五千年来之神话、之历史、之诗歌，蕴藏无尽也。

《美的解剖》

吾国艺事困于芥子园山水之久矣。欲中国文艺复兴，必将以吾人生活为题材，是必侧重人之摹写，则利奥多·达芬奇之方法为最有功效……吾人生当科学昌明之世，应借以促进治艺者之观察精微，而发掘造化隐秘。

《艺用人体解剖学序》

中国画学之颓败，至今日已极矣！……民族之不振可慨也夫！夫何故而使画学如此其颓坏耶？曰惟守旧。曰惟失其学术独立之地位。画固艺也，而及于学。今吾东方画，无论其在二十世纪内，应有若何成绩，要之以视千年前先民不逮者，实为深耻大辱。

《中国画改良之方法》

主旨与例：凡美之所为感动人心者，决不能离乎人之意想。意深者动深人，意浅者动浅人，以此为注脚，庶下之论断，为有根据。

《中国画改良之方法》

西方画乃西方之文明物，中国画乃东方之文明物。所可较者，惟艺与术。然艺术复须借他种物质凭寄。西方之物质可尽术尽艺，中国之物质不能尽术尽艺，以此之故略逊。

《中国画改良之方法》

画之目的：曰"惟妙惟肖"。妙属于美，肖属于艺。故作物必须凭实写，乃能惟肖。待心手相应之时，或无须凭实写，而下笔未尝违背真实景象，易以浑和生动逸雅之神致，而构成造化，偶然一现之新景象，乃至惟妙。……则以规模真景物，形有不尽，色有不尽，态有不尽，均深究之。

《中国画改良之方法》

中国画中凡用矿色处，其明暗常需以第二次分之，故觉平板无味。今后作画，暗处宜较明处为多。似可先写暗处，后以矿色敷明处较尽形也。

《中国画改良之方法》

人类于思想，虽无所不至，然亦各有其性之所近。……既习写则必有独到。故吾性之何近者，辄近于何作之古人，多又见慕其作物以资考助。固为进化不易之步骤，若妄自暴弃，甘屈陈人之下，名曰某派，则可耻孰甚！

一守古人之旧，且拘门户派别焉不可也！

《中国画改良之方法》

天之美至诡奇者也，当夏秋之际，奇峰陡起乎云中，此刹那间，奇美之景象，中国画不能尽其状，此为最逊欧画处。云贵缥缈，而中国画反加以勾勒。去古不远，比真无谓，应改作烘染。

《中国画改良之方法》

尝谓画不必拘派，人物尤不拘派。

夫写人不准以法度，指少一节，臂腿如直角，身不能转使，头不能仰面侧视，手不能向画面而伸。无论童子，一笑就老，无论少艾，攒眉即丑，半面可见眼角尖，跳舞强藏美人足。此尚不改正，不求进，尚成何学。即改正又求进，复何必云皈依何家何派耶。

《中国画改良之方法》

科学之天才在精确，艺术之天才亦然。艺术中之韵趣，一若科学中之推论，宣真理之微妙，但不精确，则情感浮泛，彼此无从沟通。

《徐悲鸿讲艺术》

艺可不借美而立，美必不可离艺而存。艺仅足供人参考，而美方足令人耽玩也。

《徐悲鸿讲艺术》

美术应该忠于现实，因离开现实则言之无物。

《徐悲鸿讲艺术》

艺术来源有：一曰造化；二曰生活。欧洲造型艺术以"人"为主体，故必取材于生活；吾国艺术，以万家水平等观，且自王维建立文人画后，独尊山水，故必师法造化。是以师法造化、或师法自然，已为东方治艺者之金科玉律，无人敢否认者也。但法造化，空言无补，必力行乃见效。

《造化为师》

吾所师者，造物而已。所诣或于华、郎两家，尚有未逮，要不以人之作物为师，虽亚述、希腊古名作，及吾国六朝墓刻无名英雄，吾亦不之宗也。吾所法者，造物而已。碧云之松吾师也，栖霞之驴吾师也；田野牛马、篱外鸡犬、南京之驴、江北老妈子，亦皆吾所习师也。

《述学》

巧之所以不佳者，因巧之所得，每将就现成，即自安其境，不复精求。故巧者之诣，止于舒适平易，无惊心动魄之观。孔子曰："巧言令色，鲜矣仁。"

《艺术漫画》

所谓笔墨者，作法也。气之云者，即黑白之相得、轻重疏密之适合也，与韵为两事，而为体也不相离。韵者，节奏顿挫之妙，即物象之变之谓也。凡得直之曲，得曲之直，得繁之简，得简之繁，得方之圆，得圆之方，得巨之细。得细之巨，其奇致异趣，皆号之曰韵。

《艺术漫画》

艺术乃智之体现。智慧之作用尤在于能观察，能裁剪（即切取）。观察精，自能得色之和。能取景，则不特尽象之用，且无处无画，应用莫穷。

《智慧》

故不朽之名画、固不悉赖乎明媚之山水、奇妙之人物、荒诞之思想、惊动之题目。苟善撷取，则断垣一角掇以芳草，村妪顽躯张其颦笑；又或偃树一枝光分远近，工具半壁象征勤劳。苟为巧妙之节取，卓越之作法，皆能呈惊心动魄之观，成陶情赏心之药。

《智慧》

素描者，艺之操也，此安格尔不朽之名言也。夫人之有为，必有所守。

《安格尔的素描》

美术的目的是把宇宙间的美捉住，使之永久保留，因为宇宙间的美时时活动变易不停留，我们美术家要敏锐地感觉深刻地表现出来，使至美术永远留在世上，必须在超出一般方可安慰。

《中大谈艺录》

研究绘画者之第一功夫即为素描，素描是吾人基本之学问，亦为绘画表现唯一之法门。素描拙劣，则于一个物象，不能认识清楚，以言颜色更不知所措，故素描功夫欠缺者，其所描颜色，纵如何美丽，实是放滥，几与无颜色等。

《研究艺术务须诚笃》

吾所谓艺者，乃尽人力使造物无遁形；吾所谓美者，乃以最敏之感觉支配、增减，创造一自然境界，凭艺传出之。世可不借美而立（如写风俗、写像之逼真者），美必不可离艺而存。艺仅足供人参考，而美方足令人耽玩也。

《美与艺》

学画最好以造化为师，细致观察其状貌、动作、神态，务扼其要，不要琐细。最简单的学法是对镜自写，务极神似，以及父母、兄弟、姊妹、朋友。因写像最难，必须在幼年发挥本能，其余一切可迎刃而解。

《初学画之方法》

吾今乃欲与诸先生言艺事之究竟，诸群必问曰：美术品之良恶，必如何之判之乎？曰：美术品和建筑必须有谨严之体，如画如雕；在中国如书法，必须有性格，其所以显此性格者，悉赖准确之笔力，于是艺人理想中之景象人物，乃克现实。

《美术之起源及真谛》

须立志一定要成为世界第一流美术家，毋沾沾自喜渺小成功。文史、生物、算数、理化等普通课程为必要之常识，不可忽也。

艺术家能精于素描，则已过第一种难关，往往自身即成卓越之作家。

《初学画之方法》

学画之步骤有七。一曰定物位，二曰正动作，三曰察明暗，四曰求神情，五曰研结构，六曰得其和，七则求作法。至五、六、七步，个人精神渐以展舒，知所取舍而自成体。自精研造物之结果而个人之性格得以完具，因得借其功能，创造艺术。……故艺术之事乃工力所诣，无所谓天才也。

《初学画之步骤》

所谓传神者，言喜怒哀惧爱厌勇怯等等情之宣达也。作者苟其艺与意同尽，亦可谓克臻上乘。传神之道，首主精确。……造型美术之道，贵明不尚晦，故现于作品之表达不足，即不成为美善之品，纵百般注释，亦属枉然。

《画范序》

我只求画中人身体上那几个部门活动，颇不注意他的社会阶级。有许多革命画家，虽刊画了种种被压迫的人们，改变了画风，但往往在艺术本身，无何等贡献。

《新艺术运动之回顾与前瞻》

吾所期于人之活动者，乃欲见第一第二肌肉活动及筋与骨之活动。管他安置在英雄身上或豪杰身上，舟子农夫固好，便职业强盗亦好。因为靠着那几根骨头，那几根筋之活动，吾人方有饭可吃，有酒可饮，有生可乐，而有国可立。

《新艺术运动之回顾与前瞻》

艺术家应更求广博之知识，以美备其本业，高尚其志趣与澄清其品格，惟不甚需咬文嚼字之低能而已。

《新艺术运动之回顾与前瞻》

物有本末，事有终始，应知所先后。不得其正，焉知其变？不懂形象，安得神韵？故不能把握现实，而徒空言气韵之人，我将用大文豪鲁迅所形容刻划的人物，名之曰"艺术中之阿Q！"

《当前中国之艺术问题》

中国的画家无论是画中国画，还是西洋画，最好能掌握中国画的意境和概括能力，同时掌握西洋画的色彩和造型能力，而这两个画种的基本功，可以文艺上有一"明"字（按即"美术之道，贵明不尚晦"的"明"），则真伪应不容混淆。

《惑之不解》

细心体会造物，精密观察之，不必先有一什么主义，横亘胸中，使为目障。……弟对美术之主张，为尊德性、崇文学、致广大、尽精微、极高明、道中庸。

《惑之不解一》

宁方勿圆，宁拙勿巧，宁脏勿洁。

《徐悲鸿讲艺术》

在一个画家身上并存，也可以在自己的作品中起作用，取长补短，时间长了，就可以形成自己的风格，走自己的路。

《徐悲鸿讲艺术》

在中国而学西洋画，取资极隘，然不必因是而灰心。学者无论从何种对象入手，必须注意与形体异同，黑白分明，庶不致误入歧途。

《徐悲鸿文集》

吾辈以后可先用石膏模型练习描写，然后再至野外写生，亦是由简趋繁之道。但画本亦宜多备，常常浏览，取法既广，资材丰富，临画时，庶免穷窘失措之患。

《徐悲鸿文集》

近时中国学者，喜用大笔，信手乱涂，自命为印象派，因求简约而失之含糊，无省察之功能，病在不能经心着意。当代大家，喜用大笔涂抹者，大抵观测极准而后下笔。……可见学问之道，无论何科，必非随意取巧者所能侥幸成大功也。

《徐悲鸿文集》

艺术的生命在于创新。要创新，就要敢于冲破旧的东西，勇于到人民中间去观察、生活。我的体会是要求得艺术的成功，三分才能七分毅力。

《徐悲鸿文集》

时代在变化，艺术也应随着时代发展。可是现在很多人脱离现实，不从真实的人出发，对人物观察不够，连体形结构也画不准。

《徐悲鸿文集》

不论做学问还是办事业，都要在"韧"字上下功夫，即使再聪明而没有毅力，照样什么事业都难有成就的。

《徐悲鸿文集》

你们应当看你们自己的艺术成就比你们的养生更重要，生活要是困苦贫穷，而你们应该坚定你们的愿力，这愿力是你们艺术创造的根基，若然你们生活安舒一切满足，你们的愿力就完全消逝，就会坠落下去，做个庸碌平凡的人，你们当有自负不凡的心，不要专向下看或向旁边四周的人比，应当仰瞻已过去的许多大画家看，他们如何困苦奋斗过来，他们如何开辟了文艺复兴的路，他们如何留在世上的异彩和伟大功业。

《中大谈艺录》《徐悲鸿文集》

学画是一种坚苦的工作，在一个相当时间内，要专心一志，做好造型艺术的基本功（约五年），再往高深前进，达到创作的完整。……不要做挂名的空头艺术家，因为空头艺术家不会有成就，对国家、社会无所贡献。在学校教课，也会误人子弟。

《徐悲鸿文集》

名家名言

至在艺事,其盲于真于德者久矣远矣……不弃陈腐而衷诣法,不嫔奇险而恒诣真。

《中央美术会宣言》

艺术虽有天才可凭,但不下苦功,则不能有大成就。艺术以真为贵,真即是美。求真难,不真易;画人难,画鬼易。

《徐悲鸿文集》

苏联一位画家(可能是格拉西莫夫)画一幅列宁像,背景需要用一片红色来衬托,如果单用一片红色,在艺术处理上单调而又没有变化,画家深思熟虑后,果断地将背景画成一片晚霞。这样就可以在红色上大作文章,可以把各种各样的红色放到画面中去达到"要多红有多红"的要求。既自然主动,又避免单调乏味。

《徐悲鸿文集》

绘画是小技,但可以显至美、造大奇,非锲而不舍,勤奋苦学,不易成功。还需要有一种准备,即使你学有成绩,在当今的社会里,未免有饿肚子的忧虑。所以还要有殉道者式的精神,必要时,要把全部生命扑上去。

《徐悲鸿文集》

精确的反面是粗糙和歪曲;坚实的反面是敝弱;简约的反面是繁琐,三者都是绘画的大敌。没有锻炼和功力,怎能敌人从自己的画面上扫除净尽。

《徐悲鸿文集》

中国艺术界应打破印度作风,因为印度作品均无色相,不是现实,更谈不到超人。中国至唐,以自然为对象,是对的。如欲恢复中国国有的精神,非去掉印度作风不可。

《徐悲鸿文集》

一地的美术欲求发展，须有美术馆的设立，内中搜集历来的美术作品，使大众皆有欣赏研究的机会。……艺术为高级文化，产生虽早，完成则缓，爱好艺术的人士和艺术家组织俱乐部，则可为他们有集合的机会。美术应该忠于现实，因离开现实则言之无物。

《徐悲鸿文集》

气韵之"气"，产生于画面的轻重变化（意为重视气势的形成），而"韵"为象之变；如晨光曦微、雨雾迷蒙中之山水更为动人。"生动"可分两方面，一指物象姿态之生动，一指作法之生动。

画须奇面正，正而奇，能随机应变。画中有不作意处，出人意外，亦生韵。凡真杰作必"神"能摄人。故欣赏之第一步即以此为准，第二步始分析其内容及作法。

画之极诣为"真气远出"、"妙造自然"。

《徐悲鸿文集》

要把手和眼睛训练得很准确，要注意所画的东西，多看少画，看准了再下笔。手和眼要协调一致，手要把眼看到的东西反映到画面上。有很多细微的东西，照相机是代替不了的。画家在作画时，有自己的创造，有取舍，有强调。虚实处理，有画家自己的意图，有画家独到的创造。

《徐悲鸿文集》

有些画虽然题材简单，但要注意表现大自然的变化和壮美。画好水彩画很难，必须掌握好水分，要色调透明，笔墨淋漓，景致虽经概括，但不能失去真实感。要想练就高度技巧，就必须深入生活，勤学苦练。除此之外，别无捷径可寻。

《徐悲鸿文集》

画风景应该注意人物在风景中的作用，人物可以加强画面的生气，有活力，甚至可以从画面上了解一个时期的民情风俗。古今中外

名家名言

人物画的作品多为不朽之作，所以应是美术创作中的一个重要方面。

《徐悲鸿文集》

在中国，要学西洋画就必须先把中国画学好。作为一个中国的画家，无论是画中国画，还是画西洋画，最好能掌握中国画的意境概括能力，同时掌握西洋画的色彩和造型能力……至于风格的形成，不是别人那里拿来的现成货，而是在自己的长期创作实践中积攒起来的经验，自然水到成渠。

《徐悲鸿文集》

现代西方诸流派是没有生命力的，只不过是热闹一阵就烟消云散，老百姓看不懂，没有什么构思，也没有技巧可学。但是这些在画商们的操纵下，却很风行，也很时髦。在国外不要上画商们的当，千万不能屈从于他们的金钱诱惑，去搞风行流派，投机艺术。

《徐悲鸿文集》

画人的皮肤要注意人种颜色的特点，注意白种人和黄种人的肤色差异。画白种人要适当地少用土黄，一些微妙的地方应有绿色紫色的成份……画妇女的手指尖用土红，也能达到很好的效果。在画白种人的时候，不要过多用白粉，画"粉"了就没有色彩效果。要注意颜色的应用，要使色彩在画面上产生最好效果。

《徐悲鸿文集》

决定搞一幅创作，最主要的一点是要有一个能使您感动的内容和主题，从内心产生一种非画不可的愿望。只要是一动手，就是遇到天大的困难也决不能动摇，要以最大的毅力和决心坚决完成。并要养成克服困难的习惯，有很多画家往往创作开始时兴高采烈，遇到一点困难就画不下去，不能深入，有头无尾，最后失败。

《徐悲鸿文集》

时代之音

　　艺术是生活的表现,研究艺术不能离开生活不管,从古到今我国的画家都忽略了这一点,只专注山水、人物、鸟兽、花卉等,抽象理想,或摹仿古人的作品,只是专讲唯美主义,而忽略了真和善,广东画家也犯了这个通病。

《徐悲鸿谈艺术》,《徐悲鸿艺术历程与情感世纪》

　　读书要背书,画画要默画,这是一样的道理。画插图的基本功,就是要有背画的本领,平时要养成背画的习惯。……有了这些基本功在画插图及搞其他创作时就会得心应手,能画出你所要的人,你所想画的事和你所需要画的一切景物、一切气氛。

《徐悲鸿文集》

　　一幅作品最少要反映一些时代精神。艺术要表现生活,别中了那些自描两条香蕉一个苹果就自命天才的画家的毒。……最恨临摹八股式的山水,即使有些相仿,也只不过是棺木里抬出的僵尸,一具没有精神的躯壳。

《悲鸿,未被报告的报告》

　　绘画的语言不同于文学的语言。文学写作,洋洋洒洒,落笔千言,不足为奇,它不受时间空间的限制。绘画的创作,只能在一个画面上表现人的思想感情和复杂的事物。这是绘画的特定艺术表现形式。所以要画好一幅创作是困难的,就是很有修养的画家也不是轻易所能做到的。他必须有高超的造型能力,刻画入微的技巧修养,要有敏锐的观察能力,擅于捕捉人物瞬间最有代表性的特点和真情实感。

《徐悲鸿文集》

　　画人要有内在的气质和外在造型的准确比例,在画面上才能达到完美和统一的要求。不论在什么时代,他们的代表人物总是要从正面来表现他们的身份,看出他们的气质。……画田横就就要画出临死不屈、高风亮节的气质,画泰戈尔就要有诗人气质,画《愚公移山》,

名家名言

就要画出劳动人民钢筋铁骨健壮有力的气魄，具备"挖山不止"人定胜天的气质。

《徐悲鸿文集》

人物的动态要作适当夸张，有时在绘画上的体型夸张在科学上不合理，在绘画上是应该的，否则就会感到动态不够，平板无味，只要夸张得当，便能使画面生动，得到好的效果。夸张和变形不能离开自然条件的许可范围，如果夸张过火，很可能就会变成歪曲的丑化。

《徐悲鸿文集》

一国美术之发达，非仅"开设学校"与派遣留学生所能奏功，不得名师，学不足以大成；不见高贵之名画，而仅肄于学校，所得甚浅，此学校不足为力也……求美术之发达，只有建筑博物院之一法。

《美术研究之谈话》

新中国画至少人物必具精神，山水须辨地域……

建立新中国画既非改良，亦非中西合璧，仅直接师法造化而已。但所谓师法造化者，非一空言即能兑现，而诬注重素描便会郎世宁或日本画者，乃是一套仿古之成见。试看新兴作家，如鄙人及蒋兆和、叶浅予、宗其香诸人之作，便可征诸此成见之谬误，并感觉新中国画可开辟之途径甚多，有待于豪杰之士发扬光大。

《悲鸿，未被报告的报告》

自然主义有两种含义：中国画的山水、花鸟，法国巴比仲的风景，这种自然主义极好，中外都是有的。自然主义的另一含义，应称作机械的拷贝或摹拟，不要把两者混为一谈。

《徐悲鸿文集》

做一个教员要有广阔的胸怀，如果在他教的学生中，没有教出能超出自己水平的学生，说明这个教员是无能的。

每个画家都有自己的特点，教学也应该因材施教，要看到学生不同的特点，要看他们不同的苗头，让他们尽量发挥自己的特长，因势利导，使学生能在自己的基础上，走出自己的道路来。

《徐悲鸿文集》

一幅画要有一定的形式来表现，要是单有形式没有内容是空洞的。言之无物，色彩游戏，那就是毫无价值。如果单有内容，没有形式，只能写成文字，决不能成为一幅画。所以一幅好画必须是有一个好的内容，以尽可能美的艺术形式来统一。缺乏艺术性的作品，无论内容多好，也是不能感动人的。

《徐悲鸿文集》

在学习美术的初步阶段，既要严肃地打好基础，又不要受课堂训练的束缚，才能发挥自己的特长。

《徐悲鸿文集》

参考文献：

[1] 徐悲鸿：《徐悲鸿讲艺术》，九州出版社2005年版。
[2] 王震编：《徐悲鸿文集》，上海画报出版社2005年版。
[3] 艾中信：《徐悲鸿研究》，上海人民美术出版社1981年版。
[4] 廖静文：《徐悲鸿》，中国青年出版社1982年版。
[5] 杨先让：《徐悲鸿艺术历程与情感世界》，齐鲁书社2010年版。
[6] 傅宁军：《吞吐大荒》，人民文学出版社2006年版。
[7] 华天雪：《徐悲鸿的中国画改良》，上海书画出版社2007年版。
[8] 《纪实》2006年第6期。

（刘名编选）

梅兰芳

梅兰芳

·文化修养·

演技是没有止境的。内行有句俗语,叫"师父领进门,修行在自身。"这就说明了要获得艺术上的成就,必须有奋斗的意志,和苦学的精神。如果倚靠着自己一点小聪明,不肯下工夫;或者稍露头角,就骄傲自满,不多方面接受批评,那末他在艺术上的成果是可以预料得到的。

《舞台生活四十年》

我在戏里既然是一个主角,如果发生了错误,首先我是要向观众来负责的。过去有些角儿,喜欢在台上开玩笑,暴露别人的弱点,显出自己的机灵,实际上等于开自己的玩笑。这种举动会造成互相报复的因素,破坏观众的情绪,影响业务的发展,可以说是损人而不利己。我一生在台上从来没有跟人开过玩笑。别人也没有暗算过我。有时偶然发生一点意外的事件,我一定要把责任先弄清楚了。错在我,就应该很坦白地责备我自己。错在别人,就用一种严肃的态度来劝告他,决不用讽刺的话来调侃他。这样,受到批评的人,自然会心平气和地接受我的善意的纠正了。

《舞台生活四十年》

凡是一个艺术工作者,都有提高自己的愿望,这就要去接触那最好的艺术品。

《舞台生活四十年》

在旧社会辛辛苦苦演了几十年的戏,虽然在艺术上有一些成就,但服务的对象究竟是什么,是很模糊的。解放后,学习了毛主席《在延安文艺座谈会上的讲话》,才懂得文艺首先为工农兵服务的道理。由于明确了这个方向,觉得自己的艺术生命才找到真正的归宿。解放几年了,我深感在六十年的生命史上是最宝贵的一个阶段,无论在政治、艺术上都得到了前所未有的发展。五年多以来在戏曲艺术实践当中虽然作了一些努力,但应该作而没有作的还有很多,如戏曲改革方面贡献的还不够,《舞台生活四十年》应赶紧写出三、四两集。这次拍摄电影,希望能通过它对青年一代有一点贡献。此外,还要加强辩证唯物主义的学习。

《谈表演艺术的创造》

一个演员表演艺术的道路如果不正确,即使有较好的条件,在剧场中也能得到一部分观众的赞美,终归没有多大成就,所以说演员选择道路关系非常重大。选择道路的先决条件,就须要自己能鉴别好坏,才能认清正确的方向。不怕手艺低,可以努力练习;就怕眼界不高,就根本无法提高了。

不能鉴别好坏,或鉴别能力不强的人,往往还能受环境中坏的影响而不自觉,是非常危险,并且也是非常冤枉的。譬如一个演员天赋条件很好,演技功夫也很扎实,在这种基础上本来可以逐渐提高的。但如果和他同时还有个演员,比他声望较高,表演上不可否认的也有些成就,可是毛病相当大,他就很可能受到这个演员的影响,学了一身的毛病,弃自己所长,学别人所短,将来可能弄得无法救药。归根的原因在于自己不能辨别,为一时肤浅的效果所诱惑,以至于走上歧路。

《要善于辨别精、粗、美、恶》

一个演员对于剧本所规定的人物性格，除了从文学作品和过去名演员对于角色所创造、积累的结晶应当继承以外，主要就靠平时在生活中随时吸取新的材料来丰富角色的特点，并给传统表演艺术充实新的生命。假使不具备辨别精、粗、美、恶的能力，将会在日常生活中吸取了不合用的东西，甚而至于吸取不少坏东西。

《要善于辨别精、粗、美、恶》

有时候演员的动机确实很好，想从生活中吸取材料，只由于不辨精、粗、美、恶，对于前人的创造没有去很好的学习，或者学习了而不求甚解，视之无足轻重，因而对于生活中千千万万的现象，就不可能辨认出哪个好哪个坏，哪个用在舞台上，或不能用在舞台上。例如孙悟空这个角色，当优秀的演员演出时，观众觉得他是一个英雄，是一个神，一出场就仿佛朝霞万道似的，从扮相到舞蹈动作都表现这种气概，在这气概之中还要有猴子体格灵巧的特色，这是最合乎理想的孙悟空。但现在也有些扮孙悟空的并不具备这种形象，只是拼命学真猴子，把许许多多难看的动作直接的搬上舞台；甚而至于把动物园中猴子母亲哺乳小猴子、抚摸小猴子的动作，都加到孙大圣的形象上去，这种无选择的向自然界吸取，是一种非常不好的倾向。

《要善于辨别精、粗、美、恶》

作为演员，当然要求在舞台上有创造。但是创造是艺术修养的成果，如果眼界不广，没有消化若干传统的艺术成果，在自己身上就不可能具备很好的表现手段，也就等于凭空的"创造"，这不但是艺术进步过程中的阻碍，而且是很危险的。

《要善于辨别精、粗、美、恶》

每个戏都有它的故事，每个故事都离不开人物；每个人物，不论男女，都有身份、年龄、性格和生活环境的不同。我们演员首先要把戏里故事的历史背景了解清楚，然后再根据上面所说的四项，把自己所扮演的人物仔细分析，深入体会。提到体会，就必须联系到演员的

名家名言

思想认识和政治修养。我们演的角色，究竟是好人还是坏人，他做的事情是好事还是坏事，这些虽然已经由剧本规定好了，但是我们如何体验剧本，用什么表演方法把它恰当地刻画出来，这要看你的政治修养怎样了。你的思想水平越提高，刻画出来的人物越生动，对观众的教育作用越大。这个工作不简单，只有不断地加强学习，才能够做好。

《关于表演艺术的讲话》

我生平有一种观念，是觉得世界上无论何人，对我总是好的，善意的，宽恕的。我因此从小至今，对于何人何事，都是竭我的诚意来应付。不但我的师友很多，我都是推诚相处；就是有许多不了解我的事实，或是有不能原谅的人们，无法弥补或说明之时，我是永远原谅，而永远保持我的诚意。

《诚意来应付，虚心来研究》

我在二十五岁以前，与社会接触甚少，后来经历稍多，便觉得处处人情物态，都是我们的戏剧的教科书。

《诚意来应付，虚心来研究》

世界至大，艺术至深，像我所会的，真是沧海一粟。我不但不敢有丝毫满足之心，对于任何教训，我都是坦白的领受。

《诚意来应付，虚心来研究》

我永远是乐观的，永远是感觉兴趣的。尤其是唱戏，我是永远觉得是最有意思的。我常告诉我的朋友，我最觉得舒服的，就是卸妆到后台，浑身大汗的时候。

《诚意来应付，虚心来研究》

无论做什么事业，都应该拿出诚意来应付，虚心来研究，尤其是做事须有兴趣。

《诚意来应付，虚心来研究》

·爱国忧民·

旧社会里是动辄要分阶级的,骡车也不例外。有一种叫做"后档车"的,车身的尺寸和车后的档子都特别加大,只限于王府贵妇乘坐。其次还有"大鞍车"、"小鞍车"的区别。大鞍车的尺寸也比较宽舒,车厢外面底下的一段是用红呢围着,也有"品级"管住,不能随便乱坐的。

《舞台生活四十年》

在我早年接触到的这类角色中,使我最难忘的是穆桂英。我在不断演出中,对于刻画这个女英雄人物的爽朗、活泼、勇敢、大胆的性格,和她那爱国的高尚品质,自己早就受到了感动。

《〈穆柯寨〉到〈辕门斩子〉是喜剧——穆桂英与杨延昭的表演分析》

演员必须把剧中人思想的纯洁,性格的倔强和爱国御侮观念的明确,随着场子的变换,在脸上、身上和语言声音上很生动而又周密地表达出来,这才能够描写出杨家将队伍里的穆桂英,而不是《马上缘》的樊梨花,也不是《双锁山》的刘金定(这两个角色都是刀马旦,扮相也大体相似)。因为樊梨花和刘金定虽然也是有本领的女将,也都是争取婚姻自主的,但比起穆桂英的许多特点,如聪明、豪爽、天真尤其是爱国御侮的精神来,显然是相形见绌了。因此,我觉得穆桂英的确是一位卓尔不群的女英雄。

《〈穆柯寨〉到〈辕门斩子〉是喜剧——穆桂英与杨延昭的表演分析》

编演时装新戏,往往采取现实题材,意在警世砭俗,但是旧社会里形形色色,可以描写的东西很多,一出戏里是包括不尽的,在选题时,只能针对某一方面的现象来暴露、讽刺。

《舞台生活四十年》

名家名言

　　旧社会的大都市——租界里，华洋杂处，纸醉金迷，有人把它比作染缸、开锅。初出茅庐少年得意的演员，钱来得方便，上台有人叫好，下台到处欢迎，处在那样环境里是很危险的。

《舞台生活四十年》

　　我记得辛亥革命后，北京梨园行有进步思想的田际云先生等，创议成立公会性质的"正乐育化会"，以代替"精忠庙"的旧制。

《舞台生活四十年》

　　从美国回来后，不到两年，发生了"九一八"事变，东北沦陷于敌人之手，平津一带也天天在被吞并的危险中，我觉得住在北平不安全，就搬家到上海，在上海我排演了《抗金兵》、《生死恨》两出戏，把一些爱祖国、爱民族的意义编进戏里，想借此表达我对日本帝国主义的仇恨。

《梅兰芳自述》

　　沉默了八年之久，如今又要登台了。读者诸君也许想象得到，对于一个演戏的人，尤其像我这样年龄的，八年的空白在生命史上是一宗怎样大的损失，这损失是永远无法补偿的。在过去这一段漫长的岁月中，我心如止水，留上胡子，咬紧牙关，平静而沉闷地生活着，一想到这个问题，我就觉得这战争使我衰老了许多，然而当胜利消息传来的时候，我高兴的再也沉不住气，我忽然觉得我反而年轻了，我的心一直向上飘，浑身充满了活力，不知从哪儿飞来了一种自信，我相信永远不会老，正如我们长春不老的祖国一样。

《登台杂感》

　　因为要演戏，近来我充满着活动的情绪。吊嗓子，练身段，每天兴冲冲地忙着，这种心情，使我重温到在科班中初次登台时的旧梦，一方面是害怕，一方面是欣喜。那种兴奋竟是这样地吻合！八年了，长时间的荒废，老是那么憋着，因为怕人听见，连吊吊嗓子的机会都没有。胜利后,当我试向空气中送出第一句唱词的时候,那心情的愉快真是无可形容。

《登台杂感》

因为我这一次的登台,有一个更大的意义,这就是为了抗战的胜利。在抗战期间,我自己有一个决定:胜利以前我决不唱戏。胜利以后,我又有一个新的决定:必须把第一次登台的义务献给祖国,献给我们的政府。

《登台杂感》

我必须感谢一切关心我的全国人士。这几年来您们对我的鼓励太大了,您们提高了我的自尊心,加强了我对于民族的志诚。请原谅我的率直,我对于政治问题向来没有什么心得。至于爱国心,我想每一个人都是有的吧?我自然不能例外。假如我在戏剧艺术上还有多少成就,那么这成就应该属于国家的,平时我有权利靠这点技艺来维持生活,来发展我的事业;可是在战时,在跟我们祖国站在敌对地位的场合底下,我没有权利随便丧失民族的尊严,这是我的一个简单的信念,也可以说是一个国民最低限度应有的信念。

《登台杂感》

回想八年以来,我们所过的是如何阴暗的岁月。中国是具有悠久的历史和优秀传统的国家,在抗战期中,每一个国民都有为她忍受痛苦的义务。现在痛苦的日子已经过去了,我希望未来的将是永久的和平和幸福。

《我理想中的新中国》

至于我个人,我只是一个演剧者,毕生的心力都花费在舞台上。如果也允许我对新中国有什么理想,我愿意从我切身的事业想起。

我想象,在未来的新中国,无论新旧戏剧,都将是文化事业的一环,社会教育的一个有力的部门,而不止是单纯的娱乐。从事戏剧的工作者，都成为服役于民众的艺术家建设新中国的战士，国家保障他们的生活，社会尊重他们的地位；而他们本身，也不止于是供闲人消遣的工具。在平剧一方面，我希望有一个国家设立的学院，一面以完备的课程（包括一般的教育）训练人才，一面聘请专家实验研究，如何使它去芜存菁，发扬光大。因为社会的进步，平剧是否将归于淘汰，我现在想象不出来。可是这一艺术形式的存在，自有它历史的和社会的依据，直至今日，还是最为广大观众所接受，加以改革，推进，使它蜕化为一种有意义的教育工具，我写是必要的吧。

《我理想中的新中国》

·文化艺术·

北京的风俗，每到一个季节，都有一种应时点缀。这里面尤以跑马赛车为最盛。像元宵节的白云观、三月三的蟠桃宫、端阳节的南顶（永定门外），都是跑马的地方。

《舞台生活四十年》

北京各种行业，每年照例要唱一次"行戏"。大的如粮行、药行、绸缎行……小的如木匠行、剃头行、成衣行……都有"行戏"，大概从元宵节后就要忙起，一直要到四月二十八日才完。这一百天当中，是川流不息地分别举行的。"行戏"的性质，无非是劳动者忙了一年，借这个名义，大家凑些份子，娱乐一天。举行的地点，除了有些行业有固定的会馆外，大半都是假座精忠庙、浙慈会馆、南药王庙、正乙祠、小油馆……这些地方。

《舞台生活四十年》

有些人一定不能完全了解，我为什么偌大年纪，还要拼了老命这样唱法。为了生活吗？为了过戏瘾吗？这些推测当然都猜着了一部分。主要的原因，却是因为我还有观众。他们对我的期望，没有减退，还是不断地鼓励着我向新的更完美的途径上走。同时还要我把几十年来从老前辈那里学来的一点艺术上的精华，在这么广大的观众面前，完完全全地拿出来，供后一代年轻艺人们的参考。这一种期望，我哪能不接受呢？我看到前辈艺人的创造成果和许多宝贵演技的改进，到今天已经渐渐快要湮没完了，后一代的人才，又没有培养成熟。在这青黄不接的时代，我站在一个艺术工作者的岗位上，趁我的精力还能勉强支持的时候，我是应该尽我的力量来努力工作，一直到我不能工作的时候为止的。

《舞台生活四十年》

民国初年，娱乐场所的种类，还没有后来那末复杂而广泛。电影院内基本顾客都是外国人，中国人看电影的风气，还没有普遍展开。其他如大世界、新世界等大规模的游戏场，也全没有建立。所以看京班大戏，就成为各阶层观众唯一的娱乐。

《舞台生活四十年》

到了民国二、三年上，北京戏剧界里对昆曲一道，已经由全盛时期渐渐衰落到不可想像的地步。台上除了几出武戏之外，很少看到昆曲了。

《舞台生活四十年》

北京每年元旦的一天，戏院里照例是早晨九点开锣，下午三点散戏。开场先跳灵官、加官，跟着是《天官赐福》《卸甲封王》这一类的吉祥戏。我记得那天我在"天乐园"演的是《打金枝》，又名《七子八婿》。因为新年里各馆子贴的全是大团圆的喜剧，竭力避免死、杀、伤、刑的出现。拿我们唱青衣的来说吧，如《彩楼配》《大登殿》《御碑亭》带《金榜乐》《回荆州》《贵妃醉酒》……这些都是常演的戏。还有一路玩笑旦的戏，专靠科诨、逗乐见长，也是很受台下欢迎的。初五以前连《起解》《玉堂春》都不肯唱。当时的习惯，演员和观众，都要在新年讨取口彩。认为苏三的披枷带锁，是会引起观众不好的印象的。元旦这天的座儿，向例是不会太满的。听戏的大半在除夕守岁，一夜无眠，第二天还要忙着一切旧风俗上的仪节，哪有功夫出门听戏呢？演员们的家里也有一套祭祖敬神的老习惯。晚上没得好睡，白天上了台，真有点像站在云里雾里一样。再说有些只取口彩的老戏，我们内行称做"歇工戏"。平日也不常唱，根本唱不出精彩来的。可是每一个组织好的班社里面，那天一定有戏。而且搭上班社的每一个演员，还是非出台不可。为的是要让观众知道这家班社里今年约定的是一些什么角儿，带点广告性质的。

《舞台生活四十年》

从前编戏的为什么老离不开小说，因为小说上的人物与故事，早已家喻户晓的深入了民间，一旦演员们在台上把它绘形绘声地搬演出来，他们看了自然觉得格外亲切有趣，容易接受。

《舞台生活四十年》

《红楼梦》是一部伟大的现实主义杰作，反映了封建时代一个官僚地主的大家族，由极盛渐趋灭亡的历史，多少年来已经成为广大人民热爱熟知的作品。

《舞台生活四十年》

当时北京的昆曲已经衰落到不可想象的地步，各戏班里，只有少数几出武戏还是昆曲。我提倡它的动机有两点：（一）昆曲具有中国戏曲的优良传统，尤其是歌舞并重，可供我们采取的地方的确很多；（二）有许多老辈们对昆曲的衰落失传，认为是戏剧界的一种极大的损失。他们经常把昆曲的优点告诉我，希望我多演昆曲，把它提倡起来。同时擅长昆曲的老先生们已经是寥若晨星，只剩了乔蕙兰、陈德霖、李寿峰、李寿山、郭春山、曹心泉……这几位了。而且年纪也都老了，我想要不赶快学，再过几年就没有机会学了。即便学会了也没有人陪我唱了。我一点没有看错，不久这些老辈凋零以后，果然就发现了一连串这样的事实。

《舞台生活四十年》

时代之音

从明嘉万间一直到清乾嘉间,可以说都是昆曲极为流行的时期。这当中它也繁盛了二百年光景。那时候"家家收拾起,处处不提防"(上句出于《千钟禄》的惨睹,下句出于《长生殿》的弹词),何尝不是人人放在嘴里哼着唱的呢。

《舞台生活四十年》

凡是根据古典名著改编的戏剧,应该尽可能尊重原著,保留它的本来面目。除非记载有了出入,足以引起我们的怀疑,或者含有毒素的地方,自然也应该加以变更和删节。

《舞台生活四十年》

汉剧跟京戏的确有血肉相连的关系,我们只要研究一下京戏的创始,就不难知道它们的渊源了。京戏的产生,是混合了徽、汉两种地方戏,再吸取一部分昆曲的精华,这样组织成功的。咸、同年间,四大徽班里,最著名的老生,如程长庚、余三胜两位老先生,就是徽、汉二派的开山祖师。

《舞台生活四十年》

从前的元剧里,所有权奸土豪、公差流拐、奸凶盗贼,这些坏人,规定都是用"净角"扮的。一般平常老百姓,如里正、甲头、牧童、卖茶的,倒是轮着丑角扮演。可见得"丑"的身份和性格,在当时的戏曲里就是很纯洁的。

《舞台生活四十年》

京戏出现在后,一切组织,自然采用昆剧的旧路。最初的京班也分老生、小生、老旦、正旦、小旦、丑、付、净、末、贴十门角色。

《舞台生活四十年》

丑的俗名叫做小花脸,是最难学的。先要学会十门角色的身段,再要学会各省的方言,还要能够在台上插科打诨,这些条件都完备了，才算是个好角。他的任务，是扮一个爽朗风趣的人物，说几句明快轻松的台词，博得台下的哄堂大笑，却往往能在这中间画龙点睛地指出人民的爱憎来。在观众坐久了，精神上容易感到疲劳，或者看得过分紧张的时候，都有用他来暂时调剂一下的必要。所以不论京剧与地方戏，哪一个戏班的组织，都少不了他。后来的京班，付的名称也取消了，丑付的扮相和嗓门，也没有多大区别了，这才引起了丑角是专扮坏人的误解。

《舞台生活四十年》

中国戏剧在服装、道具、化装、表演上综合起来可以说是一幅活动的彩墨画。

《舞台生活四十年》

绘画艺术与戏曲艺术一样，都共同有一个继承传统，发展创造的问题，既要继承又要发展，既要认真向前人学习，又要大胆进行创造革新。

《舞台生活四十年》

齐白石先生常说他的画法得力于徐青藤、石涛、吴昌硕，其实他也还是从生活中去广泛接触真人真境、鸟虫花草以及其他美术作品如雕塑等，吸取了鲜明形象，尽归腕底，有这样丰富的知识和天才，所以他的作品，疏密繁简，无不合宜，章法奇妙，意在笔先。

《舞台生活四十年》

画是静止的，戏是活动的；画有章法、布局，戏有部位、结构；画家对山水人物、翎毛花卉的观察，在一张平面的白纸上展才能，演员则是在戏剧的规定情境里，在那有空间的舞台上立体地显本领。艺术形式虽不同，但都有一个布局、构图的问题。中国画里那种虚与实、简与繁、疏与密的关系，和戏曲舞台的构图是有密切联系的，这是我们民族的对美的一种艺术趣味和欣赏习惯。正因为这样，我们从事戏曲工作的人，钻研绘画，可以提高自己的艺术修养，变换气质，从画中去吸取养料，运用到戏曲舞台艺术中去。

《舞台生活四十年》

戏曲演员，当扎扮好了，走到舞台上的时候，他已经不是普通的人，而变成一件"艺术品"了，和画家收入笔端的形象是有同等价值的。

《舞台生活四十年》

凡是名画家作品，他总是能够从一个人千变万化的神情姿态中，在顷刻间抓住那最鲜明的一刹那，收入笔端。画人最讲"传神"，画法以"气韵生动"为第一。所谓"传神""气韵生动"都指的是象真。

《舞台生活四十年》

我们从绘画中可以学到不少东西，但是不可以依样画葫芦地生搬硬套，因为，画家能表现的，有许多是演员在舞台上演不出来的，我们能演出来的，有的也是画家画不出来的。我们只能略师其意，不能舍己之长。

《舞台生活四十年》

画的特点是能够把进行着的动作停留在纸面上，使你看着很生动。戏曲的特点，是从开幕到闭幕，只见川流不息的人物活动，所以必须要有优美的亮相来调节观众的视觉。有些火炽热闹的场子，最后的亮相是非常重要的，往往在一刹那的静止状态中，来结束这一场的高潮。

《舞台生活四十年》

当年有人把针对社会现象的时装戏，比作应时的菜肴、果品，有人就认为这种戏很快就会过时的，犯不着花很多的力气，这就错啦。

名家名言

按节令上市的菜肴、果品，必定要让顾客吃得鲜美可口。那么，时装戏也要花更多的劳动来争取时间，满足观众的要求。

《舞台生活四十年》

我认为，中国有那么多剧种，积累的遗产是丰富多彩的，但长于此，绌于彼，各有不同，应该按照自己的风格，保持自己的特点，各抒所长地担负起历史任务，努力向前发展！

《舞台生活四十年》

从戏曲历史发展来看，京戏不是北京土生土长的戏曲，它是以徽、汉为主流的两种地方戏，到北京受到欢迎，站定了脚，发展起来的。初期的京剧，不可避免地带有较浓重的乡音，以后才逐渐冲淡了。它在音韵、音乐、表演方面，为了适应北京观众的需要，竭力吸收昆曲、梆子等姊妹剧种的东西，才一天天走向于丰富成熟的阶段。

《舞台生活四十年》

一个古老的剧种，能够松柏长青，是因为它随时进步。如果有突出的优秀的创造而为这个古老剧种某一项格律所限制的时候，我的看法是有理由可以突破的。但是必须有能力辨别好坏，这样的突破是不是有艺术价值？够得上好不够？值不值得突破？我同意欧阳予倩先生说的话："不必为突破而突破"。话又说回来，没有鉴别好坏的能力，眼界狭隘，就势必乱来突破了。

《要善于辨别精、粗、美、恶》

我们的艺术，必须货真价实，颠扑不破，才能流传永久。像《西厢记》《琵琶记》《拜月记》《白兔记》《牡丹亭》《雷峰塔》等许多传奇名作，有的已经演了几百年，至今还在上演。又如以《三国演义》《水浒》等小说为题材的许多好戏，至今也仍然受到群众的普遍欢迎。另外，各剧种还拥有数量不小、具有代表性的保留剧目。这些都是祖先们给我们留下的遗产，我们必须好好地继承下来，使它们发扬光大。

但我们还必须要有新的创作,同时在发掘、整理、改编工作中,大家要集中力量来共同创造,也给下一代留下些像样的东西。

《赣湘鄂旅行演出手记》

汤显祖先生以毕生精力从事文学创作,给我们留下了许多宝贵遗产。他是与英国诗人莎士比亚同时期的剧作家,他的著作不但在国内享有盛名,并且流传海外,这不是偶然的。

《谈杜丽娘》

每一个剧种都有它独特的风格,我们所期望的是每一个剧种都从原有基础上发扬光大,不要在吸取别人的东西的同时,丢掉了自己传统的风格。

《谈表演艺术》

中国戏曲是一种综合性的艺术,包含着剧本、音乐、化装、服装、道具、布景等等因素。这些都要通过演员的表演,才能成为一出完整的好戏。这里面究竟哪一门是最重要的呢?我以为全部都重要。

《关于表演艺术的讲话》

中国戏曲的表演艺术,是个综合体,它包括唱、做、念、打等各方面成为一套完整的体系。

唱、做、念、打统一于人物的思想感情,同时又必须统一于表演节奏。这两者的关系,也就是内容决定形式的问题。表演艺术必须通过唱、做、念、打来完成,而唱、做、念、打必须以口、眼、手、身、步为基础。很明显,在唱、念上必须讲究口法;做、打方面,则必须通过高度准确的手、眼、身、步法才能很好地表现出来。口、眼、手、身、步在舞台上必须贯串起来,是不可分割的整体。

《中国戏曲的表演艺术》

我们的国家有几千年的文化历史,当别国人民有的还在茹毛饮血、

名家名言

过着原始生活时,我们已经有了自己的灿烂的文化艺术。有些外国朋友看到故宫博物院里陈列着三千年前我国劳动人民创制出来的青铜器时,都为那种工整而精巧的式样和细微复杂的花纹所震惊,他们赞不绝口,自愧不如。我认为我们的戏曲艺术也必须保留一批精雕细刻、思想性、艺术性都很高的剧目,而这些戏又必须符合人民的需要并为广大人民所喜闻乐见的剧目。因此,我感到继承、发展、改革三个步骤是缺一不可的。

《中国戏曲的表演艺术》

我国的舞台艺术,流派繁衍,遗产丰富,往往只集中在某些老艺人身上,如不抓紧时间,把他们的绝技记录下来,对于继往开来是很大的损失。

《我的电影生涯·自序》

戏曲搬上银幕,历史上最早的应该说是在清代光绪三十一年(1905年),北京琉璃厂内丰泰照相馆为京剧界名老生谭鑫培拍的《定军山》耍刀的片段,以及名武生俞菊笙(杨小楼是宗俞派而后发展为自成一派的)与名武旦朱文英(和我合作多年的朱桂芬是他的儿子)合拍的《青石山》的对刀,名武生俞振庭(俞菊笙的儿子)拍的《白水滩》、《金钱豹》。这些片子,当年都先后在北京"大观楼"("大观楼"在前门外大栅栏,始建于光绪年间,一直使用到解放后,1960年9月改建为立体电影院)上映过。

《我的电影生涯·小引》

卓别林的影片,和当时流行的所谓悲欢离合以大团圆收场的影片也完全不同。他打破了这种虚伪的程式。他所扮演的角色都是喜剧形式、悲剧性格,有些还很象鲁迅先生笔下描写的阿 Q 式的可怜虫。我看过他不少影片的结局,往往是一个人踽踽凉凉,愈走愈远,不知走到哪里去了。

《再次会见卓别林与对〈大独裁者〉的观感》

·表演与舞台艺术·

戏剧圈里至今还流传有两句俚语："唱戏的是疯子，听戏的是傻子"。这两句话非常恰当地描写出当时戏院里的情形。

《舞台生活四十年》

我在苏联表演期间，对《醉酒》的演出得到的评论，是说我描摹一个贵妇人的醉态，在身段和表情上有三个层次，始则掩袖而饮，继而不掩袖而饮，终则随便而饮，这是相当深刻而了解的看法。

《舞台生活四十年》

其实每一个戏剧工作者，对于他所演的人物，都应该深深地琢磨体验到这剧中人的性格与身份，加以细密的分析，从内心里表达出来。同时观摩他人的优点，要从大处着眼，撷取菁华。不可拘于一腔一调、一举一动的但求形似，而忽略了艺术上灵活运用的意义。

《舞台生活四十年》

每一出戏，不是仅靠一个主角就能唱得好的，配角也占着重要的地位。

《舞台生活四十年》

演员们的眼睛，在五官当中，占着极重要的地位。观众常有这样的批评，说谁的脸上有表情，谁的脸上不会做戏，这中间的区别，就在眼睛的好坏。因为脸上只有一双眼睛是活动的，能够传神的。所以许多名演员，都有一对神光四射、精气内涵的好眼睛。

《舞台生活四十年》

从来舞台上演员的命运，都是由观众决定的。
艺术的进步，一半也靠他们的批评和鼓励，一半靠自己的专心研究，才能成为一个好角,这是不能侥幸取巧的。王大爷(瑶卿)有两句话说得非常透彻。他说:"一种是成好角,一种是当好角。"成好角是打开锣戏唱起,一直唱到大轴子,他的地位,是由观众的评判造成的。当好角是自己组班唱大轴,自己想造成好角的地位。这两种性质不一样,发生的后果也不同。前面一种是根基稳固,循序渐进,立于不败之地。后面一种是尝试性质,如果不能一鸣惊人的话,那就许一蹶不振了。

《舞台生活四十年》

我的姨父徐兰沅告诉过我一副对子。共计二十二个字。里面只用了八个单字,就能把表演的技术,描写出许多层次来。我觉得这副对子做得好,就把它记住了。请你写下来吧:"看我非我,我看我,我也非我;装谁像谁,谁装谁,谁就像谁。"

《舞台生活四十年》

演员是永远离不开观众的。观众的需要,随时代而变迁。演员在戏剧上的改革,一定要配合观众的需要来做,否则就是闭门造车,出了大门就行不通了。

《舞台生活四十年》

演员在台上的表情,是有两种性质的。第一种是要描摹出剧中人心里的喜怒哀乐,就是说遇到得意的事情,你就露出一种欢喜的样子;悲痛的地方,你就表现一种凄凉的情景。这还是单纯的一面,比较容易做的。第二种是要形容出剧中人内心里面含着的许多复杂而矛盾又是不可告人的心情,那就不好办了。

《舞台生活四十年》

中国的古典歌舞剧,和其他艺术形式一样,是有其美学的基础的。忽略了这一点,就会失去了艺术上的光彩,不论剧中人是真疯或者假疯,在舞台上的一切动作,都要顾到姿态上的美。

《舞台生活四十年》

时代之音

我一生从来没有敢满足过我自己的演技。

《舞台生活四十年》

俞（振飞）派的唱腔，有"啜、叠、擞、嚯、撮"五个字的诀窍。讲究的是吞吐开阖，轻重抑扬，尤其重在随腔运气，的确是有传授的玩艺儿。

《舞台生活四十年》

俞腔的优点，是比较细致生动，清晰悦耳。如果配上了优美的动作和表情，会有说不出的和谐和舒适。

《舞台生活四十年》

这四十年来，我所演的昆、乱两门，是都有过很大的转变的。有些是吸收了多方面的精华，自己又重新组织过了的。有的是根据了唱词宾白的意义，逐渐修改出来的。总而言之，"百变不离其宗"，要在吻合剧情的主要原则下，紧紧地掌握到艺术上"美"的条件，尽量发挥各人自己的本能。

《舞台生活四十年》

昆戏的身段，都是配合着唱的。边唱边做，仿佛在替唱词加注解。

《舞台生活四十年》

我对演技方面，向来不分派别，不立门户；只要合乎剧情，做来好看，北派我要学，南派我也吸收。

《舞台生活四十年》

照我的理解，杜丽娘的身份，十足是一位旧社会里的闺阁千金。虽说下面有跟柳梦梅梦中相会的情节，到底她是受着旧礼教束缚的少女，而这一切又正是一个少女的生理上的自然的要求。我们只能认为这是杜丽娘的一种幻想，决不是荡妇淫娃非礼的举动。这是少女的"春困"，跟少妇的"思春"是有着相当的距离的，似乎也不一定要那样露骨地描摹。所以我最后的决定，是保留表情部分，冲淡身段部分。

《舞台生活四十年》

古典歌舞剧是建筑在歌舞上面的。一切动作和歌唱，都要配合场面上的节奏而形成它自己的一种规律。前辈老艺人创造这许多优美的舞蹈，都是根据现实生活中的动作，把它进行提炼、夸张才构成的歌舞艺术，所以古典歌舞剧的演员负着两重任务，除了很切合剧情地扮演那个剧中人之外，还有把优美的舞蹈加以体现的重要责任。

时装戏表演的是现代故事。演员在台上的动作，应该尽量接近我们日常生活里的形态，这就不可能像歌舞剧那样处处把它舞蹈化了。

《舞台生活四十年》

艺术的本身，不会永远站着不动，总是像前浪推后浪似的一个劲儿往前赶的，不过后人的改革和创作，都应该先吸取前辈留给我们的艺术精粹，再配合了自己的工夫和经验，循序进展，这才是改革艺术的一条康庄大道。

《舞台生活四十年》

演员在台上的"唱"和"念"，本有"死口"与"活口"两种习惯。用惯死口的，是根据台词，背得滚瓜烂熟，临时不能变动一个字的。如果同场演员，要改动对白，那就得事先对好了才行。用惯活口的，他在台上就可以随机应变，对白里临时加减也无所谓的了。两者比较起来，活口固然灵便一点，可是也容易犯疏忽大意的毛病。死口的演员，只要大家按着准词儿念，是不大会出错的。

《舞台生活四十年》

中国戏剧的服装道具，基本上是用复杂的彩色构成的。演员没有审美的观念，就会在"穿"、"戴"上犯色彩不调和的毛病，因此也会影响到剧中人物的性格，连带着就损害了舞台上的气氛。

《舞台生活四十年》

大凡一个成名的艺人，必要的条件，是先要能向多方面撷取精华。等到火候够了，不知不觉地就会加以融化成为他自己的一种优良的定型。

《舞台生活四十年》

念白虽然没有音乐伴奏，但须具有一定的音乐性。

《舞台生活四十年》

学习绘画对于我的化装术的进步，也有关系。因为绘画时，首先要注意敷色深浅浓淡，眉样、眼角的是否传神。久而久之，就提高了美的欣赏观念。

《舞台生活四十年》

舞台上一切装饰，是衬托戏的内容，加强艺术效果的。因此，图案的色调不可相差太大，线条组织也不宜过于强烈；所以桌围、椅帔、后幕等舞台装饰，如直接搬用敦煌壁画以及出土汉画像石刻等，有时也显得与剧中人的服装不能调和。

《舞台生活四十年》

中国古典戏曲一切表演都是在方台上创造的，所以出场入场以及台上一切活动内容可以气贯整个的舞台。

《舞台生活四十年》

"武戏文唱"的含义。武戏虽然以武打当作戏的主要内容，但是武打这一种技术和舞台上其他的动作一样，都是表演手段之一，它们都必须和生活内容、思想内容结合起来，不是单纯卖弄武工。凡是唱武戏能达到这个标准，或是朝着这条道路发展的，我们称为"武戏文唱"。

《舞台生活四十年》

要防止一种倾向，就是"文戏武唱"最忌武的技术表面化。

《舞台生活四十年》

京剧的组织，角色登场，穿扮夸张，长胡子、厚底靴、勾脸谱、吊眉眼、贴片子、长水袖、宽大的服装……一举一动，都要跟着音乐节奏，作出舞蹈化身段，从规定的程式中表现剧中人的生活。

《舞台生活四十年》

时装戏一切都缩小了，于是缓慢的唱腔就不好安排，很自然地变成话多唱少。一些成套的锣鼓点、曲牌，使用起来，也显得生硬，甚至起"叫头"的锣鼓点都用不上，在大段对白进行中，有时只能停止打击乐。而演员离开音乐，手、眼、身、法、步和语气都要自己控制节奏，创造角色时，必须从现实生活中吸取各种类型人物的习惯语言、动作，加工组织成"有规则的自由动作"，才能保持京剧的风格。

《舞台生活四十年》

旦角——青衣进行大段慢板唱腔时，外部动作讲究简练稳重，内心活动则根据唱词中角色的思想感情，层次分明地表现出来。

《舞台生活四十年》

我觉得花旦、丑角这两门行当，由于在传统剧目里，穿的服装，大半露手露脚，又常常说京白，习惯语言动作，比较接近现实生活，所以演时装戏，在创造人物时，比其他行当要便利些。

《舞台生活四十年》

时代之音

我体会到,演员掌握了基本功和正确的表演法则,扮演任何戏曲形式的角色,是能够得心应手,扮谁像谁的。但他们在创造角色时,却必须经过冥心探索,深入钻研,不可能一蹴而致,不劳而获的。

《舞台生活四十年》

虽然演时装戏,不能搬套某一出戏的身段,但有了准确的范本,是可以融会贯通,推陈出新的。

《舞台生活四十年》

解放后,戏曲表演现代生活,有了提高发展,虽然在内容与形式的矛盾上,还没有彻底解决。……有的巧妙地运用了传统程式,有的在传统基础上创造了新的动作,确已大大提高了一步。有些地方剧种,由于形式上更适宜于表现现代生活,已经有了更好更多的保留节目,这些现象是可喜的。

《舞台生活四十年》

台上的玩艺儿最忌雷同,好腔不宜重唱,灯笼王学程大老板,连用一腔,观者大笑说:长庚好腔无重用者。

《舞台生活四十年》

我认为不少名演员创造的好腔,多半是按照角色当时的思想感情,喜怒哀乐的情绪来安排组织的,才能流传众口,争相仿效。而吸取他人的东西,也要量体裁衣,运用得当。

《舞台生活四十年》

京剧的特点:一、它的语言文字,虽然粗浅,但比较通俗,而表演方面具有较大的灵活性,给演员以发挥创造的机会。二、善于向各方面学习,例如,武打一门,吸收武术的不少架式,曲牌则大量采用昆曲的牌子,但都经过组织拆洗的工作,而变成自己的东西,这就不能不归功于许多前辈的旁搜博采,精心创造。

《舞台生活四十年》

"花衫"这个名称是辛亥革命后才流行起来的,但戏曲班社角色分工里,并没有这种行当,它的含意就是青衣,花旦两门抱的意思……

"花衫"的另一种说法,是有些角色介乎青衣、花旦两门之间。

《舞台生活四十年》

谭(鑫培)老的艺术,晚年已入化境,程式和生活融为一体,难于捉摸。

《舞台生活四十年》

他们二位(谭鑫培、杨小楼)所演的戏,我感觉很难指出哪一点最好,因为他们从来是演某一出戏就给人以完整的精彩的一出戏,一个完整的感染力极强的人物形象。

《舞台生活四十年》

在我的心目中谭鑫培、杨小楼的艺术境界,我自己没有适当的话来说,我借用张彦远历代名画记里面的话,我觉得更恰当些。他说:"顾恺之之迹,紧劲联绵循环超忽,调格逸易,风趋电疾,意在笔先,画尽意在。"谭、杨二位的戏确实到了这个份,我认为谭、杨的表演显示着中国戏曲表演体系,谭鑫培、杨小楼的名字就代表着中国戏曲。

《舞台生活四十年》

汤显祖所描写的杜丽娘,是一个可以代表封建时代"千金小姐"身份的典型人物。她生在生活优裕的家庭里,父母对她十分钟爱,她是美丽而且淹通诗书的才女,她希望有一位品貌兼优的书生而又是能够理解她的人作为终身伴侣,同时她也知道父母对于女儿的婚姻大事是不会草草的，但是理想中的人是可遇而不可求的，因而有着寂寞、空虚、彷徨、抑郁的心情，不免游春伤感。像杜丽娘这样一个典型女性，如果仅仅从表面上描写她的相貌美丽和性情温柔，而没有把她藏在心灵深处的这一点思想刻画出来，那就成为一般的了。汤显祖作品的动人之处，就在这种地方。他是先从环境写起的，在《牡丹亭》前几出戏里都有了交代，这就等于角色的小传，随后就一步一步地进入核心，虽然现在一般都不演全本《牡丹亭》，我认为演员仍然应该把全部曲文择要阅读、揣摩。

《谈杜丽娘》

"游园"一出，着重地描摹杜丽娘的闲适心情，在"袅晴丝吹来闲庭院"这样安静清雅的环境里，一个具有诗人情感的人当然是很愉快的，所以"游园"的曲文从景中写情，情中有景，都充满了春光明媚的意境，在这种意境中只微露出"良辰美景奈何天"和"那牡丹虽好，他春归怎占的先"等一类的诗人式的感慨。作者把环境写得越美，越显得杜丽娘在"惊梦"里奔放了的内在情感更有力量。汤显祖把梦中相会的情景，用"如花美眷"、"似水流年"、"在幽闺自怜"、"是那处曾相见，相看俨然，早难道好处相逢无一言"这些句子来形容、衬托，造成美妙高超的境界，像这种风格，决不是寻常手笔所能梦见的。

《谈杜丽娘》

"惊梦"一出，刻画杜丽娘的心情，是有三个层次的转折：第一，是从念独白到唱"山坡羊"为止，这一段因为春香已不在面前，所以"怀人幽怨"的心情就表面化了，渐渐地在"困人天气"中睡去。第二，是两支"山桃红"曲子，她平时的理想人物在梦中出现了，梦中的情绪是奔放的，这是杜丽娘在全剧中最愉快的一段。第三，是梦醒之后，有些惘然若失的意思，当着母亲的面却要故作镇定，母亲走后，又细细回忆梦中的情景。

《谈杜丽娘》

名家名言

一个演员对角色性格有了钻研和体会，应当怎样表达出来呢？这就关系到你的表演艺术是否丰富。前辈老艺人给我们留下了多种多样的传统表演方法，只要我们肯踏踏实实去学，这一座艺术宝库是取之不尽，用之不竭的。但是在运用方面，一定要结合我们的内心活动。譬如《醉酒》里的"卧鱼"这个身段本来没有目的，我把它改成蹲下去，是为了闻花。可是所有闻花、掐花、看花等姿态动作还是传统的东西。要点是在当时我的心中、目中都有那朵花，这样才会给观众一种真实的感觉。

《谈表演艺术》

演员在表演时都知道，要通过歌唱舞蹈来传达角色的感情，至于如何做得恰到好处，那就不是一件容易的事情了，往往不是过头，便是不足。这两种毛病看着好像一样，实际大有区别。拿我的经验来说，情愿由不足走上去，不愿走过了头返回来。因为把戏演过头的危险性很大，有一些比较外行的观众会来喜爱这种过火的表演。最初或许你还能感觉到自己的表演过火了，久而久之，你就会被台下的掌声所陶醉，只能向这条歪路挺进，那就愈走愈远回不来了。

《谈表演艺术》

谈到服装，从前有一句老话："宁穿破，不穿错。"这不是说要大家穿了破衣服上台，而是说明历来舞台上对服装的考究，因为服装跟剧中人的身份、年龄、性格和生活环境都有密切关系。

《关于表演艺术的讲话》

唱、念、做、打都离不开眼神。眼神在表演里起着领带、贯穿的作用。凡是演员必须练就一对能够传神的眼睛。在眼神运用的技巧方面要求准确，准确就是有目的。运用眼神时要求有焦点，还要经济；眼神注视焦点移动的路线要准确，不要浪费在没用的地方。

《中国戏曲的表演艺术》

古装头，也是首先要求髻形美观，假发厚薄要合适，额前看发和片子衔接起来在面型上要起分清面部轮廓的作用。发髻不论采取什么形式，一定要有相当程度的夸张，和梳大头的夸张程度一样。大头的形式，是从生活实际中来的，但它和人面的比例，已经和生活实际状况不同了，可是出现在舞台上刚刚合适。有些梳古装头的很接近真实，给人的感觉是稀稀地一点头发，头上单摆浮搁一个小髻，就是因为它的比例不合乎舞台需要，发不够厚，髻不够大，髻形不美，在这种基础上，所有附加在头上的装饰，也就不会好看了。

《谈戏曲舞台美术·旦角的梳头》

设计服装，当然不能永远拘于陈腐旧套，但对于旧的规律一定要彻底明白。

《谈戏曲舞台美术·服装的色彩与质料》

脸谱是京戏净、丑面部化装的一种更夸张和具有象征意味的造型艺术。这种化装方法和净、丑角色的表演形式是分不开的；它和生、旦角色的面部化装，有着明显的区别。角色一出场，脸谱就给观众一个明确的人品概念——正直的、或奸佞的，善良的、或丑恶的，一望而知。

《谈戏曲舞台美术·脸谱》

中国戏的一切服装、道具、布景等都是为演员表演艺术服务的，因此舞台上所用的物件、器具总尽量避免用真的实物。式样、质料、轻重、大小、长短都要比生活中的实物有所不同。有的予以夸张、放大（如酒杯、印盒等），有的则予以缩小（如城、轿、车等），甚至以鞭代马，以桨代船。目的都是为了适应演员各种各样的表演动作，为不受时间、空间限制的虚拟环境提供条件，以符合舞台经济的原则。

《谈戏曲舞台美术·道具》

电影与戏曲都是综合性的艺术，但它们的表现手法，在写实与写意的程度上有差异。

《我的电影生涯·自序》

卓别林的表演艺术，最使我心服的是冷隽、幽默。他在银幕上几乎看不见有欢乐大笑的镜头，至多是讽刺性的冷笑，或者是痛苦的微笑。他的内心活动是深藏不露，不容易让你看透。一种富有诗意的、含蓄的象淡云遮月、柳藏鹦鹉那样的意境，是令人回味无穷的。

《再次会见卓别林与对〈大独裁者〉的观感》

·学艺教育·

天赋方面具备了各种优美的条件，还要有名师指授，虚心接受批评，再拿本身在舞台上多少年的实际经验，融会贯通以后，才能够成为一个十全十美的名演员。

《舞台生活四十年》

学旦角的，不一定专看本工戏，其他各行角色都要看。同时批评优劣，采取他人的长处，这样才能使自己的技能丰富起来。

《舞台生活四十年》

像这各方面的人才，要大量地培植，就非有一个很健全的机构不可。从前有科班，有学校，隔了几年就能培养出一大批人才。现在这些机构，都由于私人经济力量的不足，全都停办，才造成这样普遍的演员荒。回想到叶春善老先生创办喜连成的精神与毅力，从小规模做起，一直维持了三十几年，培养出许多各部门不同的人才，成为今天戏剧界的基本骨干，真是值得钦佩、表扬的。同时富连成的停办，也不可否认地是我们戏剧界的一个绝大的损失。

《舞台生活四十年》

时代之音

叶(春善)老先生从几个小学生教起,教到七百多人,场面、梳头、管箱等工作人员,还没有计算在内。在近代戏剧教育史上说,是有他很重要的地位跟不可磨灭的功绩的。

《舞台生活四十年》

可见得这种教育,要用私人经济力量来办,就好像大海里的一只小船,遇到了风浪,谁也支持不住,那翻船的危险是不可避免的。只有政府出来主持,才能建立起一个很坚固的基础,把我们戏剧界旧的艺术精华保留下来,新的思想加进去,成为一种最完整的舞台剧。

《舞台生活四十年》

童年用嗓子累过了头,恢复起来困难。但我认为过劳过逸,都有流弊,劳则伤音,逸则败气。少年人经验不足,不能掌握分寸,恰到好处,那就要师友们随时体察实际情况,细心辅导。

《舞台生活四十年》

这里我要提醒初学乍练的青年演员们,假使火候不到,宁可板一点,切不可扭捏过火,过火的毛病,比呆板要严重得多。

《舞台生活四十年》

古人曾说:"校书如扫落叶。"那意思说,一遍一遍的校对,好像秋天树木落下的叶子,一边扫一边落是扫不净的。演员要想把一出戏演好,必须有扫落叶的精神,同时也要懂得辨别精粗美恶,不要想入非非地胡琢磨,那样会钻进牛犄角里去,或者把好东西顺手扫了出去。

《舞台生活四十年》

其实,学戏的过程,也和大家没有什么两样。我以为,一个演员的成就,第一要靠"幼工"结实。动作部分应该练好腰腿,唱念部分应该练好发音咬字。这些基本的技术,大家都是内行,也无须我细讲。第二，要靠舞台实践。我的经验是：戏唱得越熟，理解力越强，正如俗语所说"熟能生巧"，这句话是一点都不错的。可是，还应当注意：戏唱熟了，往往会"油"。戏唱油了，是要不得的。第三，是要多看前辈们的表演。什么行当的戏都看，什么剧种的戏都看。但是，看戏必须具备一种鉴别能力，才能分出好坏来。看到好戏，固然能够丰富我们的表演；看到坏戏，也不要失望，这对我们也有益处，因为我们能看出他走错了路，就可以不再犯他同样的错误。这种鉴别能力，也是要经过一番锻炼，才能具备的。只要我们肯多看前辈们好的表演，多听行内行外一些良师益友的经验之谈和正确的意见，再加上自己的琢磨钻研，久而久之，我们的眼睛亮了，耳朵也灵了，心里也明白了，到那时候，我们就能够分清哪是精华，哪是糟粕，那么，在表演方面就一定可以进入角色，自然就会有许多的创造，我就是从这样一条路上走过来的。

《赣湘鄂旅行演出手记》

戏曲照相的目的，除了宣传之外，主要还是当作研究资料，所以应该分为两种方式进行。一是在剧院现场照相，一是在台下化装或"素身"（便装表演，术语叫作"素身"）照相。在剧院现场照相，据我个人的经验，提出下列六忌：

1. 忌正相偏照。就是说，这个亮相本来是给观众看正面的，假使从侧面照出来，就不会好看。

2. 忌侧相正照。这个相本来是侧面亮给观众看的，假使从旁边照，当然照的是正面。我有一张《洛神》"拾翠羽"的照片，就是侧相正照，给人的感觉就好像夹着膀子似的。

3. 忌照未完成的亮相。我有一张《抗金兵》——梁红玉和兀术水战的照片，我左手正在"掏翎子"，脚底下正在"垫步"，这个相还没有亮出，就照下来了。这如同写字缺了末一笔，说一段话、写一节文章，有前提，无结果，看了就觉得别扭。这一类武打身段，尺寸并不快（走马锣鼓），摄影师如果熟悉表演是可以照得好的，当梁红玉和金兀术都在台中心的时候，可以先把部位找好，对准距离，等掏完翎子，脚步落下和亮相的"底锤锣"（一个亮相完成时的节奏声音），同时按"快门"，一定会照的很精彩。

4. 忌仰镜头。在台下照台上的演员，当然镜头角度是有些上仰的，但远而小仰无妨，近而大仰则不可。当演员正在台口，距离最近，仰起镜头就会把人照成上小下大的宝塔样子。面部也就走了形。

5. 忌照开口音。演员正在唱的时候，不是不能照，但要选择闭口音，因为演员唱的时候观众注意力主要是听，虽然有时口张的大一点，也很快地就过去了，但照下相来就看着不舒服了。

6. 忌照不合节奏的相。凡是唱的时候，面部表情（包括头、颈的动转，眼睛注视方向的移动），身上动作（包括指指点点等小动作），都是随着唱的节奏进行的。演员正在舞台部位较为固定时唱着，照相应该说问题不大，但这类照片的好坏，往往决定于是否抓住节奏。最好在一个腔完成时，和鼓板尺寸同时按快门，照出来就必定是一个完整的相。

上面提出的要求，比较严格，而摄影师在观众席上不能任意活动、选择角度，进行工作时受到很大的限制，所以我觉得公开演出和照相是有矛盾的。

《漫谈运用戏曲资料与培养·戏曲照片》

演员幼年学艺的基本工，非常重要，这如同盖楼房，一定要打地基，地基打得结实，房子就坚固耐久。学戏也是如此，所以青衣要从《三娘教子》《二进宫》《彩楼配》入手。这些唱工戏，唱腔比较平正通达，做工也不多，适合小孩学习。把这些戏演熟了，自然熟能生巧，本身就起了变化。

《漫谈运用戏曲资料与培养·培养下一代，培养师资》

参考文献：

[1] 梅兰芳：《舞台生活四十年》，中国戏剧出版社1987年版。

[2] 梅兰芳：《我的电影生涯》，中国电影出版社1984年版。

[3] 梅兰芳：《梅兰芳自述》，安徽文艺出版社2013年版。

［4］许姬传、许源来：《忆艺术大师梅兰芳》，中国戏剧出版社1986年版。

［5］中国艺术研究院戏曲研究所编：《中国戏曲理论研究文选》下册，上海文艺出版社1985年版。

［6］政协北京市委员会文史资料研究委员会编：《文史资料选编》第27辑，北京出版社1986年版。

［7］《戏剧报》1961年第19、20期合刊，第21、22期合刊连载。

［8］《戏剧论丛》1957年第2、3辑。

［9］《上海戏剧》1962年第8期。

［10］《文汇报》1962年2月28日第3版。

［11］《陕西日报》1957年10月16日第3版。

［12］《戏曲研究》1957年第1期。

［13］上海《文汇报》1945年10月10日。

［14］上海《东方杂志》1935年元旦号。

［15］上海《周报》第六期"庆祝胜利号"，1945年10月13日。

［16］《光明日报》1955年4月12日第3版。

（刘祯编选）

北京八家名人故居纪念馆
馆藏文物故事

宋庆龄故居

郭沫若为《鸿雪因缘》纪念册题诗

宋庆龄故居珍藏着一本《鸿雪因缘》纪念册，是国家一级文物。这是1945年春宋庆龄不辞辛苦，在"陪都"重庆亲自寻访19名文化界知名人士制作而成的。宋庆龄请他们在一本纪念册上题字作画，赠与盟军总参谋长史迪威将军的副官——美籍华人杨孟东上校，感谢杨孟东帮助她领导的保卫中国同盟，将募集的医药物资运往延安。完成这本纪念册时，宋庆龄还附上了一封英文书信，信中说："这是最好的纪念品，因为它包括了当今中国最好的学者和诗人的手迹。"她还谦虚地说："鉴于我的书法不好，不能与诸位名家作品并列一起，为此我已请求沈钧儒先生代为这本册页封面题笺'鸿雪因缘'（语出苏轼的诗《和子由渑池怀旧》），其意为一种友谊的纪念品。"当郭沫若拿到这本纪念册时，他欣然提笔，专门为杨孟东先生创作了一首诗（图一）：

长袍广厦诗人愿，陋巷箪瓢圣者心。
安得新民登衽席，九州欢歌杏坛琴。

民纪卅四年四月廿三日　偶成　书奉
孟东先生　雅正　郭沫若

这首诗中，"长袍广厦诗人愿"，出自杜甫《茅屋为秋风所破歌》，"陋巷箪瓢圣者心"出自《论语·雍也》。意为：古有杜甫广厦庇寒士之愿望，颜回乐陋巷箪瓢之圣贤。今何时拯救苍生出水火，过得太平安居日，到那时举国歌欢庆，文人喜奏琴。宋庆龄非常喜欢郭

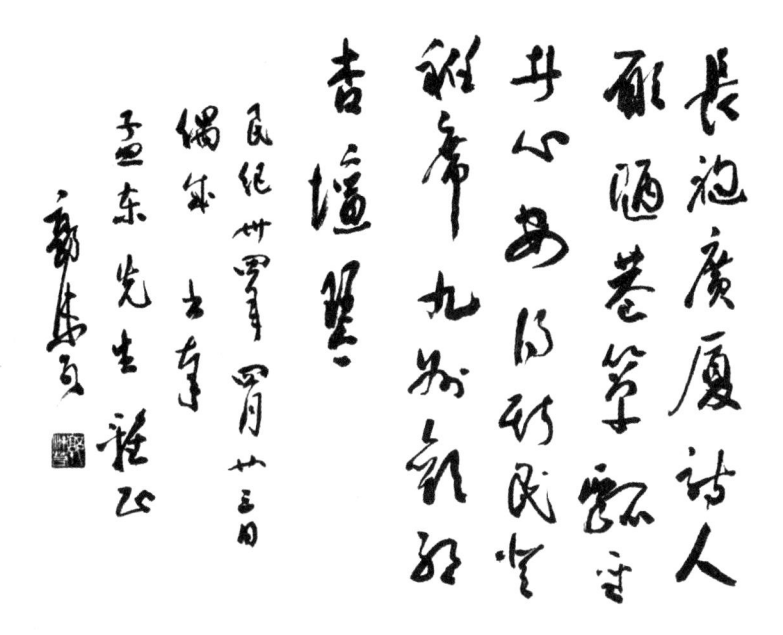

图一　郭沫若为《鸿雪因缘》纪念册题诗

沫若的这首诗,她在致杨孟东的信中提到"这是郭沫若特别为你写的",提倡"文化民主"。杨孟东收到之后很感动,一直珍藏在身边。他去世后,他的夫人杨海伦将这本纪念册捐赠给中国宋庆龄基金会。

(李雪英编写)

宋庆龄题写《广州蒙难记》封皮

在宋庆龄故居生平展的展厅里,陈列着宋庆龄亲自题写的《广州蒙难记》封皮。1922年6月,陈炯明叛乱后,她撰写了《广州蒙难记》一文,记述了这个事件,并亲笔写下封皮(图二)。

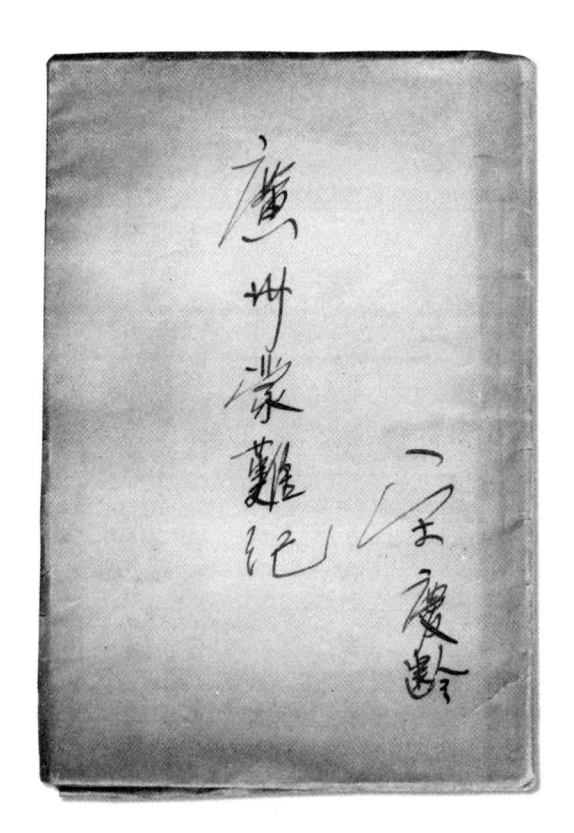

图二 宋庆龄撰写的《广州蒙难记》封皮

文中这样记述道:"1922年6月15日夜2时我正在酣梦中,忽被中山先生喊醒,并催速起整装同他逃出,他刚得一电话,谓陈军将来攻本宅,须即刻逃入战舰,由舰上可以指挥,剿平叛变,我求他先走,因为同行反使他不便而且我觉得个人不致有何危险。再三婉求,他始允先行,但是先令50名卫队全数留守府中,然后只身逃出。"

在革命的紧要关头,年仅29岁的宋庆龄毫不迟疑、首先想到的是孙中山先生的安危,她想,只有保住了先生的性命,中国革命才有希望。她急促地对孙中山说:"先生,中国革命可以没有我,但不能没有你!请先生先行离去,我稍后再走。"孙中山担心宋庆龄的生命安全,执意要与她共同撤离。但宋庆龄十分了解敌众我寡的局面,再三请求,中山先生才同意先行,并对夫人说道:"我们以三声炮响作为成功脱险的信号,在永丰舰上会合。"

宋庆龄命令卫队将大楼里的电灯全部打开,造成总统仍在府内的假象,掩护中山先生撤退。第二天宋庆龄化装成村妪,冲破敌军的包围,当敌人拿刺刀指向她,她急中生智,将包裹里的东西撒在地上,趁叛军们抢钱物之机从人群中逃出。

在这次战斗中,宋庆龄流产了。为了保护自己的丈夫,为了捍卫中国革命,为了祖国的明天,她失去了孩子,更失去了做母亲的机会,留下终生遗憾。

(娄莹编写)

一台珍贵而又特殊的 X 光机

在宋庆龄故居的展厅中，陈列着一台大型的 X 光机（图三）。这台 X 光机是 1939 年新加坡爱国华侨捐赠，经水路运抵香港，通过宋庆龄领导的"保卫中国同盟"募集来的，准备运往延安抗日根据地。由于国民党当局的封锁，加之设备本身体积又大又重，迟迟难以运往延安，但最终还是安全抵达。这其中还有一段曲折的故事。

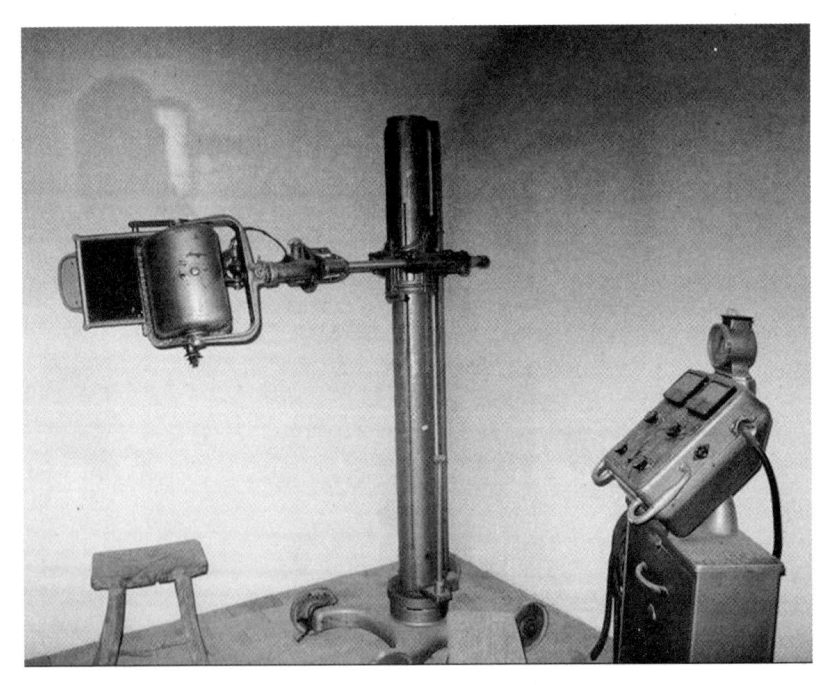

图三　1939 年由新加坡华侨捐赠、美军飞机运到延安的 X 光机

1944年，驻华美军司令、盟军中国战区参谋长约瑟夫·史迪威将军十分敬佩宋庆龄，同情中国共产党，对国民党政府消极抗日的举动十分痛恨，他决定帮助宋庆龄将一批医药物资运往延安抗日根据地，其中就包括这台大型X光机。

原本"保卫中国同盟"打算通过陆路运输，但封锁严密，只能改用飞机，而当时能飞往延安的只有美军飞机。于是宋庆龄指示廖梦醒去找史迪威将军的副官杨孟东上校。杨副官与宋庆龄关系很好，称她为"姑姑"。杨副官把情况转告史迪威将军后，史迪威将军马上答应帮忙，专门安排飞机负责运送。由于X光机体形比较大，而飞机舱门较小，为方便X光机进出，史迪威将军果断地让人拓宽了舱门，将X光机装入机舱，并令杨孟东当天与之一起飞往延安。一天后，X光机安全抵达延安，周恩来亲自将这一好消息告诉了宋庆龄。宋庆龄非常高兴，她在信中写道："运输问题能得到这样好的解决真是令人欣慰。"

这台大型X光机是当时总人口已达九千万的解放区的第一台和仅有的一台，根据地的医务工作者正是用这架X光机，救治了无数抗日将领和战士的生命。这台X光机一直到20世纪80年代初仍能使用，而且性能良好。

（高侠编写）

爱国有志　报国有才
——宋庆龄出国护照的故事

在宋庆龄故居生平展的展厅里，摆放着一份宋庆龄1907年留学美国时使用的护照（图四）。这份护照的表面已泛黄，看上去年代久远，护照正反两面有中英文标注，均有美国领事签证。展出的只是中文部分。护照编号为新字第三百二十四号，宋庆龄的中文签名是"宋庆林"。护照上标明宋庆龄赴美留学前就读的学校是上海墨悌（McTyeire）学校（即中西女塾的前身），1902年入学，就读5年，护照上的照片已被剪掉。据著名学者周谷教授研究考证，"宋庆林"是宋庆龄青少年时期原用名，护照照片被剪去是出于对持护照人的尊重。这份护照及其背后的故事将人们带进了宋庆龄的青少年时代。

1906年，清政府组织选派官费留学生赴美学习。遴选考试极为严格，考试科目除了语文和英文外，还有数学、历史、地理，以及物理和化学，参考候选人共84人，最终只有14名考生获得留学资格。宋庆龄顺利通过考试，成为中国最早一批官费留美女生之一。对于那次考试，宋庆龄曾这样回忆到："1907年，教育部门为派遣女学生出国留学而举行了择优录取的考试。被选派的留学生享受由威尔斯利提供的奖学金。这场考试的成绩使那些男主考官们认识到，女学生在智力方面并不亚于男学生。"1908年，宋庆龄顺利考入美国佐治亚州梅肯市威斯里安女子学院文学专业，成为女留学生中最优秀的一名。

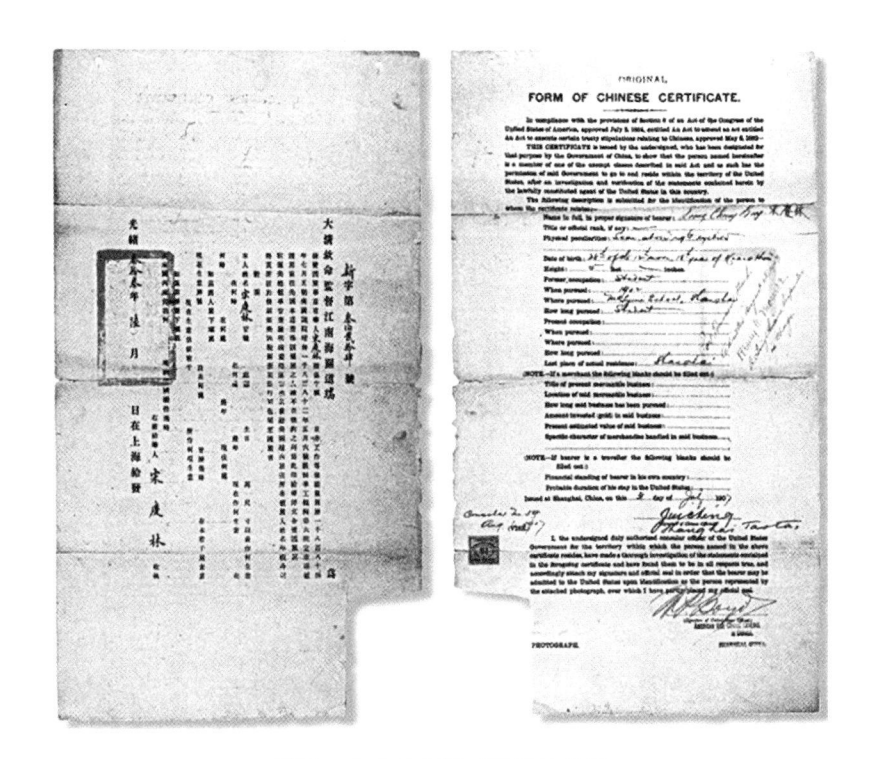

图四　宋庆龄出国时使用的护照

宋庆龄少年时期勤奋好学，从小立志报效祖国，而这一切都与她父母对子女的教育有关。他们教育孩子热爱祖国，鼓励他们勇于探索，要求他们做有德有用的人，为他们日后成才打下了坚实的基础。

多少伟大的人物在年少时都怀着报效祖国的大志，而勤奋学习、吃苦耐劳是他们人生所必备的条件。爱国有志向，报国有本领，这也正是宋庆龄给予少年儿童的殷切期望。

（沈斌编写）

最后一次演讲

在宋庆龄故居生平展的展厅里，陈列着一顶博士帽、一件博士服，两旁还有一个轮椅和一份博士学位证书。它们静静地陈列在展柜中，讲述着一个让人潸然泪下的故事（图五、图六）。

图五 宋庆龄穿戴过的博士服和博士帽

1981年5月8日下午，宋庆龄抱着重病出席在人民大会堂举行的加拿大维多利亚大学授予宋庆龄荣誉法学博士学位的授赠典礼。这是宋庆龄生前最后一次参加公众活动，这一天距离她病逝仅有21天。

当时宋庆龄的病情已经十分严重，身体状况非常不好。她身边的工作人员曾劝她不要亲自参加这个活动仪式，但是宋庆龄不但坚持参加了仪式，并且在会上发表了长达二十分钟的英文讲话。她说她接受这一学位不是为了个人，而是把它看作是加拿大人民对中国人民的尊敬和友谊的象征，看成是加拿大人民敬慕中国人民在长期革命斗争中所取得的成就的象征，同时也把它看作是中加两国人民悠久而牢固的友谊的象征。

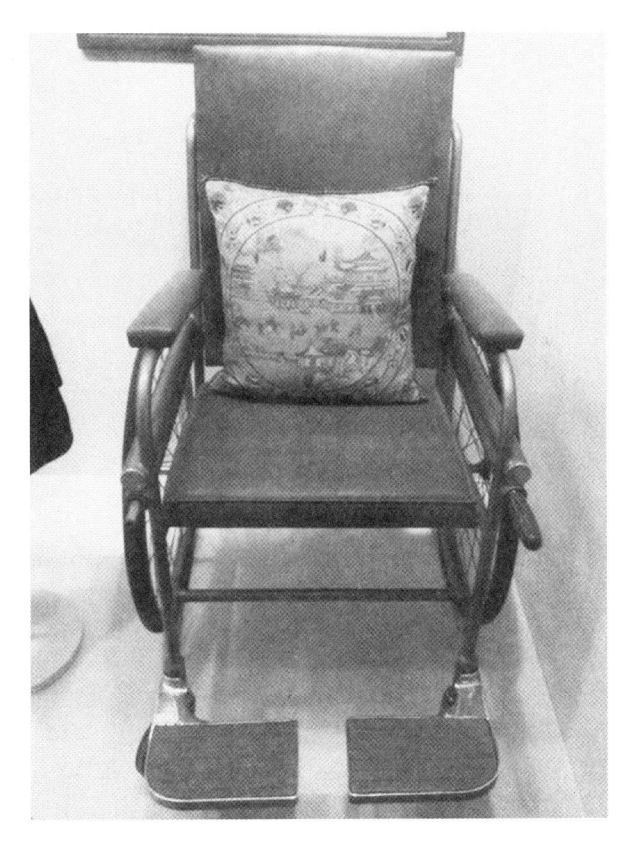

图六　宋庆龄参加仪式时坐过的轮椅

值得一提的是,在演讲之前,工作人员由于担心宋庆龄的身体状况,事先为她录制了一份演讲录音。但是在会上,她并未采用事先录制好的讲话录音,而是自己手拿讲稿,用流利的英语,生动的情感,即席发表了二十分钟的讲话。她后来说,她认为自己能讲尽量讲,不放录音,不请翻译,这也是对人家的尊重。会场里所有人都在静静地听她讲话,连一根针掉在地上都能听到。

维多利亚大学的佩奇校长亲自授予宋庆龄荣誉法学博士学位证书。他赞扬宋庆龄将毕生的精力都奉献给了为中国人民谋幸福的事业中,因而赢得了世界各地人民的尊敬。在典礼上,康克清一直陪伴在宋庆龄的身边,在宋庆龄讲话后,她向宋庆龄献上一束鲜花,并激动地说:"我真感到你的思想比鲜花更加美丽!"

(王硕编写)

李大钊故居

《呐喊》小说集

在李大钊故居东厢房靠北墙的书架上，有一本鲁迅先生的短篇小说集——《呐喊》（复制品），非常显眼（图七）。

图七　鲁迅小说集《呐喊》

李大钊不仅在北京大学任教，他还在朝阳大学、北京女子高等师范学校、北京师范大学、中国大学等高等院校任教，鲁迅先生此时在北京女子高等师范学校任教，所以和李大钊是同事。鲁迅曾说：李大钊是永远应该纪念的"站在同一战线的伙伴"。

1923年，鲁迅的短篇小说集《呐喊》出版后，赠给了李大钊。据李大钊长女李星华回忆，李大钊也曾购买过此书，而且十分珍视此书，因为李大钊注重对子女的教育，希望孩子们成为"遇山不愁、逢水不惧"的革命者。他特别地对孩子们谈论了这本书的价值，让孩子们认真地读它。

（刘洋编写）

一架旧风琴

推开李大钊故居书房的屋门,首先映入眼帘的是一架黑色旧风琴,让人穿越时空,将思绪拉回到 90 余年前,感受那段激情澎湃的岁月,仿佛看到李大钊一家在此居住时的生活情景。

李大钊因生活简朴而且是租房居住,经常去宣武门内头发胡同小市这类专卖旧货的地方,淘一些旧家具和旧书。一次吃过晚饭后,李大钊像往常一样带着孩子们来到头发胡同旧货市场,并且从一家拍卖行里买回来一架旧风琴。回到家后,李大钊把这架旧风琴安放在了书房西墙根,并亲自到厨房舀了一盆水,用抹布擦了又擦。几经擦拭后,这架旧风琴便漆黑锃亮、焕然一新了。有了这架风琴,在紧张的工作之余,李大钊经常将子女召集到书房,教他们唱歌(图八)。

图八 李大钊故居的风琴

一天傍晚，全家人正在院子里乘凉，李大钊在书房里隔着窗户喊孩子，孩子们在父亲的召唤下雀跃着跑进书房，李大钊便教孩子们唱《国际歌》和《少年先锋队歌》。李大钊一边弹琴，一边用低沉的声音唱着，仿佛体味着歌曲里为了美好的理想而奋斗的力量，并且要用它来感染孩子们。

李大钊一边教，一边给孩子们讲歌词的含义，其间还穿插一些小故事，通过列举实例让孩子们理解歌词的内容，使之印象更加深刻。孩子们因第一次听到这两首歌，很新奇也很兴奋，只学了几遍，就都会唱了，同时也被歌曲中蕴藏的力量深深地感动了。李大钊当时还告诉孩子们，不能唱得声音太高，以免被街上的警察、暗探听见。

李大钊一家平日唱歌、学歌总是声音低低的，但每逢下雨天，琴声和歌声便十分嘹亮，因为李大钊常常借雨声和琴声掩盖他教孩子们唱革命歌曲的声音，用雨声和琴声掩盖他们召开重要会议的声音，防止敌人窃听。

（刘洋编写）

一条毛毯

在李大钊故居展厅的陈列柜中,整齐地叠放着一条毛毯,虽然这只是一件复制品,但它背后的故事依然动听(图九)。

图九 李大钊使用过的毛毯

1924年6月,李大钊率领罗章龙等人赴莫斯科出席共产国际"五大"。会议结束后,罗章龙还要赴欧洲参加赤色职工代表大会。李大钊为罗章龙送行时,见他还穿着单衣,便问:"你此去东行,将风雪载途,如何得过夜?"欲将仅有的一条毛毯送给罗章龙。罗章龙知道李大钊平日生活简朴,这次出门所带行李也不多,于是婉言辞谢，怎奈李大钊坚持，只好接受。后来，罗章龙发现了毯端刺绣的蔷薇和文字，它见证着李大钊夫妇忠贞不渝的爱情。罗章龙料定这条毛毯的刺绣出自李大钊夫人赵纫兰之手，几次欲还，最终也未能如愿将此毯还给李大钊。

李大钊牺牲后，罗章龙对这条毛毯更加珍视，一直妥善保管，但毕竟年代久远，加之保存条件有限，毛毯已被虫蛀。1945年，罗章龙的儿子到外地上学，罗章龙将毛毯修补好交给儿子，以此来鼓励他。罗章龙的儿子一直将此毯带在身边，不敢有闪失。1976年，毛毯又被作为传家宝，伴罗章龙的孙女罗雨笙上山下乡。

2001年，罗雨笙为了使这件革命文物更好地保存并发挥其教育作用，将它捐给了乐亭李大钊纪念馆。由于历经沧桑，这条毛毯已没有完整的边角，显得非常破旧，从原来的浅褐色变成了现在的土黄色。

（刘洋编写）

铁肩担道义　妙手著文章

一走进北京李大钊故居的堂屋，首先映入眼帘的是一些老北京陈设。在一幅中堂画的两侧，悬挂着李大钊的著名对联——铁肩担道义，妙手著文章（图一〇）。

图一〇　李大钊故居的对联

杨继盛是明代著名谏臣，被奸臣严嵩迫害致死，年仅四十岁。李大钊十分敬仰杨继盛的气节，也很欣赏杨继盛的"铁肩担道义，辣手著文章"这一诗句，便在此句基础上，取陆游文章一诗中的"文章本天成，妙手偶得之"的"妙"字，改写成"铁肩担道义，妙手著文章"。李大钊非常喜欢这副对联，曾经多次书写，以抒己志。

　　李大钊每设计出一期《晨钟》报，都要写上一句警语。1916年8月15日，在《晨钟》报创刊号上，他就选刊了"铁肩担道义"作为该期警语。同年9月，李大钊还曾手书此联，送给连襟杨子惠。1924年，李大钊为劝章士钊不要倒向北洋军阀政府，曾应章士钊妻子吴弱男请他写张条幅作为纪念的要求，手书对联"铁肩担道义，妙手著文章"，赠与吴弱男。

　　李大钊生前工作繁忙，偶尔闲暇，喜欢写大字练书法。挂在堂屋的这副对联，就是李大钊手书的复制品，此联是李大钊一生精神风貌的真实写照。

（刘洋编写）

北京鲁迅博物馆
（北京新文化运动纪念馆）

藤野先生

在"老虎尾巴"的东壁上，挂着一张二寸的小照片，照片上是一位戴眼镜、脸部消瘦，留着"八"字胡的先生，这就是1904年在日本仙台医学专门学校教授鲁迅解剖学的藤野严九郎先生（图一一）。

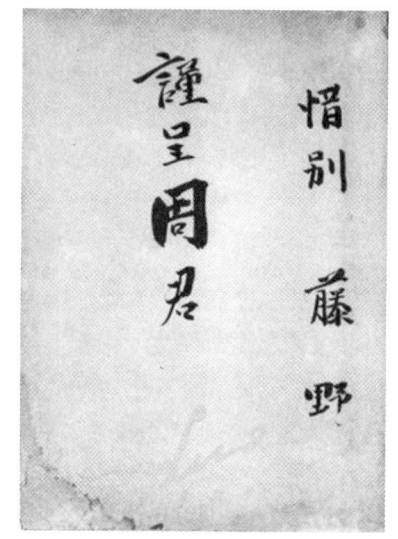

图一一　藤野先生

"在我所认为我师的之中，他是最使我感激，给我鼓励的一个。"鲁迅如是说。

藤野先生早年学过汉文，熟悉中国传统文化，中国博大精深的历史文化，令他叹为观止。也许正是这个因素，促使藤野先生更加关注鲁迅，给他单独的辅导，批改讲义，连文法的错误也一一更正，这种关怀使来自异国他乡的鲁迅备感亲切与温暖。

1906年初，鲁迅决定从仙台医专退学，专心从事文学创作，想以此来唤醒国民，改变国民的思想。藤野先生知道鲁迅的决定后，很伤感，也很无奈。他送给鲁迅一张照片，并在照片背面写了"惜别"二字。鲁迅珍藏着这张照片，并将它挂在北京的寓所里。他回忆道：

> 每当夜间疲倦，正想偷懒时，仰面在灯光中瞥见他黑瘦的面貌，似乎正要说出抑扬顿挫的话来，便使我忽又良心发现，而又增加勇气了。

鲁迅在其精神最困顿的时候，将自己老师的照片挂在书桌前，对恩师的记忆，温暖照亮了黑暗的弥漫。鲁迅与藤野先生的故事只是那么短短的一瞬，却变成了精神的永恒。

（张燕编写）

老虎尾巴

这座位于北京阜成门内宫门口西三条 21 号的小院,是鲁迅在北京生活居住的最后一所住宅,也是目前北京唯一一所对外开放的鲁迅旧居。很多人来此,只为看看那间诞生出《野草》《彷徨》等著作的"老虎尾巴"——鲁迅的工作室兼卧室(图一二至图一四)。

在鲁迅故居北房的中间接出了一间房,由于像是伏在地面上的老虎拖出的尾巴,所以,北京民间形象地称这种突出于屋子后面的建筑为"老虎尾巴",鲁迅就是在这里生活和工作的,称它为"我的灰棚"。当时,为了反击那些污蔑他是"学匪"的人,他也自嘲地称它为"绿林书屋"。

图一二 "老虎尾巴"外部

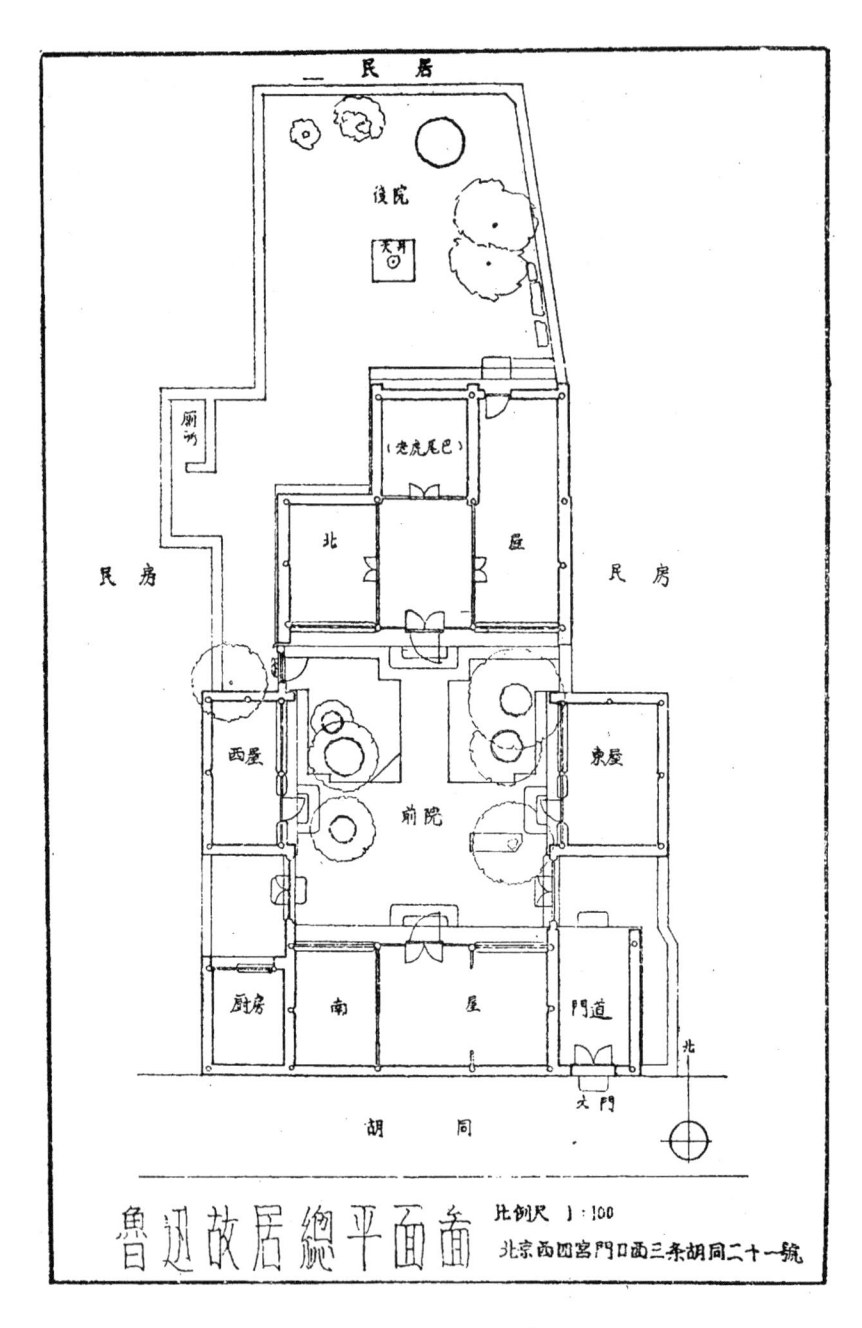

图一三　文献资料中的鲁迅故居平面图

图一四 "老虎尾巴"内部

老虎尾巴是一间仅有八平方米的斗室,北墙上有两扇大玻璃窗,东壁下放着一个三屉桌。这是鲁迅精心设计的,"开北窗在东壁下的桌子,上午、下午都可以写作、阅读,不至于损害目力。其次是还可以从窗口眺望后面院子里的景物"。于是,在《秋夜》中,鲁迅描述了这样的窗外风景:"在我的后园,可以看见墙外有两株树,一株是枣树,还有一株也是枣树。"

老虎尾巴室内的陈设简单而紧凑：桌子靠南是一个书架，里面放着茶叶罐、点心盒、花生筒等。书桌北面是一个白皮箱，当年上面总是堆着各种书刊。西壁下是两把椅子和两个茶几，一个茶几上放着石刺猬头，用来压碑帖拓片和修正过的书刊。三屉桌前放着一张磨得发光的藤椅，桌上放着鲁迅用的茶杯、烟缸、笔架、笔筒、钟等物品，书桌左角立着一盏不大的煤油灯。在那个年代，西三条地区还没有通电，这盏煤油灯伴随鲁迅度过了多少个不眠之夜，而又有多少个夜晚，先生用这盏煤油灯，送走来访的青年、学生，直到他们远去了，才回来……

北窗下，两条长凳搭上两块木板就是鲁迅的床，垫的和盖的都很薄。鲁迅曾经说过："一个独身的生活，决不能常往安逸方面着想的。"床下放着一个竹编的网篮，看上去极不起眼，却伴随鲁迅度过了许多不平凡的战斗日夜。"三·一八惨案"后，鲁迅目睹了反动派的凶残，写下了《无花的蔷薇之二》、《死地》、《纪念刘和珍君》等文，痛斥北洋军阀的暴行，招来了反动派的迫害，被列入通缉的50人黑名单中，鲁迅被迫离家避难。而这"老虎尾巴"床下的网篮，就是他装日用杂物的用具，是鲁迅患难中的"伙伴"。

在"老虎尾巴"这间极普通的"灰棚"里，鲁迅简朴地生活，勤奋忘我地工作着，他的确"像是一只牛，吃的是草，挤出的是牛奶、血"。

（张燕编写）

"一株是枣树,还有一株也是枣树"

1924年9月15日,在搬入宫门口西三条21号新居不到四个月时,鲁迅写了散文诗《秋夜》,12月1日发表于《语丝》周刊第三期。《秋夜》是鲁迅5月25日搬入西三条新居四个月以来的第一篇创作。从《秋夜》开始,鲁迅进入了又一个创作高峰期。

《秋夜》是鲁迅创作中并不多见的状物写景之作,开首第一段就是:"在我的后园,可以看见墙外有两株树,一株是枣树,还有一株也是枣树。"从自己身边的景物写起,这是鲁迅对自己还算满意的新据点的地理定位和心理定位。正屋中间向后院突出来的小小书房和大块玻璃窗户后面隐蔽、静谧的后院,就成为鲁迅蜷缩和安置自己疲惫心灵的安乐窝。

《秋夜》后来被编入中学语文课本,"一株是枣树,还有一株也是枣树"这个奇特的句式,给所有的中国人留下了深刻的印象。实际上,早在20世纪50年代,鲁迅的学生许钦文就在回忆鲁迅的文章中说:"'一株是枣树,还有一株也是枣树。'这已成为大家爱颂的句子。"

台湾的一本针对中学生的现代散文导读《课堂外的风景》(台湾翰林出版),收录了45篇现当代作家的散文名篇,第一篇就是《秋夜》。其中对"一株是枣树,还有一株也是枣树"这个特别句式的注释是:"为强调两株枣树不屈的形象,作者刻意以'视点移动'的效果来描写。"进一步的解释还有:"文章开头'一株是枣树,还有一株也是枣树',历来引起众多讨论,其实这两句乃实写普通且平常的现况,从用字遣词来看,显得朴拙,甚至重复冗赘。

背后的语境则隐含作者孤独寂寥的情绪，借以使欲赞颂的枣树形象鲜明凸出。难怪叶圣陶指出：'还有一株也是枣树'是不寻常的说法，拗强而特异，足以引起人家的注意。"

（钱振文编写）

鲁迅手植的丁香树

西三条新居落成的时候，院子里还是光秃秃的，植物只有前院的一棵枣树和后院的一棵杏树。不过，鲁迅对如何绿化这个自己亲手打造的宅子早有系统的想法。

1924年6月8日是鲁迅搬来新居的第二个星期天，正在女高师读书的绍兴老乡许羡苏、王顺亲和原来一起在砖塔胡同61号居住的俞氏三姐妹俞芬、俞芳、俞藻一起，来西三条看望鲁迅先生。鲁迅兴致勃勃地带领这群小丫头们参观自己的新居，顺便介绍了自己在前、后院种树的规划：前院打算种植紫白丁香各两株、碧桃一株、榆叶梅

图一五　鲁迅手植白丁香树

图一六 鲁迅手植白丁香树

两株，后院的土质不如前院，"打算在北面沿北墙种两株花椒树，两株刺梅，西面种三株白杨树。白杨树生长力强，风吹树叶沙沙响，别有风味"。

因为过了最好的植树季节，直到第二年春天，鲁迅的种树计划才得以落实。1925年4月5日是中华民国的植树节，鲁迅请著名的花木店云松阁来家种树，这天的鲁迅日记写道："云松阁来种树，计紫、白丁香各二，碧桃一，花椒、刺梅、榆梅各二，青杨三。"

现在，距离鲁迅请人来家种树已逾90年，当时种植的树木，如碧桃、刺梅及两株紫丁香和三棵白杨树都没有了，但剩下的两株白丁香却依然茂盛，树干粗壮，树冠如盖，成为这个小院最引人注意的景观。每到四月，浓郁的花香就开始漫溢缭绕在院墙内外，不管是慕名来访还是偶尔经过，人们无不为这里随风袭来的阵阵花香如痴如醉。到了夏天，小院里则是枝叶纷披，浓荫匝地，自成一派清凉世界（图一五、图一六）。

（钱振文编写）

郭沫若纪念馆

沧海遗粟

在郭沫若纪念馆内,有一只没有油漆过的日本式木匣。木头已经被岁月涂成了棕灰色,走近木匣可以看到,上面写有"沧海遗粟"四个大字。这个看似普通的木匣,却装有 9 部古文字研究的手稿,这是郭沫若流亡日本期间学术研究的精华。更是郭沫若纪念馆的珍贵文物(图一七、图一八)。

图一七 题有"沧海一粟"的木箱

图一八　装在木箱内的郭沫若手稿

大家都知道郭沫若是个浪漫主义诗人，他怎么又成了古文字的研究专家呢？这里面还有一段鲜为人知的故事。

大革命失败后，大家都在猜测郭沫若的去向，有的说他锒铛入狱，有的说他血洒疆场。其实，郭沫若在周恩来等共产党人的精心安排下，化名吴诚，和家人再次东渡，开始了流亡日本的十年。

郭沫若到达日本后，却陷入另一种恐怖的政治气氛中，经常受到日本警视厅的严密监控。在这样的环境下，他蛰居家中，埋头研究，于1930年出版了《中国古代社会研究》一书。这本书给学术界带来了巨大的震动，人们惊讶地发现，昔日扬名文坛的诗人，又在史学界名满天下。

在研究过程中，郭沫若对研究资料的可靠性产生了怀疑，他开始寻找那些未被后人加工过的、解读古代社会的资料。在日本朋友的帮助下，他读完了东京图书馆与东洋文库中甲骨文、金文的全部著作。甲骨文是中国迄今发现的最古老的文字体系，已经有三千多年的历史，为了识别和研究这深奥难解的文字，郭沫若刻苦钻研，即使受了风寒发着高烧，仍然不肯放下手中的笔。通过对我国甲骨文和青铜器铭文的深入考证和分析，他接连完成出版了《甲骨文字研究》《金文丛考》等高水平的学术著作。

1937年抗日战争全面爆发后，郭沫若决定秘密回国，投身于抗日救亡运动。为了避开日本军国主义者的视线，他只随身携带了一支钢笔，回到了祖国。而这只装有9部古文字手稿的木匣，却留在了日本，直到1957年才被友人带回到郭沫若身边。看到这只失而复得的木匣，他非常感慨，随即在木匣上题写了"沧海遗粟"四个大字，并用几行小字记录了木匣的辗转经历：

  余以一九三七年只身回国后，此箱子手稿遗留日本者二十年，自以为不可重见矣。直至今年四月始由陈诚中同志携回，实属喜出望外。题此以志始末。
一九五七年四月十八日
郭沫若

沧海横流，方显英雄本色。这个小小的"遗粟"是永远也不会被人遗忘的。它是郭沫若在日隐居十年学术生活的见证，它是郭沫若爱国主义情怀和科学精神的展现，它是郭沫若留给祖国文化遗产中一颗璀璨的明珠。

（徐萌编写）

助听器

在郭沫若纪念馆后罩房的展柜里，陈列着一个助听器，这是郭沫若晚年使用过的（图一九）。郭沫若 17 岁时，曾经患上肠伤寒，高烧持续一个多月，听神经被烧伤，腰椎也受到损坏。1927 年大革命失败后，郭沫若再次重病，听力又一次受到重创。

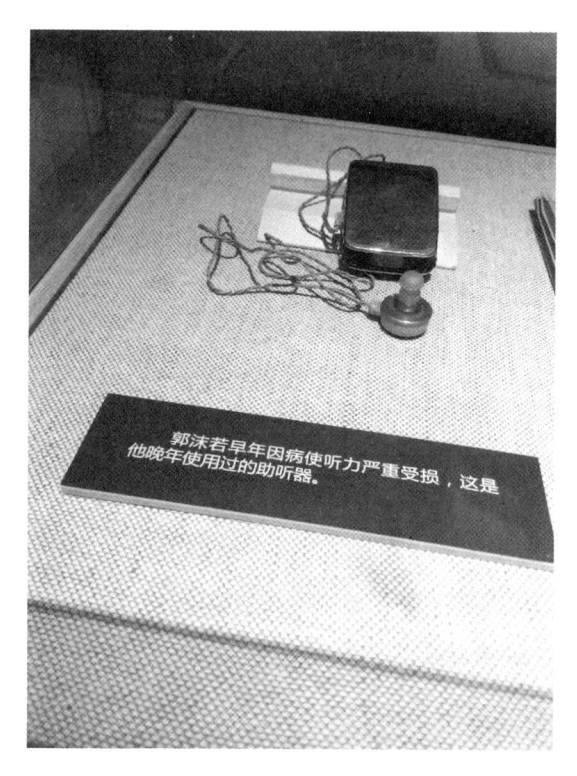

图一九　郭沫若使用过的助听器

对于自己身体上的缺陷，郭沫若并不自卑。20世纪40年代，他在重庆社会大学开学典礼上做报告时说过："有缺陷也一样可以得到成就，只要你自己不灰心，努力学习，尽量用一切办法补救自己的缺陷。"他还风趣地对有残疾的年轻人说："不要因为自己的缺陷而悲观，请看，你们的聋子大哥在这里！"

进入晚年后，郭沫若的右耳几乎失去听觉，左耳只能借助助听器才能听到声音。那时助听器用的电池很贵，也不容易买到，所以不是必要的时候，助听器很多时间都是不开的。虽然郭沫若听不清、听不到，但是他在用眼观察，用心研究，从没有停止过探索和追求。

（徐萌编写）

一对老古钟

在郭沫若故居向南开的垂花门前,摆放着两口不成对的青铜古钟,一左一右,与门前两株古柏相伴为伍。稍高的右钟(东)铸于明朝天顺元年(1457),另一侧的左钟(西)铸于清乾隆二十三年(1758),据郭沫若的长女郭庶英回忆,它们都是郭沫若从文物商店购买的收藏品,摆放在垂花门前,是为镇宅之宝(图二○)。

图二○　垂花门前的铜钟

两钟顶部各有一龙形兽钮，雕刻得十分生动，活灵活现。小兽名唤"蒲牢"，是古代汉族神话传说中的"龙生九子"之一，平生好音好吼，青铜古钟上的龙形兽钮便是它的形象。相传蒲牢原来居住在海边，虽为龙子，却一向害怕海中的庞然大物——鲸鱼。每当鲸鱼发起攻击，它就吓得大声吼叫。后来人们根据其"性好鸣"的特点，"凡钟欲令声大音"，就把蒲牢铸在钟上，而把敲钟的木杵做成鲸鱼的形状。敲钟时，让鲸鱼一下又一下地撞击蒲牢，使之"响入云霄"，而且"专声独远"。

郭沫若为何钟爱这一对青铜钟，却有着深长用意。古钟象征和平，郭沫若在建国之后，长期担任中国保卫世界和平大会主席，作为中国民间外交的使者，多次率代表团出席国际会议，访问友好国家，打破了新中国成立之初，西方大国对中国的外交封锁。作为民间外交战线上的先驱者和领导人之一，郭沫若一生为世界和平奔波劳碌，他走到哪里，和平友谊的种子就播撒到哪里。这对古钟也寄托了郭沫若对国家安定祥和的希冀。

（胡淼编写）

《拟九龙渊诗意》

郭沫若故居的客厅里，沙发后面挂着我国著名山水画大师傅抱石的巨幅画作《拟九龙渊诗意》（图二一）。

图二一　客厅里悬挂的傅抱石画作《拟九龙渊诗意》

傅抱石是郭沫若的好朋友。20世纪30年代，流亡日本的郭沫若结识了留学日本的傅抱石，两人都属龙，郭沫若比傅抱石大12岁。由于他们在文学艺术上有诸多共鸣，两人之间结成了亦师亦友的情谊。

1963年，郭沫若从西四大院搬到前海西街18号，旧居墙上傅抱石的人物佳作《九老图》挂在新居就显得有些小了。30多年的友情使郭沫若再次向远在南京的老友傅抱石约画。

傅抱石欣然答应。二人此前经常诗画相和，傅抱石对郭沫若的诗歌情有独钟。他从郭沫若1958年访问朝鲜时创作的一组纪游诗《九龙渊诗意》获得灵感。诗中写道：

  白石乱溪流，银河下九州。观音新出浴，玉女罢梳头。
  树影偕心定，泉声彻耳幽。浮桥铁索缆，仿佛梦中游。

  群树郁苍苍，山头飞凤凰。人声和溪响，峰色净天香。
  南画宁无本？东邻信有光。青红纷烂缦，天宇为低昂。

  来到龙埏底，群山已觉低。千寻垂白练，万转下云梯。
  崖峭摩天立，渊深彻地嫠。举杯邀玉女，为汝太嵌崎。

九龙渊地处朝鲜金刚山，傅抱石虽不曾亲临，但是凭借郭老的诗句，经过一年多的时间，傅抱石完成了这幅巨作。画面上群峰起伏，烟云缭绕，巨石矗立，雄浑伟岸。该画右侧题记写道："沫公　立群夫人垂赏即乞诲政　一九六五年春敬写九龙渊诗意　傅抱石南京并记"。这是傅抱石一生创作的郭沫若诗意画中，尺幅最大、气势最磅礴的一幅。

傅抱石在这一年秋天因病去世，这幅画成为他一生最后的巨幅作品，也是郭沫若与傅抱石30余年友情的真实写照。

（陈瑜编写）

卧室的床头灯

在郭沫若先生的卧室中,有这样一盏紫红色烤漆的床头灯。这是在"文化大革命"时期,周恩来为了郭老的身体着想,专门在床头为他配备的一盏连接警卫室的台灯,就是希望他在夜间起床时,能有工作人员照顾他。但是郭沫若怕麻烦别人,仍然坚持不开灯,哪怕就是有的时候不得已开了灯,工作人员也经常因为睡得太熟,没有醒来。

为了解决这个问题,又在灯上安装上了警铃,灯一打开,警铃就会响,郭老觉得这样做太打扰别人,经常不忍心将睡梦中的工作人员惊醒,所以,他哪怕起床也是摸黑,为此工作人员经常宽慰他,让他晚上起床时一定要喊醒他们。就算是这样,郭老还是坚持能自己起床的事情,绝对不麻烦别人。

从这个细小的事情中,我们可以看出郭沫若不仅是一个百科全书式的学者,更是一个人品为人所尊敬的伟人,我们应该学习郭沫若先生,从生活中一点一滴的小事做起,努力让自己变成人格上的巨人。

(刘秋琬编写)

"队歌"表露真挚情感

在"郭沫若的人生历程"陈列中,有一页纸上写着一首歌的歌词:"我们,新中国的儿童!我们,新少年的先锋!团结起来,继承着我们的父兄,不怕艰难,不怕担子重,为了新中国的建设而奋斗,学习伟大的领袖——毛泽东!"这就是《中国少年先锋队队歌》(图二二)。

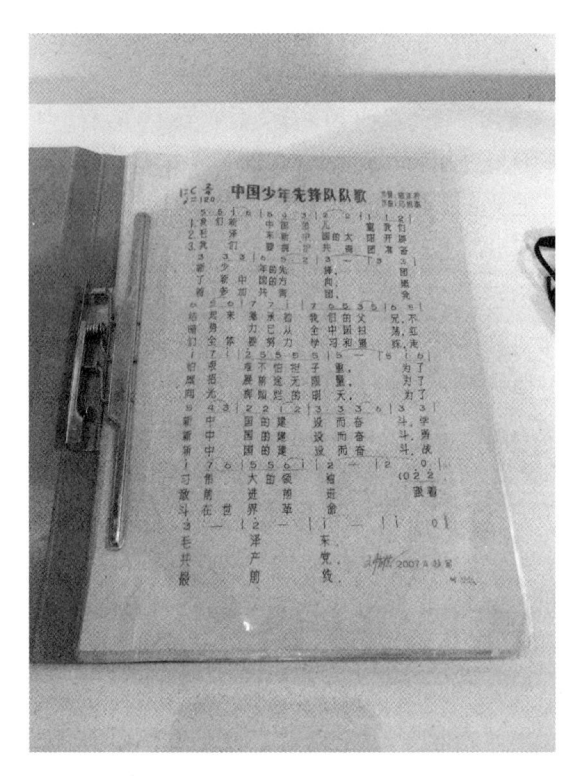

图二二 郭沫若创作的《中国少年先锋队队歌》

郭沫若创作出影响一代代少年儿童的《中国少年儿童队队歌》，展现出他对少年儿童的真挚感情。

1953年，"中国少年儿童队"改名为"中国少年先锋队"，队歌也改为《中国少年先锋队队歌》。从此，少儿队员成了少先队员，但那首队歌没有变。郭沫若只是将"团结起来继承着我们的父兄"修改为"团结起来继承着革命的英雄"，将"战斗在民主阵营最前线"修改为"战斗在世界革命最前线"。

郭沫若是位热爱儿童并极富童心的诗人，一生为少年儿童作了相当数量的诗歌。郭沫若为儿童写作诗歌，不仅仅是在新中国成立后。在此前，也曾多次为少年儿童写作。尤其在抗战时期，郭沫若除了写过几首校园歌，还写出了多首轻快活泼的儿歌。

1950年5月，郭沫若参加全国少年儿童干部大会。在《在春天抢着来播种》的发言中，他希望作家为少年儿童创作出好的文艺作品，提出："以优胜劣败的形象来淘汰那些不良的作品，解救少年儿童精神上的饥饿。""努力培养他们有正确的思想和高尚的情操。"

郭沫若不仅这样说，而且身体力行去做。就在当月，他创作出《"六一"颂》，向全国儿童们祝贺节日："亲爱的小朋友们，今天是你们的节日，太阳照耀的这样辉煌……祝你们一个个都长成为人民中国的栋梁。"从这首诗中，我们可以看出郭沫若对孩子们的期望和祝愿。

之后的许多年，一遇到"六一"节，郭沫若常常为少年儿童作词写诗，以示祝贺。1963年"六一"节前夕，郭沫若在《文汇报》上发表了题为《长远保持儿童时代的精神》的文章。文章以真挚的感情表示要向儿童们学习，他说："儿童时代对于客观的新鲜事物最敏感，每时每刻在不知不觉之间都在进行着学习，把客观的新鲜事物不断地印在自己的脑子里，增加自己的认识和知识，就像蜜蜂很勤快地采集花蜜和花粉来酿成蜂蜜的一样。"

（张宇编写）

茅盾故居

旧式冰箱

走进茅盾故居后院,一眼就能看见位于后院卧室西头走廊上的旧式冰箱(图二三)。这台美式冰箱是 1949 年茅盾夫人孔德沚在旧货市场上买到的。

图二三 茅盾故居内的旧式冰箱

新中国成立后,茅盾出任中华人民共和国第一任文化部部长。接到组织任命,茅盾携家人进驻北京。新换居所,需要添置很多家什,夫人孔德沚总能精打细算,既满足家用,又节约开资。要说会过日子,沈夫人孔德沚很有口碑。她跟随茅盾走南闯北,无论茅盾职务怎么变化,照顾茅盾的日常起居都是她的事,即便家里配备了勤务员,操持家务仍是她分内的事。

据茅盾儿子韦韬先生回忆,当时中国还不能生产冰箱,家里人口多,客人也多,如能有一台冰箱会方便许多。购买进口新冰箱要花费很多钱,沈夫人就到旧货市场区"淘宝"。不仅仅是冰箱,还买过一些实用家具。

这台二手冰箱买回来用了 20 多年,后来坏了。因为是洋货,没地方维修,加之伴随家人这么年了,已经视为家庭成员而备受珍惜,故没有舍弃。1974 年 12 月,茅盾从老文化部宿舍迁至后圆恩寺,旧冰箱也随主人一同来到这里,被安置在后院走廊外面。故居对外开放后,旧冰箱成了珍贵的文物。

(郭丽娜编写)

电视机

进入后院拾级而上,来到茅盾的第二个书房。这间大屋有 20 多平方米,屋里正北墙是一排木质书柜,明眼人一看就知道是公家统一配发的——高低不等、大小不一。每个书柜台面上都放有一些小玩意儿,尽管不大,但蕴含了浓浓友谊和深刻回忆。在这些书柜上也少不

图二四　茅盾故居内的电视机

了摆放毛主席瓷像，并且与其他物件相比，体积、面积都要大些，这符合当时政治需要。

靠东贴墙放有一个立柜，立柜下面码放了大部头书，上面摆放了一台电视机（图二四）。根据韦韬、陈小曼著《父亲茅盾的晚年》第182页的介绍："当年，国务院机关事务管理局花外汇为国务院副总理级别以上的高干从西德购进一批24寸彩色电视机，哪知道，副总理以上的首长们家里早已有之。这样下来，自然也就便宜了副总理以下的若干首长们，茅盾家便是其中之一。"

有了这台电视机，茅盾多了一个了解外部世界的窗口。茅盾年轻时就有眼疾，治疗多年都没能根治。看书是茅盾一生唯一的嗜好，年纪大了又赋闲在家，有的是时间看书，眼睛不好，不能长时间看书，这对茅盾是个痛苦，因此性格也变得急躁了。有了电视机，他可以减轻眼睛劳累，因为有的新闻是可以听的。所以电视机虽小，进家时间也短，但对茅盾的贡献却一点都不小。

现在，这台电视机也被列为文物，像数十年前一样，静静地立在书柜上，等候主人随时使用。

（郭丽娜编写）

小书桌

1977年初,经过一年时间的酝酿,茅盾决定写回忆录。然而,对于晚年的茅盾,这确实是一项巨大的工程。他在致田苗的信里写道:"写我一生经过的事,此事想想不难,哪知一动手,才知道要找许多旧书、报刊来核实,那就费事了。"为了完成回忆录,茅盾每天要写4—5个小时,对一般人来说这也许没什么,但对当时的茅盾来说却是大事。那时他身体极弱,遇到老年性气管炎发作,更是雪上加霜,连呼吸都困难。他把写作搬至床边的小书桌上,感到疲倦了,能就近躺到床上休息片刻,稍有缓解再起来写。

图二五　茅盾故居内的小书桌

就这样断断续续四年，茅盾靠坚强的毅力和信念，写了 40 万字的回忆录。虽然 1934 年以后的文字是通过录音磁带整理出来的，但对于一个耄耋之年、体弱多病的老人来说，这是何等的艰辛不易。

当游客看到这张小小的学生简易课桌，很难想象在现代文学史料史上举足轻重的巨著——《我走过的道路》，竟然是在这间不是书房的"书房"、在如此简陋的书桌上完成的。这张小书桌因为见证了回忆录的诞生而显得与众不同（图二五）。

（郭丽娜编写）

老舍纪念馆

丹柿小院

提到"老舍"两个字,很多朋友都会这样说:"我是从课本上认识老舍先生的!"那么,接下来请从课本走出来,来到"老舍纪念馆",进入老舍的生活,了解老舍的世界。

老舍纪念馆离繁华的王府井大街不远,位于一条胡同把口,地址是迺兹府丰盛胡同10号。因为与西城的丰盛胡同重名,后来改称丰富胡同。老舍先生1950年由美国归来后,自己花钱买了

图二六 "丹柿小院"的两颗柿子树

图二七　木制五彩小影壁上老舍夫人书写的"福"字

这座普通的小四合院。他在这儿生活了 16 年，写下了我们熟知的《龙须沟》《茶馆》《正红旗下》等新中国成立后的全部作品。1966 年老舍含冤自杀后，他的家人一直在这里生活。1984 年，北京市人民政府将这座小院列为市级文物保护单位。1997 年，老舍家属将老舍故居及部分藏品捐献给国家，经北京市文物局拨款修缮，于 1999 年 2 月 1 日老舍百年诞辰之际正式对外开放。

来到老舍纪念馆，一方面可以看一看老北京普通民居的样貌，感受老舍先生当时生活的真实状态；另一方面也可以通过展览《走进老舍的世界》，了解老舍先生的生平及创作历程。

这所院落属于老北京四合院,大门坐西朝东,占地约 400 平方米,大小 19 间房,各有各的用途。

　　这座故居有个美丽的名字——丹柿小院。1953 年春天,老舍先生在院中亲自栽下两棵柿子树。每逢深秋,枝上缀满红柿,别有一番诗情画意。为此,身为画家的老舍夫人胡絜青美其名曰"丹柿小院"(图二六)。

　　老舍一家住在这里时,院里种满了花草。养花对老舍先生而言既是一种乐趣,又是一种休闲、锻炼的好方法。每逢写作写累了,老舍就来到院中,浇浇水,收拾一下花草。散文《养花》大家应该都很熟悉,描写的就是这个小院的情景。当时老舍的心态,大概正如文中写道:"有喜有忧,有笑有泪,有花有实,有香有色,既须劳动,又长见识,这就是养花的乐趣。"现在的院里,除了柿子树,还能看到枣树、香椿树、枸杞和玉簪。

　　不但"有花有实,有香有色",老舍家还多"福"。走进正门,首先映入眼帘的是一座砖砌影壁,中心贴了个大红"福"字,它是老舍的儿子舒乙亲笔题写的。进入主体院落,则会看到一座造型十分别致的木制五彩小影壁,影壁上贴有老舍夫人胡絜青书写的"福"字(图二七)。

言语声片

在老舍纪念馆的第一展厅中，保存有一套——《言语声片》，它是世界上最早的多媒体对外汉语教材，也是保存老舍先生墨迹和声音的重要文物，是见证中西文化交流的珍贵历史资料（图二八）。

图二八　老舍先生参与书写和录音的对外汉语教材《言语声片》

20世纪20年代，老舍曾在伦敦大学东方学院任教，被聘为标准中国官话和中国古典文学讲师。其间，世界权威语言机构——英国灵格风出版公司委托伦敦大学东方学院，出版一套针对外国人的汉语学习教材，并用灌制唱片的办法教发音，教会话。

全套教材由两本教科书和十六盘唱片组成。其中第二卷的课文全部是手写的中文，毛笔字，照片制版，印刷而成。书写者为 C. C. Shu（舒庆春），即老舍原名。字体为楷书，略带点魏碑的风格。这是老舍青年时代的珍贵墨迹。

唱片共十六盘，全部发音灌录者，就是时年二十五岁的舒庆春。每张唱片都装有灵格风的套封，张张上面注明发音灌录者的全名，那就是伦敦大学东方学院华语讲师 Chien Chun Shu。

老舍纪念馆现存的这套《言语声片》由日本友人赠送，包括两本教科书和由唱片转录而成的磁带。中国现代文学馆亦有收藏。为便于研究和利用，《言语声片》教科书第一卷和第二卷被完整地复印到《老舍全集》第十九卷中，供人们查看。

老舍的"结婚证"

环顾老舍纪念馆的第一展厅,在众多展品中,一眼就能看到老舍先生的婚书,大红色纸质,红底墨字,异常醒目(图二九)。

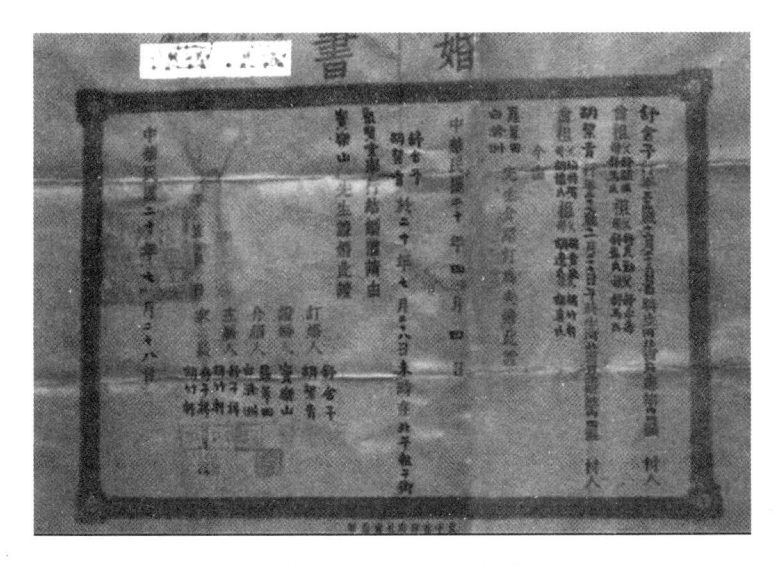

图二九 老舍的婚书

老舍先生的婚书于1931年由北平市政府社会局印制。从文字中,我们可以看到老舍和胡絜青的出生年月、日辰和籍贯,并在上面开列了双方父母、祖父母、曾祖父母三代的名字。据老舍的大女儿舒济介绍,这是迄今已知的老舍的全部家谱情况,同时也是研究社会发展、进步和研究过去社会状态、生活情景的珍贵资料。婚书上所有的文字,都由老舍先生亲笔书写。

蛙声十里出山泉

老舍先生好客，喜欢交朋友，在他生前，客厅里总是高朋满座，其中不乏文化名人和著名的艺术家。在客厅的西墙上，悬挂有国画大

图三〇　老舍先生收藏的李可染画作《可染画牛》

图三一　老舍点题、齐白石作画的《蛙声十里出山泉》

师李可染的一幅《可染画牛》，画面上有齐白石老人的题款（图三〇）。这反映出老舍先生的重要爱好之一，那就是收藏名家字画。老舍不定期地将自己收藏的字画轮换悬挂展出，这面西墙俨然成了老舍收藏字画的展示墙。

在第二展厅，大家还会看到《蛙声十里出山泉》的复制品（图三一）。老舍之子舒乙回忆，1951年，老舍选了苏曼殊的四句诗句，向"齐老人"求画。91岁的齐白石看后说："这难不倒我，不就是'春夏秋冬'的内涵吗？"老舍先生受到鼓舞，就又找了四句难度更高的诗句，再次向齐白石求画，其中最难的一句，就是查慎行的"蛙声十里出山泉"。

如何才能表现山泉出"蛙声"的意境呢?"蛙声十里"是听觉形象,绘画是视觉形象。要用视觉形象引起读者的听觉感受,而且规定背景是"山泉",确实是个难题。但是,知识丰富、善于艺术创造的白石老人,经过几天精心构思,终于按照题意画出了一幅四尺长的立轴。他并没有画那些鼓腮鸣噪的青蛙,而是画了山涧乱石中泻出一道急流,急流中夹着几个形象生动、富有生命力的蝌蚪,高处抹了几笔远山。画面上的乱石、急流、蝌蚪、远山,水乳交融,十分和谐,传神而含蓄地表现出"蛙声十里出山泉"的意境。画面上虽然没有出现青蛙,却使人隐隐如闻十里蛙声,真可谓情景交融,画中有声。

据舒乙回忆,老舍先生拿到这幅画时,眼睛发亮,激动不已,连声说:"好画,好画,意境好!"老舍家有一个"老舍画墙",差不多每隔半个月就更换一次画轴,唯有这幅作品不换,永远展览着,他每天都要在画前伫立良久。1980年此画被印到邮票上,广为发行,这一趣事也广为人知。

(郑小惠编写)

徐悲鸿纪念馆

《灵鹫》与"飞将军"的故事

1943年春,世界反法西斯战争进入高潮,中国战场的抗日战争也如火如荼,为了给战时的重庆人民以美术欣赏和精神上的鼓舞,徐悲鸿在重庆中央图书馆举办画展,参展之画都是徐悲鸿需要长期保存的、自己特别满意和有代表性的品作。因为此次办展的目的不是筹款,所以绝大部分画都是非卖品,而国画《灵鹫》就是非卖品之一(图三二)。

图三二 《灵鹫》(1942)

这幅画创作于1942年，是徐悲鸿作品中的精品。画面上两只巨大的灵鹫栖息于陡峭的悬岩，犀利的眼眸凝视着远方，造型严谨，笔墨雄健，整个画卷洋溢着刚毅强悍的气势。特别是灵鹫的爪子、眼睛和嘴等细节精微而传神的刻画，将猛禽的性格毕现无遗，与淡蓝色的远山和用泼墨写成的岩石，形成工整与粗放的对比。

前来观展的一位美国将军对此画一见钟情，念念不忘。抗战胜利后，美国将军带着蒋介石亲自给他的授勋即将荣归之际，蒋介石想送份贵礼，以表示对这位美国将军协助国民党政府工作的感激，便询问他喜欢中国什么？将军当即表示，除了徐悲鸿先生的《灵鹫》图外，他什么都不想要。于是，蒋委员长差国民政府官员一趟趟地找徐悲鸿，请他出售这张作品，提出要多少价钱都行，但都被徐悲鸿严词拒绝。这幅精美的作品现如今保存在徐悲鸿纪念馆。

这位美国将军便是在中国抗日战争中，多次与空袭日军作战，冒着生命危险，指挥美国志愿航空队（飞虎队），翻越世界屋脊，开辟"驼峰航线"，给中国人打通与国外之间最后一个通道的"飞虎将军"陈纳德。他钟情于徐悲鸿的《灵鹫》图，因为徐悲鸿笔下勇猛威武的灵鹫，让人想到美国国徽上的双鹰，抑或对于翱翔蓝天的飞将军来说，他想要的是灵鹫的气势，所以才有了求购《灵鹫》图的率性之举。而徐悲鸿不出售自己的画作，那是以艺术为生命的挚爱写照。出于对陈纳德将军在抗战中为中国人民所做贡献的敬意，徐悲鸿给陈纳德将军送上自己的一份厚礼——《八骏图》。没有买到《灵鹫》图的陈将军，看到八匹气势非凡的奔腾骏马，真是喜出望外。

（刘名编写）

《八十七神仙卷》的去兮归来

一 赎宝

1937年，到香港举办画展的徐悲鸿先生，经好友许地山夫妇的介绍，到一位收藏中国字画的德国人家去看画。在众多的字画中，意外地发现了一幅白描人物手卷。画面上列队行进的八十七个人物，眉眼神态呼之欲出，体态轻盈，飘飘欲仙，惟妙惟肖。整个画面虽未着任何颜色，但那遒劲而富有生命力线条所产生的渲染效果，展现了中国古代人物画的杰出成就。十分推崇我国传统线条白描技法的徐悲鸿，认定此画非唐代高手不能为，当即以一万元现金并加上自己的七幅作品购得此画，为流落异国他乡的国宝赎身，使之回归祖国。

因为买时古画并没有名字，所以，徐悲鸿为画起名《八十七神仙卷》，并在画面上加盖了"悲鸿生命"的印章，重新装裱，并加题跋："前后八十七人，尽雍容华妙，比例相称，动作变化，虚阑平极，护以行云，余若旌幡明器，冠带环佩，无一懈笔，游行自在。"之后，徐悲鸿又请香港中华书局照相、制版，用珂罗版精印（图三三）。

二 丢宝

视艺术为生命的徐悲鸿对《八十七神仙卷》呵护备至，爱护有加，在当时那个动荡的年月随身携带辗转各地，个中艰辛自不言说。

图三三 《八十七神仙卷》(局部)

1941年底的一天，日军空袭云南，轰炸机成群结队，狂轰滥炸。当时在昆明举办劳军画展的徐悲鸿和许多人一起，进入防空洞躲避。

警报解除后，回到住所，徐悲鸿发现门锁被撬，《八十七神仙卷》连同他自己的三十余幅作品被盗！尤其是被他视为生命的《八十七神仙卷》的丢失，让徐悲鸿痛不欲生，食不下咽，寝不安席，大病一场，从此落下高血压的病根。曾经，徐悲鸿将为这件流落海外的国宝赎身作为平生最快意的事；然而，国宝的意外丢失也成了他终身遗憾的事，他深深谴责自己，悲伤地赋诗自忏："想象方壶碧海沉，帝心凄切痛何深。相如能任连城璧，负此须眉愧此身。"

三 宝归

在以后的日子里，每每想起这幅画，徐悲鸿就扼腕叹息，心里泪流不止。1946年初，徐悲鸿的学生，中央大学艺术系的卢荫寰女士的一封来信，让徐悲鸿兴奋不已。

卢荫寰信中说，她在她丈夫的一个成都朋友家里，无意中看到一幅和徐先生丢失的《八十七神仙卷》相似的古代人物画卷。她之所以对此画如此熟悉，缘于在中大艺术系上学时，徐先生曾将《八十七神仙卷》的放大图照带进教室，让学生们临摹，而她也有幸多次临摹，所以便有一见如故的感觉。

得知此消息后的徐悲鸿快乐而焦虑，快乐的是国宝有迹可寻，焦虑的是他不能亲自出面，更怕藏画人惧祸，将画毁掉，销赃灭迹。苦心权衡后，徐悲鸿委托一刘姓中间人前往成都，与藏画人设法相识，后出20万元的高价，加上自己多达数十幅的作品，将画赎回。看到"完璧归赵"、他视为生命的画卷，徐悲鸿激动得两颊通红，双手颤抖。后来廖静文回忆说："打开画一看，题跋都给割掉了，那个'悲鸿生命'的图章也给挖掉了。但是画的内容还很完整，没有被损坏，所以悲鸿非常高兴，当即作诗一首：'得见神仙一面难，况与伴侣尽情看。人生总是荐菲味，换到金丹凡骨安。'"

1948年，徐悲鸿将《八十七神仙卷》重新装裱，请张大千和谢稚柳写了跋。此画现存徐悲鸿纪念馆，成为镇馆之宝。

（刘名编写）

《蔡公时被难图》

1928年5月3日，为了阻止北伐，日军不顾国际法，冲入济南外交机构，捆绑外交人员，制造了骇人听闻的"济南惨案"。当时担任战地政务委员会外交处主任蔡公时用日语提出抗议，竟被日军割掉耳朵和鼻子。蔡公时热血洗面，向随从人员喊道："惟此国耻，何日可雪！"日军又剜掉他的眼睛，割掉他舌头。进而将与蔡公时一起的外交人员一并杀害，并焚尸灭迹，幸亏勤务兵带伤逃脱，这一滔天罪行方得公诸于世。

图三四 《蔡公时被难图》草图

日军的暴行引起举国震骇和义愤，杭州市民冒雨悼念死难同胞，冯玉祥将军愤恨交集，作《五三惨案歌》，令部队习唱。中国军队撤出济南后，日寇大肆搜杀，中国军民死伤六千余人。

徐悲鸿应邀为福建省教育厅作《蔡公时被难国》（图三四）。写过"毒焰披猖逼眉睫""男儿昂藏任宰割"等愤怒诗句的徐悲鸿，此时此刻面对国家民族之奇耻深恨，是以何等激愤的心境提笔作画。画面上，蔡公时背对两个日本宪兵，地上翻倒着一个箱子，背景画一长桌，血淋淋的残酷场面令人不寒而栗，日寇的凶残嘴脸一览无余。

《蔡公时被难图》是徐悲鸿最早直接表现抗日救亡题材的绘画作品。

（刘名编写）

《双鸡》图的故事

徐悲鸿先生是位悲天悯人的谦谦君子,尽管他自己一生过得拮据清贫,对别人却是古道热肠,常常慷慨解囊。裱画匠刘金涛便是受徐先生恩惠的一位。为了培养和支援手艺人刘金涛,徐悲鸿自己捐了许

图三五 《双鸡》(1947)

多幅画，还和齐白石一起办展，义卖集资，为刘金涛开办裱画店，徐悲鸿还亲自为店题匾"金涛斋裱画"。所以，因裱托画事，刘金涛也是徐、白两家出入的常客。

1947年的大年三十，刘金涛因裱画事到徐悲鸿家。茶余饭后，刘金涛见徐悲鸿精神尚佳、情绪饱满，便向徐悲鸿讨画，徐悲鸿欣然应允，当即纸铺墨起，挥洒丹青，顷刻间，两只公鸡活灵活现，跃然于纸上。画得正是入兴，突然停电了，家里一时也无备用蜡烛。对于徐先生没画完的画，刘金涛并不想等到来日，怕夜长梦多，过了今天这幅画还不定落到谁人之手呢！徐悲鸿深知其心思，便摸黑提笔，为他落款、盖章。刘金涛连夜将画带走，心想过两天瞅一个合适时机，再请徐先生补画，将这幅未尽之作完成，谁知一拖就拖了好几年，徐先生也突然病逝。

徐悲鸿走了，这幅未尽之作的《双鸡》图却不能半途而废啊，可谁来补画，谁又敢补墨呢？刘金涛想到了齐白石先生。九十三岁的齐白石满含深情，蘸浓墨在那幅徐悲鸿未完成的画卷上，补上了石与兰，题了款，盖上两方印章。至此，由徐悲鸿、齐白石这两位忘年交合作的《双鸡》图，成了两位大师的绝响（图三五）。此画后来由廖静文馆长从刘金涛手中购回，捐给徐悲鸿纪念馆。

（刘名编写）

《九方皋》

这幅作品取材于《列子·说符》。春秋战国时期,秦国国君穆公召见著名的相马能手伯乐说:"你年岁已高,在你后辈中有谁能继承你的绝艺呢?"伯乐答道:"我的子孙可以识别出好马,但不能识别出千里马。"他向穆公推荐了自己的朋友九方皋。

九方皋寻找了三个月后,找到了一匹千里驹。秦穆公询问马是什么样的,九方皋回答:"是一匹黄色的母马。"秦穆公派人去取,却是一匹黑色的公马。秦穆公很不高兴,于是对伯乐说:"你推荐的人连马的毛色与公母都分辨不清,怎么能识别千里马呢?"伯乐却说道:"这正说明他相马的本领不在我之下,因为他得其精而忘其粗,在其内而忘其外,见其所见,不见其所不见。"秦穆公命人试马,果然是罕见的千里马。九方皋看到的是马的内在精神和能力,注重马的

图三六 《九方皋》(1931)

本质特征而不重马的皮毛，注重它的精髓而忽略它的表面现象。

徐悲鸿作此画，寓意人才难求，识人不易，更借题讽刺当权者不识人才。画中九方皋气度豁达、神采奕奕。千里马虽头戴缰绳，但仍扬起铁蹄，跃跃欲试，欢欣雀跃。徐悲鸿笔下的马都是不带缰绳、追求自由的野马、奔马，唯有画中这匹黑缎似的骏马心甘情愿被红缰所制。对此徐悲鸿解释说："马也如人，愿为知己者用，不愿为昏庸者制。"

徐悲鸿的学生艾中信回忆道：徐先生很少对我们讲他自己的画如何如何，但关于《九方皋》曾讲过一些。他曾鄙夷地指着那个站在九方皋背后的小丑说，这个人其实他不懂马的好坏，摆出那副架式，着实可笑。徐悲鸿用他来陪衬九方皋的沉着镇定，这是创作上的需要。

徐悲鸿运用拟人的手法以马喻人，喻意有远大抱负的有识之士，愿意成为栋梁之材，却不甘心服务于庸人。有贤才之人更希望自己是一匹千里驹，得到像九方皋那样慧目的发掘，找到适合自己的用武之地（图三六）。

（刘名编写）

《田横五百士》

徐悲鸿说他学西画,就是为了改良中国画。1927年,在欧洲卧薪尝胆8年的徐悲鸿学成归来,站在中国的土地上,要把自己的所学所思所感所悟,倾注中国画坛,用自己独特的风格和独创的艺术造诣,把久已沉寂的中国绘画带进一个新的境界。

《田横五百士》便是用西洋技法来展现一个中国故事(图三七)。故事讲述陈胜吴广起义后,各方豪杰纷纷响应,齐国的后裔田横也是抗秦的义士之一。汉高祖刘邦消灭群雄、统一天下后,田横同五百将士仍困守在一个孤岛上。刘邦听闻田横很得人心,为免后患,便下诏要田横来降,否则派兵铲平孤岛。为了保存岛上五百人的性命,田横便带领两名部下离开海岛向洛阳进发。走到离城门还有三十里的地方,田横沐浴更衣,拔剑自刎。死前他叮嘱两名副将,拿着他的人头去见刘邦,表示自己不受投降的屈辱,同时也要保存岛上人的性命。汉高祖刘邦厚葬田横,并封两名副将为都尉,但两人追随田横自缢而亡。岛上的人得知消息后,纷纷蹈海而死。

画面描写了舍生取义、生离死别的悲壮情景,人物众多,各自诉说着离别之情,从精微细处体现悲愤之情。身穿红袍的田横气宇轩昂,拱手向众壮士告别,持剑者的手臂以宽阔的笔触挥写,显示出激愤与力量。一群衣不蔽体但神情倔强、性格各异的男女老少,或忧伤,或沉默,或愤怒。颈部扭曲的战马与浓重低沉的白云,以及以一当十的不对称构图,都预示着一场不平静事件的发生。整幅画面呈现出强烈的悲剧色彩。

在中国历史上,"田横五百士"成为忠义、节烈的象征。徐悲鸿

图三七 《田横五百士》(1928—1930)

借用这一典故，或用以呼唤同仇敌忾、共赴国难的英勇精神，或用以歌颂誓死不作亡国奴的民族气节，或用以抒发家国不再的悲怆。司马迁曾感慨道："田横之高节，宾客慕义而从横死，岂非至贤！余因而列焉。不无善画者，莫能图，何哉？"正是这句话触动了充满正义感的徐悲鸿的心，定要以"富贵不能淫，威武不能屈"为主题创作一幅巨作，来贬斥为一己私利而趋炎附势的无耻小人。

（刘名编写）

《傒我后》

1931年9月18日夜，日军炮轰沈阳北大营，震惊中外的九一八事变爆发。日本侵略军的铁蹄踏入中国东北，东三省沦陷。国内军阀混战，百姓处于水深火热之中。徐悲鸿心急如焚，盼望正义之师的到来。他用画笔呐喊，用《傒我后》的历史典故，为当时备受煎熬的人们寻求和平生活早日到来（图三八）。

图三八　《傒我后》（1930—1933）

时代之音

故事取材于《尚书》，描写夏桀暴虐无道，民不聊生，商汤带兵去讨伐，受苦受难的百姓渴望得到解救，企盼明君的到来。于是说"徯我后，后来其苏"，意思是"等待我们贤明的圣君，他到来了我们就得救了"。

画面上大地干涸，寸草不生，大树干枯而死，树皮已被剥光，瘦牛啃食草根，一群衣不蔽体的人们翘首远望，饱含期待的目光，希望在大旱之年，天边有云起雨现。画面采用了暗色调，表达大旱之年天空的阴霾，百姓内心的黯然。画布上颜色薄厚相兼，既能刻画人物细微的表情，又能表现土地、树干粗糙的质感，在重色度中探求局域色彩的反差变化，使压抑的气氛并不死板，跳跃但不出格。

徐悲鸿从1930年开始起稿创作，历时3年才完成。当时徐悲鸿的住房条件很差，连大的画案都没有，此幅巨作，徐悲鸿是趴在地板上画的。为了逼真写实，画面众多的人物形象直接以城区饥民为模特，深刻地反映了当时社会底层人们的生存状态。

（刘名编写）

《愚公移山》

1941年，国内抗战如火如荼，场面悲壮惨烈异常。为了打通中国与外界的最后一点联系，凿出一条生命线路——滇缅公路，在中缅边境的高山峡谷中、原始森林里，数十万中国军民挥动着极为简陋的工具，风餐露宿，流血流汗，以最坚韧的毅力、最顽强的拼搏、最矢志不渝的信念劳作着。

当这幅一个民族在绝境中求生存的悲壮画面，萦绕在徐悲鸿脑海中时，他仿佛看到了那个白胡子愚公与他的子孙们从洪荒远古向他走来：他们赤裸着血肉身躯，也赤裸着"子又生孙，孙又生子……子子孙孙无穷匮也"的坚定信念。

正是愚公不怕困难的顽强毅力和有志者事竟成的行为，沸腾了画家爱国忧民的男儿血脉。大型彩墨画《愚公移山》（图三九），融合西方人体艺术理念与中国传统绘画技巧，运用了形、光、色、线、点、面等中国的、西方的所有造型艺术手段，充分发挥各种元素的魅

图三九　《愚公移山》（1940）

力，着力表现叩石垦壤的壮男体魄。

  他们大多全裸，只有少数着短裤，形象高大，近乎真人。他们挥舞着手中之镐，有正有侧，有仰有俯，造型夸张，动态强烈，神情激越，画上的每一笔既自然流畅又不失严谨，每根线条都被赋予生命力，力度空前，以很强的视觉冲击力，反映出排山倒海的决心，呈现出一种恢宏气势。整幅作品洋溢着一种乐观无畏、改天换地的英雄气概，是对力量与原始生命的呼唤和礼赞，充分展示了"人定胜天"的伟大精神，奏响了回荡于天地之间的美妙乐章，在抗日战争最艰苦的年代里，极大地鼓舞了中国人民的斗志。

（刘名编写）

梅兰芳纪念馆

梅兰芳画轴《春消息》

梅兰芳二十几岁时，对绘画产生了浓厚兴趣，先是把自己家藏的画稿拿出来临摹，后来便由罗瘿公介绍，拜王梦白为师学画。这一时期，他又先后认识了许多名画家，如陈师曾、金拱北、姚茫父、汪蔼士、陈半丁、齐白石等。

图四〇　梅兰芳画轴《春消息》

抗日战争时期，梅兰芳蓄须明志，不再登台演出。赋闲在家，迫于一大家人以及梅剧团成员的生计，他又重拾绘画的兴趣，积极创作。一方面打发闲暇时光，陶冶性情；一方面也由朋友们提议，举办画展，卖画增加经济收入。

当时正是甲申年腊月，寒冬时节，梅兰芳已经罢演多年，上海还笼罩在抗日战争的阴影中。有一天，他从收音机里听到日本又吃了一个败仗的消息，甚是高兴。联想到此时的局势，他预感到抗战胜利就要到来。便立即动手，画下这幅寒梅，题名《春消息》。红梅妍丽，老干峥嵘，寄寓着他对胜利的期望，也展示着他傲雪寒梅般的气节（图四〇）。

（邢春蕾编写）

新编古装戏《天女散花》剧照

说起《天女散花》的编演,其中有很多创作结晶,单单就剧装造型,便有许多不易。梅兰芳在一位朋友家中,偶然看到一幅《散花图》,只见那天女风带飘逸,体态轻盈,生动曼妙。他正在凝神欣赏,旁边一位朋友提议《奔月》之后,何不再排一出《天女散花》。

图四一 《天女散花》剧照

梅兰芳也觉得，这样的题材很适合编排一出歌舞剧，笑着回答说："是呵，我正在打主意哩！"回头便向主人借画，回家观摩。主人当即提出一个条件，只要梅先生新戏排好，演出的时候留几个好座听戏便肯借出。

回家之后，梅兰芳仔细端详这幅《散花图》，想从天女的飘带上创造出一种新的舞蹈。他根据画里天女身上的许多飘带，照样做了许多绸带。哪知试验舞动的时候，绸带太多，左绕右拌，总不应手。试来试去，最后采用两条带子来舞，果然就上手得多，并且也不妨碍美观。

梅兰芳还参观敦煌雕塑展和敦煌画展，积累了不少素材。他觉得敦煌的各种飞天画像，与《天女散花》中的天女形象有相似之处，便拿来借鉴研究。为了确定天女的形象，梅兰芳还参考了许多木刻、石刻、雕塑和各种宗教图画，最终确定了天女的造型（图四一）。

(邢春蕾编写)

《抗金兵》戏单

九一八事变以后，梅兰芳从北京举家南迁到上海，没有找到住宅，暂时寄住在沧州饭店。好些上海的老朋友都前往看望梅兰芳。梅兰芳正计划着编一出有抗敌题材的新戏，恰巧叶玉甫来闲谈，听说这个计划，他提议改编梁红玉的故事。梅兰芳想起老戏里有一出《娘子军》，表演梁红玉擂鼓金山寺的一段，于是想根据这个简单的情节扩充成一部比较完整的新戏。经过了三个多月的集体编写，诞生了《抗金兵》（图四二）。

新中国成立，1951年梅剧团到汉口演出，梅兰芳决心重排《抗金兵》。在北京时就已经做出了修改，此时梅兰芳又邀请当地负责戏改和爱好戏剧的同志，开了一场关于《抗金兵》的座谈会。多年不唱，再经过大的修改，前后场次变动很多，剧中人物也有了增减，等于排了一出新戏。整个剧团的人顿时又紧张起来。

第五场中，梁红玉要亲自擂鼓助战。梅兰芳怕自己多年不演这出戏，打起鼓来不均匀。他认为有必要加以温习。可是来汉工作的人们汇集一处，如果把堂鼓抬进来练习，怕是要吵得四邻不安。为此梅兰芳迟迟没有行动，练习打鼓的计划一拖再拖。有一天，他想出办法，借了两根鼓槌带回家，就拿自己的大腿代替堂鼓，每天认真练习打鼓。他常常一边和朋友说话，一边手上不停地打鼓。

梅兰芳回忆道："我在上海初演《抗金兵》的时候，对这几通战鼓，也曾苦练过的。如今一搁十几年，鼓点子还没有忘记，就是两只手腕上的轻重不匀。我们习惯上都是用右手写字吃饭，这只手不用练也能打得上来。左手就不行了，因为它不常使用，要它打得跟右手一

图四二　1951年5月31日《抗金兵》戏单

样的劲头,那是非练不可的。我这次练了三四天,才把劲头找了回来。"梅兰芳又说:"这架堂鼓,随身带着,到处坐下就可以练习,比较简便一点。冬天衣服穿得多,根本不生什么问题。我这次正赶上夏天,腿上不免要吃点苦的。好在短期训练,没有多大关系,也无非是凑合环境,一种权宜的办法而已。"就这样练习了几天,梅兰芳的两腿上,竟敲出洋钱大小的青斑。他对艺术一丝不苟,对观众不肯马虎的精神,也体现在这件小事上,让人敬佩而感动。

(邢春蕾编写)

《霸王别姬》中虞姬的服装

《霸王别姬》是梅兰芳的经典剧目,艺术感染力强,很能叫座,深受观众的喜爱。梅兰芳边演边改,精益求精,这出戏从最初编演到最后定型,经过了三十多年(图四三)。

图四三 梅兰芳表演《霸王别姬》时的戏装和头饰

1921年下半年,《霸王别姬》开始排演,到1922年正月十九日,在第一舞台首次上演。这出戏由初定的二十多场删减成不满二十场,从计划两天演完改为一天演完。梅兰芳饰演虞姬，杨小楼饰演霸王。

首演当天，第一舞台满座，观众翘首以待，等着看二位的好戏。虽然已经删减了场次，过场戏还是比较多，且有的场子相当长。前台火热，后台熙攘，演员和管事都相当忙碌。一场大武戏演完之后，杨小楼回到后台，他双手除去盔头，对梅兰芳说："兰芳，我累啦，今天咱们就打住吧。"梅兰芳说："大叔！咱们出的报纸是一天演完，要是半中腰打住，咱们可就成了谎报纸啦。我知道您累了，这场戏打得太多了，好在这下边就是文的了，您对付着还是唱完了吧，以后再慢慢改，这个戏还是太大。"。

第二天，梅兰芳带着姚玉芙、冯幼伟、齐如山、吴震修到杨小楼家里商议改戏。过了几天，在吉祥茶园再演，场子又减少了，共有十四五场，打戏还是不少。初期的《霸王别姬》，就是按照这次的演出暂时定型。后来边演边改，到1936年，减到了十二场，新中国成立后减到了八场。

从杨小楼算起，先后还有七位演员给梅兰芳配戏，饰演过霸王一角。武生演员沈华轩、周瑞安，花脸演员金少山、刘连荣、汪志奎、袁世海都曾饰演霸王。其中金少山声容俱佳，获赞"金霸王"，刘连荣别具一格，袁世海获得认可。如今，戏曲舞台上的西楚霸王，依然是由武生和花脸两种行当的演员饰演。

（邢春蕾编写）

在苏联拍摄《虹霓关》电影

1935年，梅兰芳应苏联对外文化交流协会的邀请，率团到苏联访问演出。梅剧团的演出受到苏联各界人民的热烈欢迎，每场演毕，观众都要求谢幕多次。苏联对外文化协会请他们在莫斯科大剧院再加演一场，作为临别纪念。这场演出结束后，观众热烈的掌声持续了很久，梅兰芳被请出谢幕多达十八次之多，这在该剧院的舞台演出史上是破天荒的事。另有许多群众聚集在剧院门口等待，渴望一睹梅兰芳的风采。以至需要警察出面维持秩序，开辟出一条小道，才能使他登上汽车返回旅舍。那些日子里，甚至马路上的小孩，看见衣冠整洁的中国人走过，都会喊一声"梅兰芳"，可见梅兰芳在苏联演出影响之大，反响之热。

苏联方面对梅兰芳的访问演出十分重视，为了做好准备工作，事先成立了一个委员会，成员除了俄中双方的办事官员外，还有戏剧和电影活动家——斯坦尼斯拉夫斯基、聂米丹钦科、梅耶荷德、泰伊罗夫、爱森斯坦和特列季亚科夫。在持有不同艺术观念的苏联戏剧界和电影界专家那里，梅兰芳得到了一致的赞誉，他们从梅兰芳身上，看到了各自需要的艺术灵感，获得意想不到的启发。

还没有看演出之前，苏联著名电影导演爱森斯坦已经对梅兰芳有了很多了解，特别是从卓别林那里听说了许多关于梅兰芳的介绍，他在巡演开始之前，就在报纸上发表文章，介绍梅兰芳和中国戏剧。梅兰芳刚刚抵达，爱森斯坦便指导影片，记录了梅剧团到达莫斯科时的情景，并在苏联对外文化交流协会为梅兰芳举办的欢迎会上，放映了本片。

图四四　梅兰芳在苏联拍摄《虹霓关》电影的片场照

梅兰芳在苏演出期间，爱森斯邀请梅兰芳到莫斯科电影工作坊，拍摄了《虹霓关》的有声电影片段，作为研究和教学资料（图四四）。拍摄进行了五个多小时，一直延续到后半夜。以上这张照片就是摄于拍摄现场，右边是朱桂芳，中间是爱森斯坦，左边是梅兰芳。爱森斯坦对梅兰芳的表演艺术非常赞赏，称赞他是伟大的艺术家，并高度评价了中国戏曲，称之为真正的综合艺术。

（邢春蕾编写）

泰戈尔赠梅兰芳题词纨扇

1924年,泰戈尔一行应邀来华访问。在华期间,泰戈尔恰好度过六十三岁生日。徐志摩带领新月社同人,在东单三条协和医学院礼堂,用英文演出了泰戈尔创作的话剧《齐德拉》,作为生日献礼。当

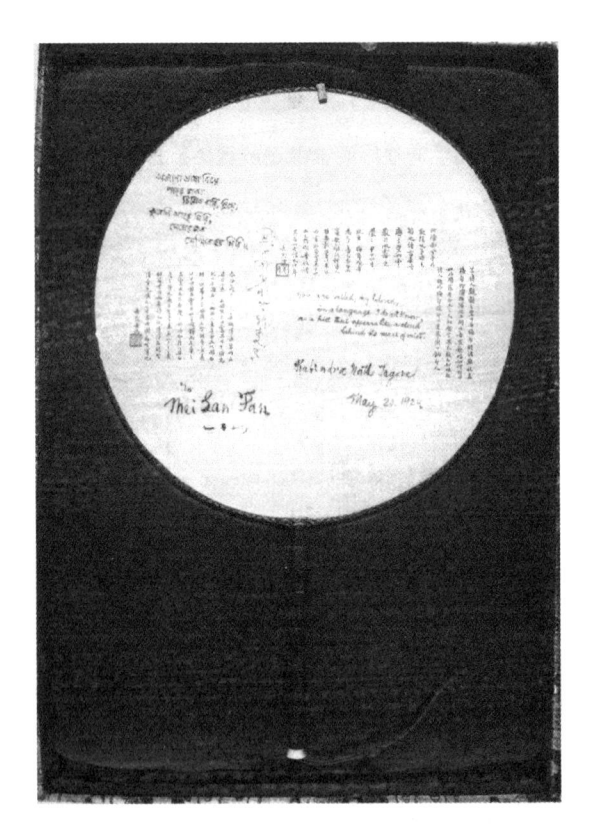

图四五 泰戈尔来华访问时赠送梅兰芳的扇子

天,北京众多文化名人前来观戏,梅兰芳就坐在泰戈尔身边,欣赏了这场演出。泰戈尔早就知道梅兰芳是位卓越的表演艺术家,他感谢梅兰芳前来观演,并对他说:"在中国能看到自己写的戏,我太高兴了。可是,我更希望在离开北京前,还能观赏到你的表演。"

5月19日,梅兰芳在刚落成开幕的珠市口开明戏院,为泰戈尔一行表演了他新编排的《洛神》。泰戈尔盛装前往戏院,从头至尾认真欣赏这出京剧,并不断报以掌声。梅兰芳后来回忆说:"那天,我从台上看过去,只见诗人端坐在包厢里正中,戴绛色帽,着红色长袍,银须白发,望之如神仙中人。"演出结束后,泰戈尔到后台向梅兰芳道贺,表达了愉快的观赏体验,并约好次日详谈观感。

第二天中午,梅兰芳等人在丰泽园饭庄宴请泰戈尔。泰戈尔再次赞扬了梅兰芳精妙的表演,并且提出宝贵建议。梅兰芳认真聆听了诗人的意见,并在日后的演出中吸纳采用。席间,泰戈尔用孟加拉文即兴赋诗一首,又译成英文,用毛笔写在纨扇上,赠送给梅兰芳。林长民把这首英文诗译成汉语,用骚体诗的形式也写在纨扇上,并写了短跋(图四五)。梅兰芳接过纨扇,诚挚地向泰戈尔表示感谢。随同泰戈尔访华的印度著名画家难达婆薮在观看了《洛神》后,绘制了一幅优美的油画《洛神》,赠给梅兰芳。

(邢春蕾编写)

梅兰芳铜质胸像

1919年，二十六岁的梅兰芳率团东渡日本，打响传播京剧的第一炮。梅兰芳一行在日本受到热烈欢迎，许多人慕名前来，希望一睹第一名伶的风采。自接到东京帝国剧场的邀请起，梅兰芳还未动身出发时，日本当地已有许多关于剧目和演出的预测报道，抵达东京时，

图四六　日本雕塑家朝仓文夫制作的梅兰芳铜像

梅兰芳受到了盛大欢迎。演出期间，票价高涨却常常满座。对于整个访日过程，各大报纸给予高度关注和热情报道，刊登了大量评论文章，在日本戏剧界和普通民众中引起巨大反响，纷纷称赞他的技艺与姿容。

日本近代著名的雕塑家朝仓文夫为梅兰芳铸造了一尊铜质胸像，送给梅兰芳（图四六）。后来，朝仓文夫用同一模型，铸造了另外一尊同样的铜像，并于1921年参加"东台雕塑会"展览。展出后有评论认为，梅兰芳铜像虽然较为精确地再现了年轻时梅兰芳的面貌，却也存在不足，没有展现出梅兰芳的生动之美。这大约是因为铜像是按照梅兰芳的一张照片来雕刻的，照片本身较为正式，以此为据，得之形似，失之神似。

原本一尊铜像由梅兰芳带回北京珍藏，另一尊留在朝仓文夫身边。后来日本的铜像下落不明，直到2009年，在日本举办梅兰芳首次访日90周年纪念活动时，日本方面的人士多方查找，最终使得两尊铜像一同展出。

（邢春蕾编写）

后　记

　　北京八家名人故居纪念馆已经联合举行活动16年了。在这16年里，我们用一块块展板、一幅幅图片，向观众展示着中国20世纪八位文化名人的民族精神和艺术情怀，讲述着他们的生平经历和感人至深的故事。但是，用文字出版的方式向更广大读者进行展示和讲述，这还是第一次。

　　"讲好中国故事，传播好中国声音"既是党和国家领导人对文化工作者提出的要求，同时也是我们博物馆人工作的准则。在北京八家名人故居博物馆陈列的一件件文物、一张张手稿的背后，都涵盖着一段感人的故事，同时也是这些20世纪文化名人言行的最好体现。我们这本书就以宋庆龄、李大钊、鲁迅、郭沫若、茅盾、老舍、徐悲鸿和梅兰芳等八位20世纪文化名人在民族精神、爱国情怀、人生修养、艺术创作等方面的言论作为主线，以各个名人故居纪念馆所藏文物作为辅线，多方位、全方面地展示这些文化名人的伟大情操。

　　这八位20世纪文化名人所属的领域不同，言论也各有侧重，为了统一全书的整体布局，我们摘选的字句可能会有挂一漏万的情况。也因各个馆馆藏文物类别的差异以及管理制度的规定，我们只能选取可以公开的文物进行讲述，上述情况恳请读者们谅解。

　　最后，感谢为这本书的出版付出辛勤劳动的各位人员。

编　者

2016年3月于北京